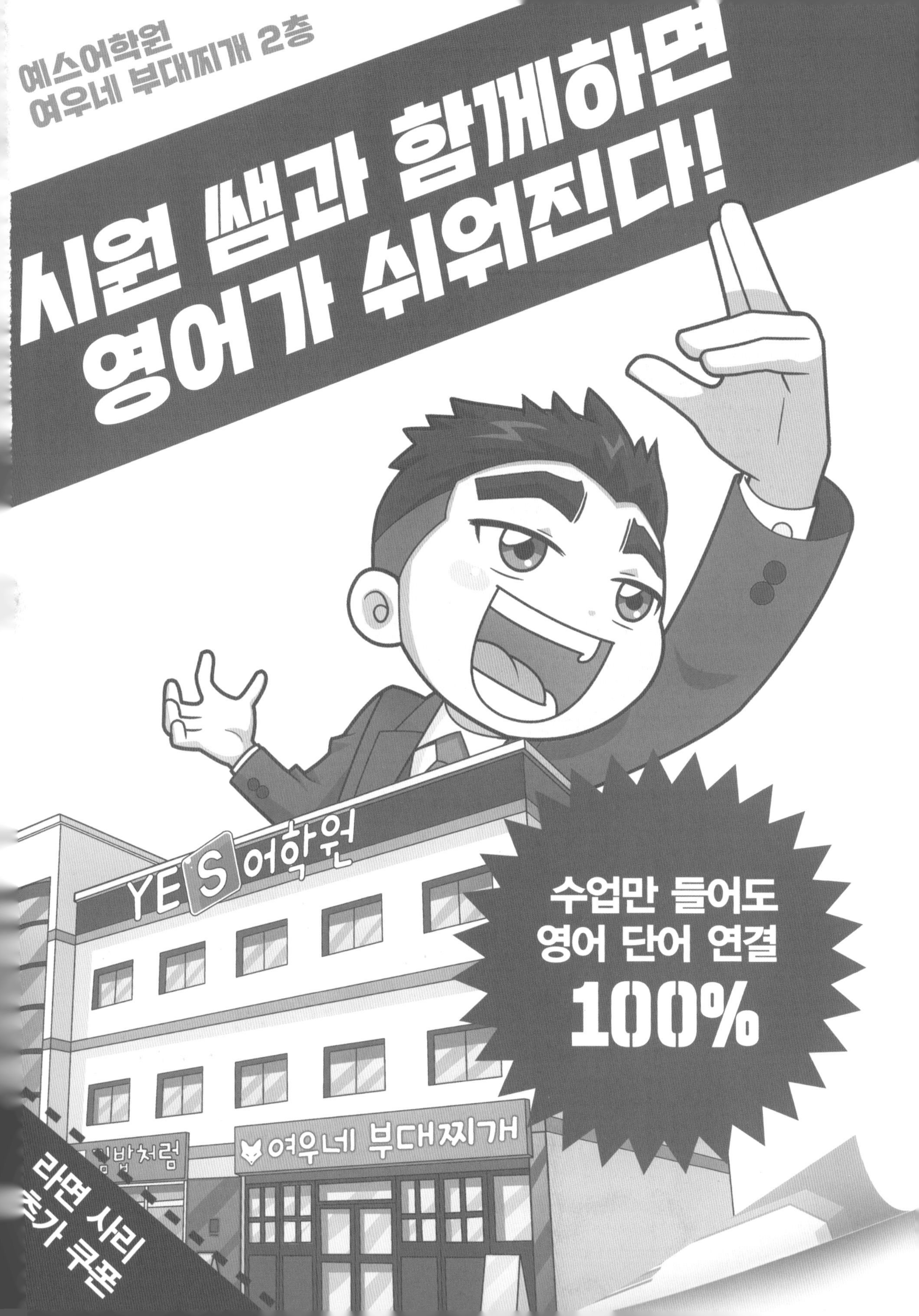
예스어학원
여우네 부대찌개 2층
시원 쌤과 함께하면
영어가 쉬워진다!
YES어학원
수업만 들어도
영어 단어 연결
100%
여우네 부대찌개
라면 사리
추가 쿠폰

예스잉글리시
신입 단원 모집

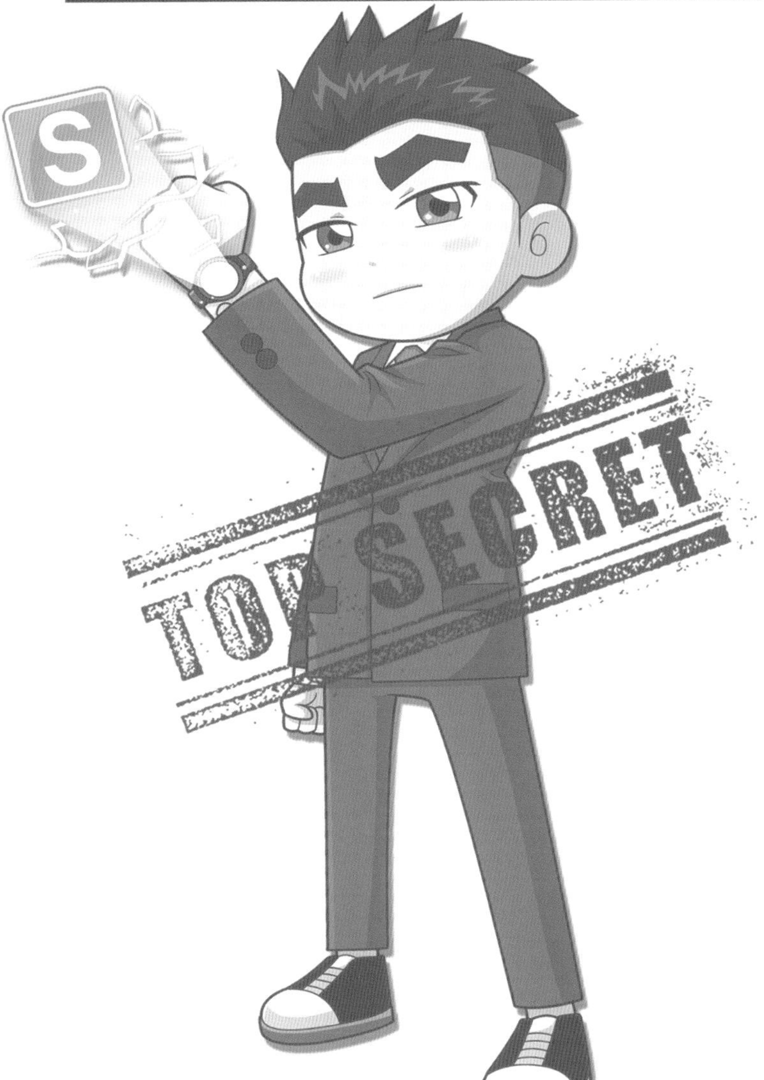
S
TOP SECRET

코드 네임 : 에스원 요원과
영어 유니버스를 구하라!

English Adventure
이시원의 영어 대모험

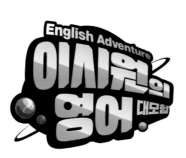

일러두기

이 책의 만화에 나오는 영어 문장 중 일부는 이야기의 자연스러운 이해를 위해 의역했습니다.
그 외의 영어 문장은 학습적인 이해를 돕기 위해 직역했습니다.

이시원의 영어 대모험 ⑰

비교급과 최상급

기획 시원스쿨 | **글** 박시연 | **그림** 이태영

1판 1쇄 인쇄 | 2022년 9월 26일
1판 1쇄 발행 | 2022년 10월 5일

펴낸이 | 김영곤
이사 | 은지영
키즈스토리본부장 | 김지은
키즈스토리2팀장 | 윤지윤 **기획개발** | 고아라 최지수
아동마케팅영업본부장 | 변유경
아동마케팅1팀 | 김영남 황혜선 황성진 이규림
아동마케팅2팀 | 임동렬 이해림 안정현
아동영업1팀 | 이도경 오다은 김소연 **아동영업2팀** | 한충희 강경남 오은희
디자인 | 임민지

펴낸곳 | (주)북이십일 아울북
등록번호 | 제406-2003-061호
등록일자 | 2000년 5월 6일
주소 | 경기도 파주시 회동길 201(문발동) (우 10881)
전화 | 031-955-2155(기획개발), 031-955-2100(마케팅·영업·독자문의)
브랜드 사업 문의 | license21@book21.co.kr
팩시밀리 | 031-955-2177
홈페이지 | www.book21.com

ISBN 978-89-509-8508-0
ISBN 978-89-509-8491-5(세트)

* 잘못 만들어진 책은 **구입하신 서점**에서 교환해 드립니다.
* 가격은 책 뒤표지에 있습니다.

⚠ 주의 1. 책 모서리가 날카로워 다칠 수 있으니 사람을 향해 던지거나 떨어뜨리지 마십시오.
2. 보관 시 직사광선이나 습기 찬 곳을 피해 주십시오.

• **제조자명** : (주)북이십일
• **주소 및 전화번호** : 경기도 파주시 회동길 201(문발동) / 031-955-2100
• **제조연월** : 2022.10.5
• **제조국명** : 대한민국
• **사용연령** : 3세 이상 어린이 제품

만화로 시작하는 이시원표 초등영어

English Adventure
이시원의 영어 대모험 17

기획 시원스쿨
글 박시연
그림 이태영

비교급과 최상급

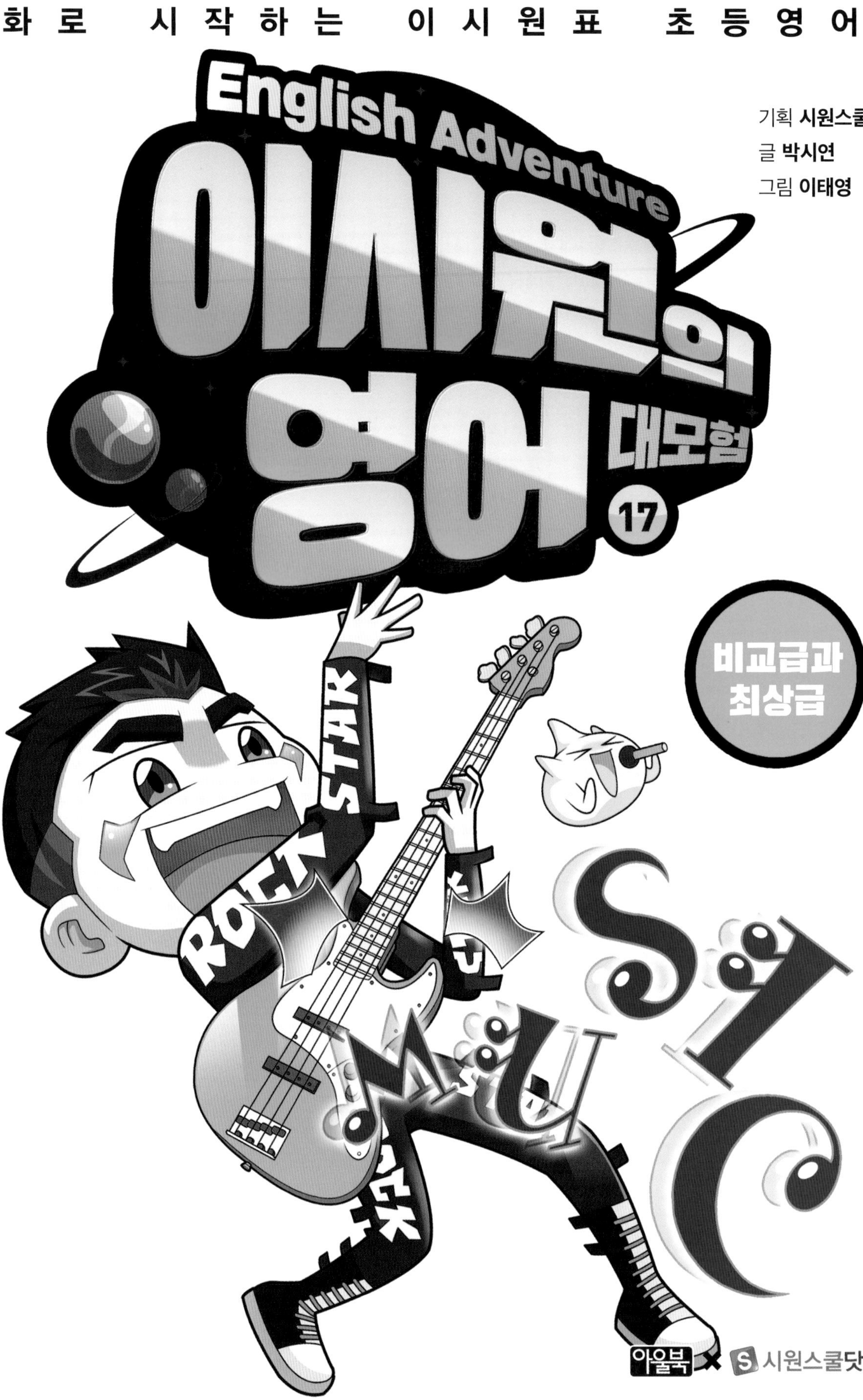
ROCK STAR

아울북 × S 시원스쿨닷컴

작가의 말

안녕하세요? 시원스쿨 대표 강사 이시원 선생님이에요. 여러분은 영어를 좋아하나요? 아니면 영어가 어렵고 두려운가요? 혹시 영어만 생각하면 속이 울렁거리고 머리가 아프진 않나요? 만약 그렇다면 지금부터 선생님이 영어와 친해지는 방법을 가르쳐 줄게요.

하나, 지금까지 배운 방식과 지식을 모두 지워요!

보기만 해도 스트레스를 받고, 나를 힘들게 만드는 영어는 이제 잊어버려요. 선생님과 함께 새로운 마음으로 영어를 다시 시작해 봐요.

둘, 하나를 배우더라도 정확하게 습득해 나가요!

눈으로만 배우고 지나가는 영어는 급할 때 절대로 입에서 나오지 않아요. 하나를 배우더라도 완벽하게 습득해야 어디서든 자신 있게 영어로 말할 수 있어요.

셋, 생활 속에서 자주 쓰이는 표현을 배워요!

우리 생활에서 쓸 일이 별로 없는 단어를 오래 기억할 수 있을까요? 자주 사용하는 단어 위주로 영어를 배워야 쓰기도 쉽고 잊어버리지도 않겠죠? 자연스럽게 영어가 튀어나올 수 있도록 여러 번 말하고, 써 보면서 잊지 않게 하는 것이 중요해요.

이 세 가지만 지키면 어느새 영어가 정말 쉽고, 재밌게 느껴질 거예요. 그리고 이 세 가지를 충족시키는 힘이 바로 이 책에 숨어 있어요. 여러분이 〈이시원의 영어 대모험〉을 읽는 것만으로도 최소한 영어 한 문장을 습득할 수 있어요.

단어와 단어를 연결하는 방법도 자연스럽게 익히게 될 거예요. 게다가 영어에 관련된 흥미로운 이야기들을 알게 되면 영어가 좀 더 친숙하고 재미있게 다가올 거라 믿어요!

자, 그럼 만화 속 '시원 쌤'과 신나는 영어 훈련을 하면서 모두 함께 영어의 세계로 떠나 볼까요?

시원스쿨 기초영어 대표 강사 **이시원**

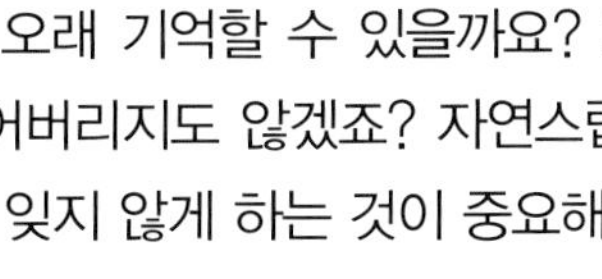

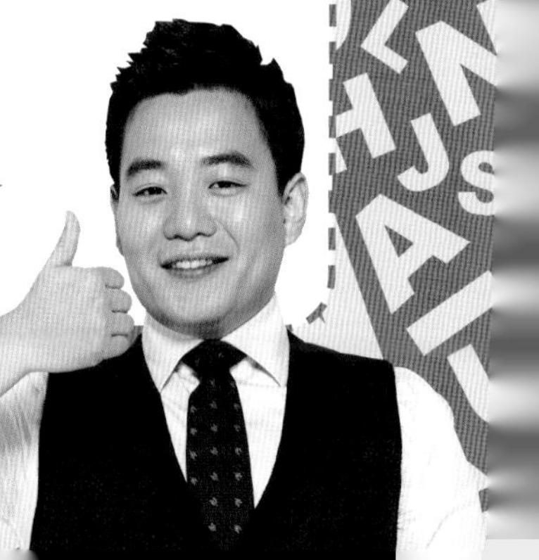

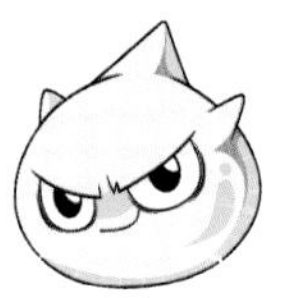

영어와 친해지는 영어학습만화

영어는 이 자리에 오기까지 수많은 경쟁과 위험을 물리쳤답니다. 영어에는 다른 언어와 부딪치고 합쳐지며 발전해 나간 강력한 힘이 숨겨져 있어요. 섬나라인 영국 땅에서 시작된 이 언어가 어느 나라에서든 통하는 세계 공용어가 되기까지는 마치 멋진 히어로의 성장 과정처럼 드라마틱하고 매력적인 모험담이 있었답니다. 이 모험담을 듣게 되는 것만으로도 우리 어린이들은 영어를 좀 더 좋아하게 될지도 몰라요.

영어는 이렇듯 강력하고 매력적인 언어지만 친해지기는 쉽지 않아요. 우리 어린이들에게 영어는 어렵고 힘든 시험 문제를 연상시키지요. 영어를 잘하면 장점이 많다는 것은 알지만 영어를 공부하는 과정은 어렵고 힘들어요. 이 책에서 시원 쌤은 우리 어린이 주인공들과 영어 유니버스라는 새로운 세계로 신나는 모험을 떠난답니다.

여러분도 엄청난 비밀을 지닌 시원 쌤과 미지의 영어 유니버스로 모험을 떠나 보지 않을래요? 영어 유니버스의 어디에선가 영어를 좋아하게 된 자신의 모습을 발견하게 될지도 몰라요.

글 작가 **박시연**

영어의 세계에 빠져드는 만화

영어 공부를 시작하는 어린이들은 모두 자기만의 목표를 가지고 있을 거예요. 영어를 잘해서 선생님께 칭찬받는 모습부터 외국 친구들과 자유롭게 영어로 소통하는 모습, 세계적인 유명인이 되어서 영어로 멋지게 인터뷰하는 꿈까지도요.

이 책에서는 어린이들이 공감할 수 있도록 영어를 배우며 느끼는 기분, 상상한 모습들을 귀엽고 발랄한 만화로 표현했어요. 이 책을 손에 든 어린이들은 만화 속 인물들에게 무한히 공감하며 이야기에 빠져들 수 있을 거예요. 마치 내가 시원 쌤과 함께 멋진 모험을 떠나는 것 같은 기분을 느낄 수 있도록요.

보는 재미와 읽는 재미를 함께 느낄 수 있는 만화를 통해 영어의 재미도 발견하기를 바라요!

그림 작가 **이태영**

차례

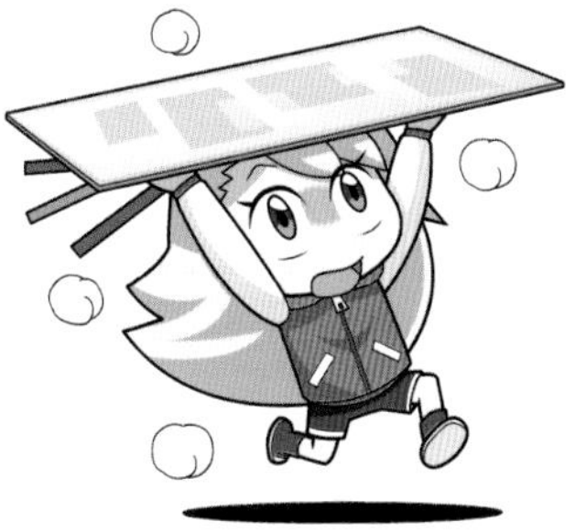

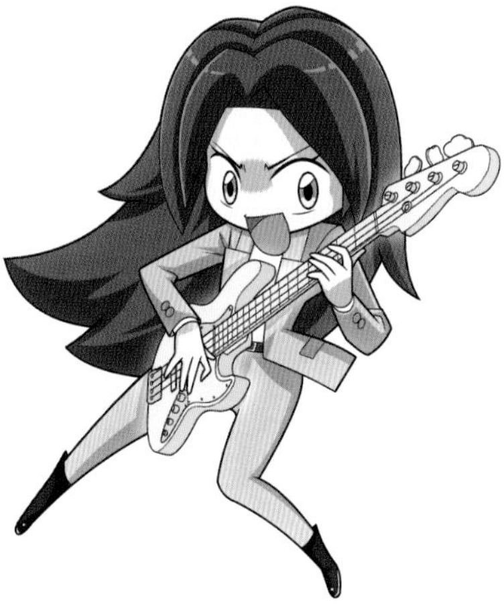

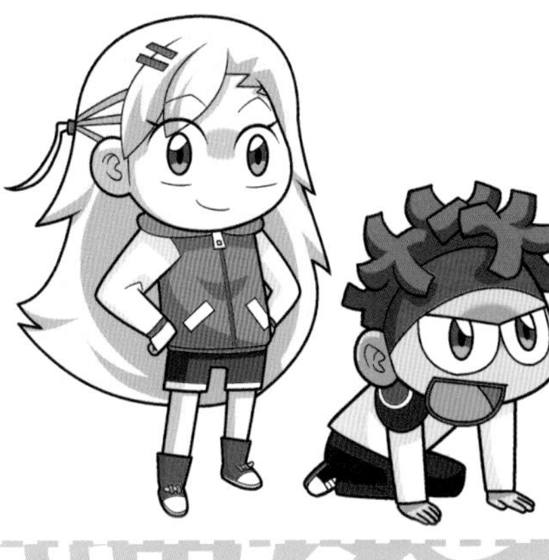

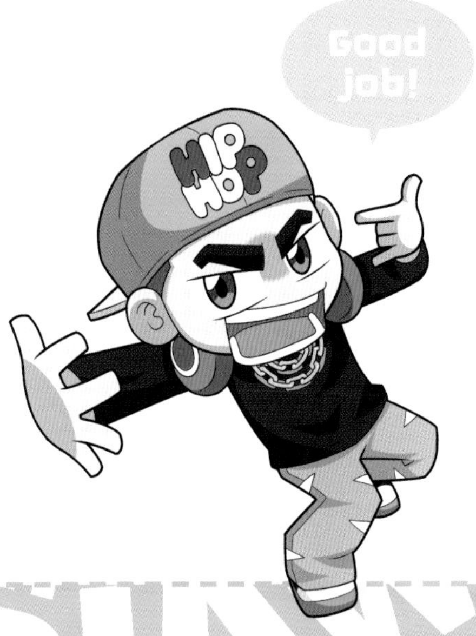

Good job!
HIP HOP

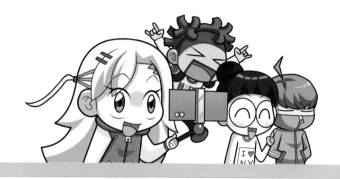

예스어학원 수업 시간 · 140

 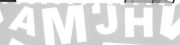

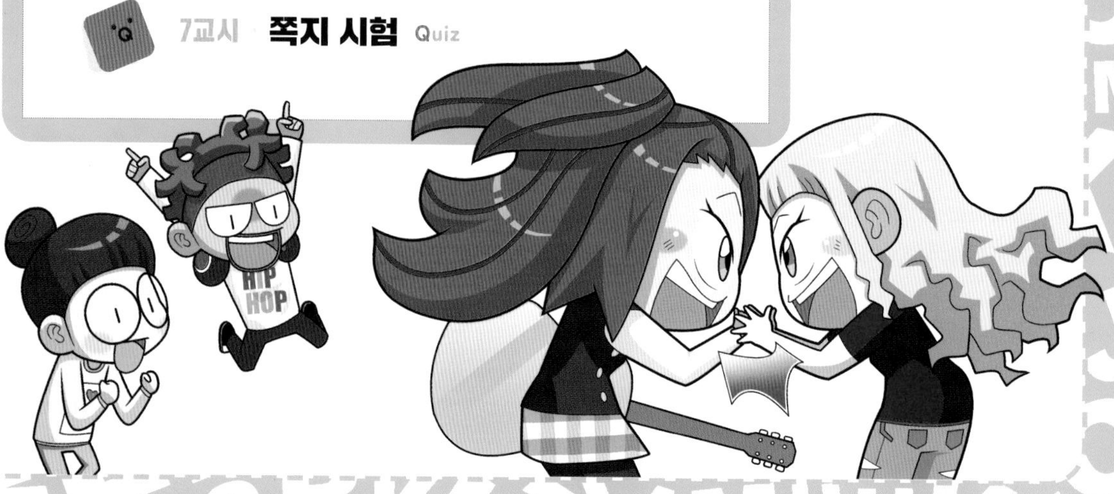

등장인물

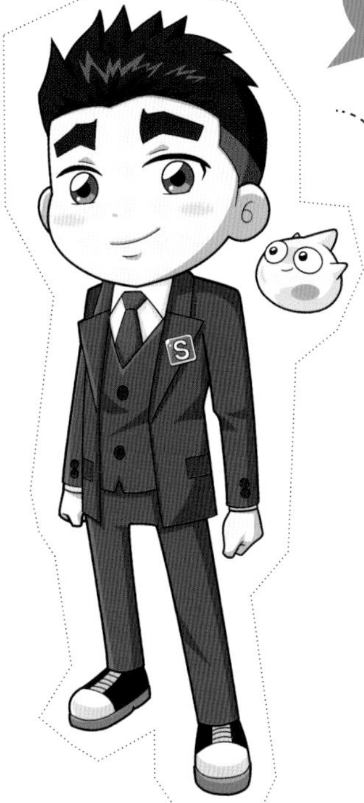
영어를 싫어하는 자,
모두 나에게로 오라!
굿 잡!

시원 쌤

비밀 요원명 에스원(S1)
직업 영어 선생님
좋아하는 것 영어, 늦잠, 힙합
싫어하는 것 노잉글리시단
취미 영어 가르치기
특기 굿 잡 외치기
성격 귀차니스트 같지만 완벽주의자
좌우명 영어는 내 인생!

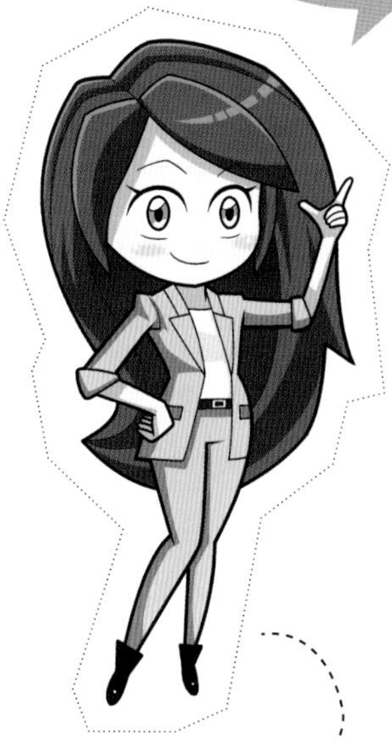
헬로, 에브리원~!
내가 누구인지
궁금하지?

줄리 쌤

비밀 요원명 제이원(J1)
장래 희망 영어 선생님

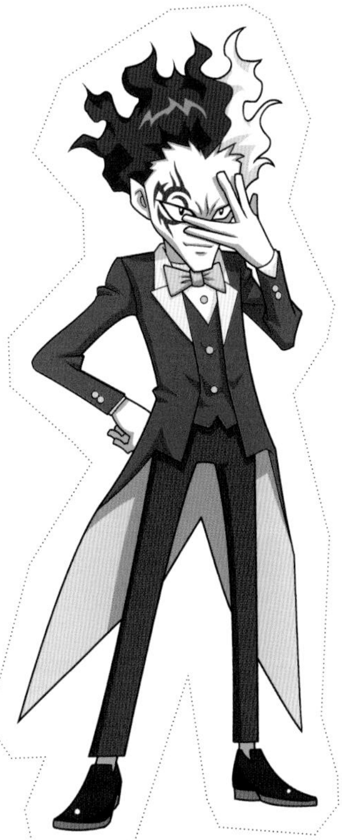
영어가 싫다고?!
내가 더더더 싫어지게
만들어 주마!

트릭커

직업 한두 개가 아님
좋아하는 것 영어 싫어하는 아이들
싫어하는 것 영어, 예스잉글리시단
취미 속임수 쓰기
특기 이간질하기, 변장하기
성격 우기기 대마왕
좌우명 영어 없는 세상을 위하여!

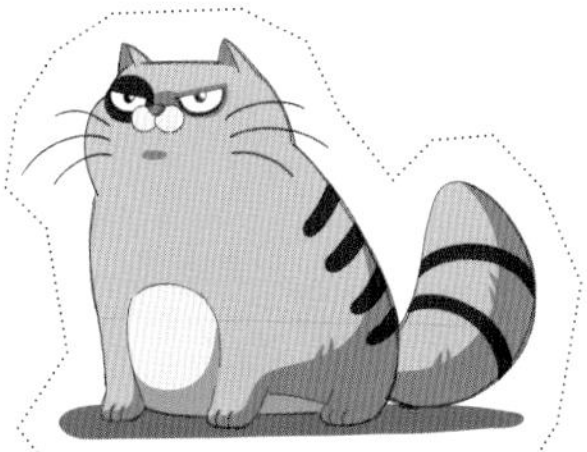
냥냥라이드에 태워 줄 테니
쭈루 하나만 줄래냥~!

빅캣

좋아하는 것 쭈루, 개박하
싫어하는 것 예스잉글리시단

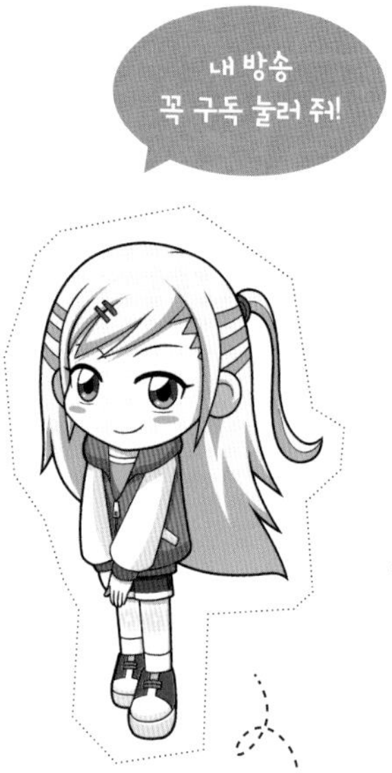
내 방송
꼭 구독 눌러 줘!

루시

좋아하는 것 너튜브 방송, 팝
싫어하는 것 나우, 우쭐대기
좌우명 일단 찍고 보자!

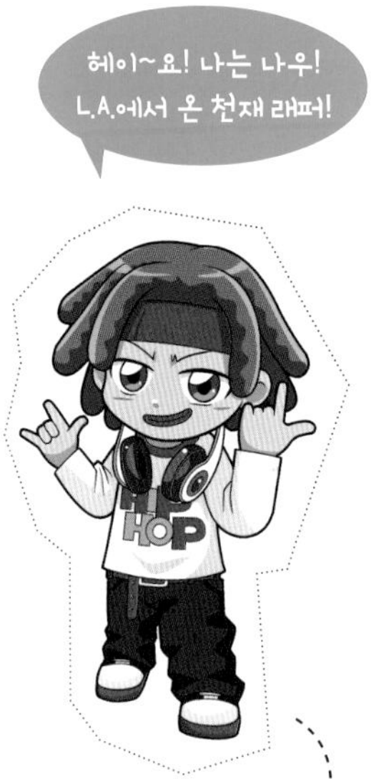
헤이~요! 나는 나우!
L.A.에서 온 천재 래퍼!
HIP HOP

나우

좋아하는 것 랩, 힙합,
할머니
싫어하는 것 영어로 말하기,
혼자 놀기
좌우명 인생은 오로지 힙합!

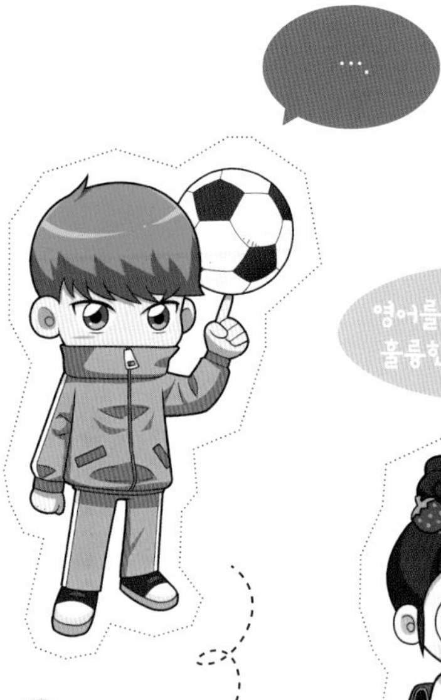
…

후

좋아하는 것 축구
싫어하는 것 말하기
좌우명 침묵은 금이다!

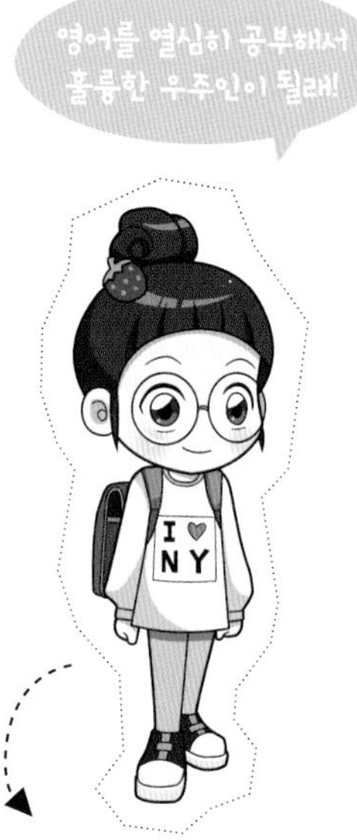
영어를 열심히 공부해서
훌륭한 우주인이 될래!
I ♥ NY

리아

좋아하는 것 동물
싫어하는 것 빅캣 타임
좌우명 최선을 다하자!

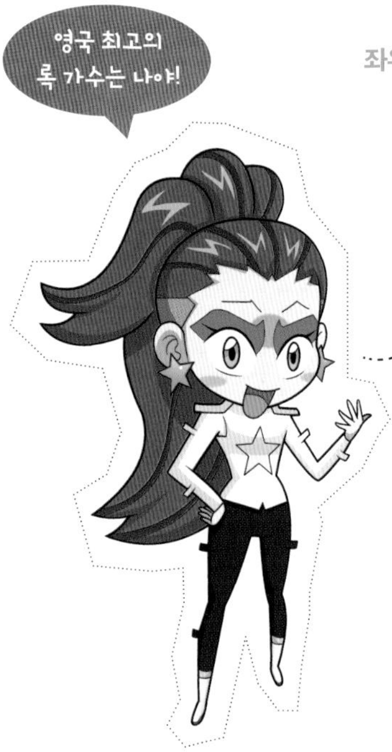
영국 최고의
록 가수는 나야!

타냐

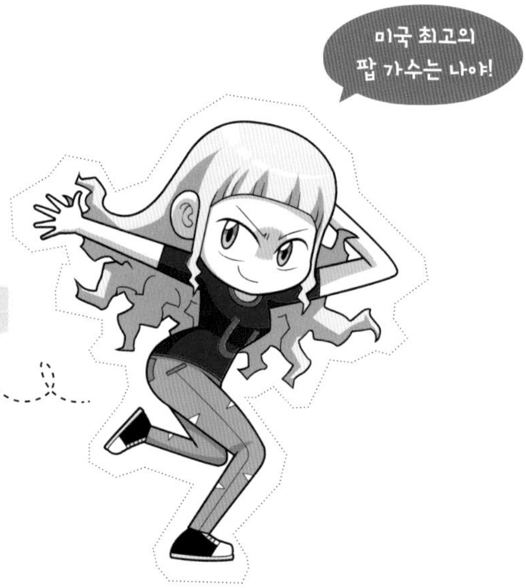
미국 최고의
팝 가수는 나야!

앨리

Chapter 1

너는 힙합? 나는 케이 팝!

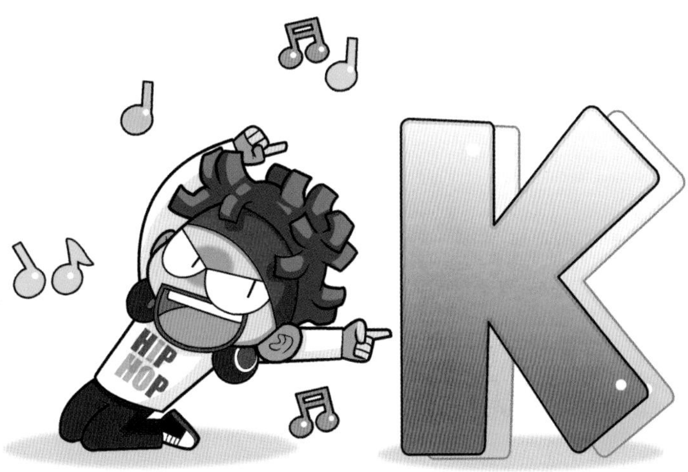
HIP HOP
K

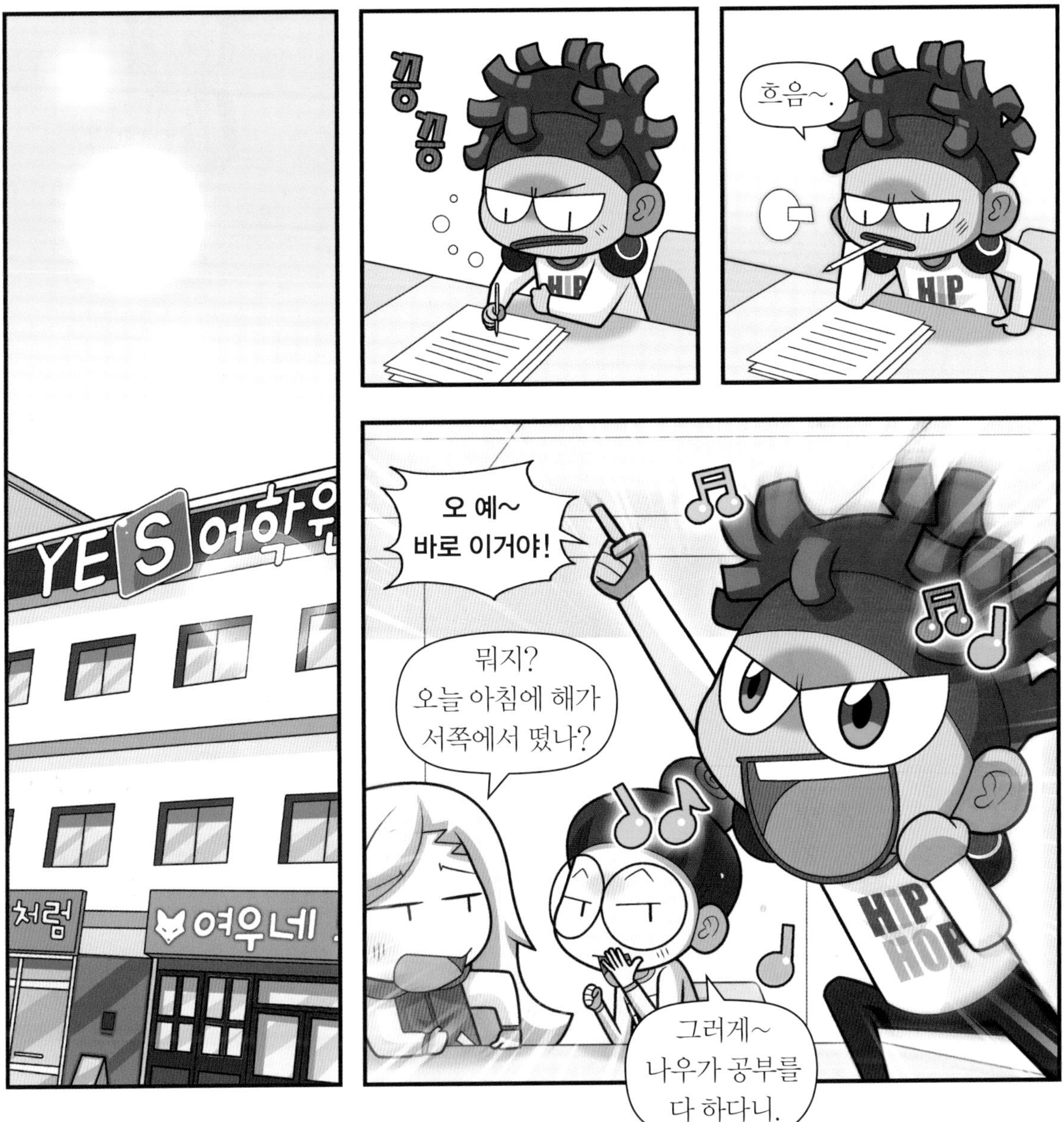
YES 어학
처럼
여우네
끙끙
흐음~.
오 예~ 바로 이거야!
뭐지? 오늘 아침에 해가 서쪽에서 떴나?
그러게~ 나우가 공부를 다 하다니.

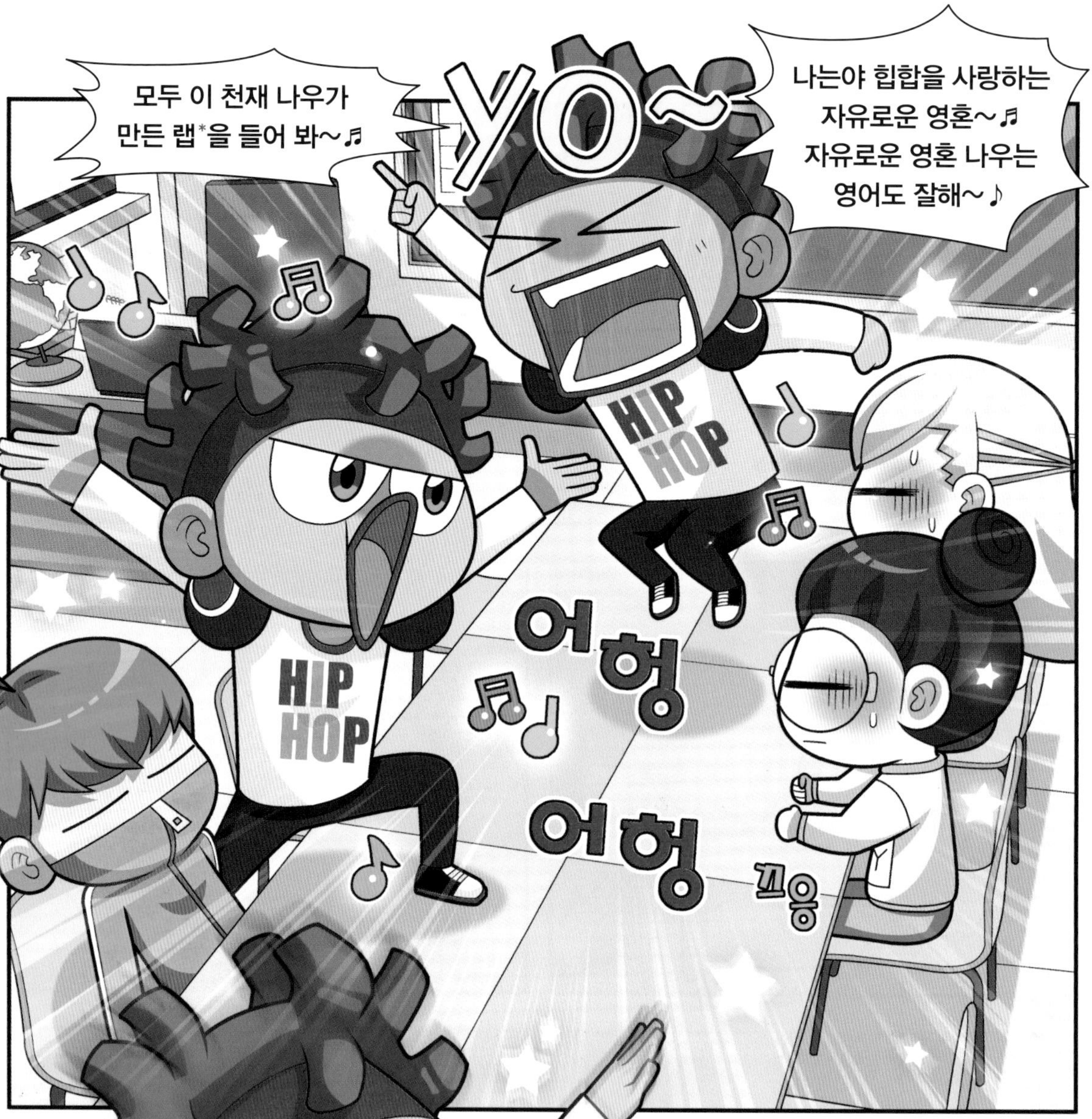
모두 이 천재 나우가
만든 랩*을 들어 봐~♬
YO~
나는야 힙합을 사랑하는
자유로운 영혼~♬
자유로운 영혼 나우는
영어도 잘해~♪
어헝
어헝
끄응
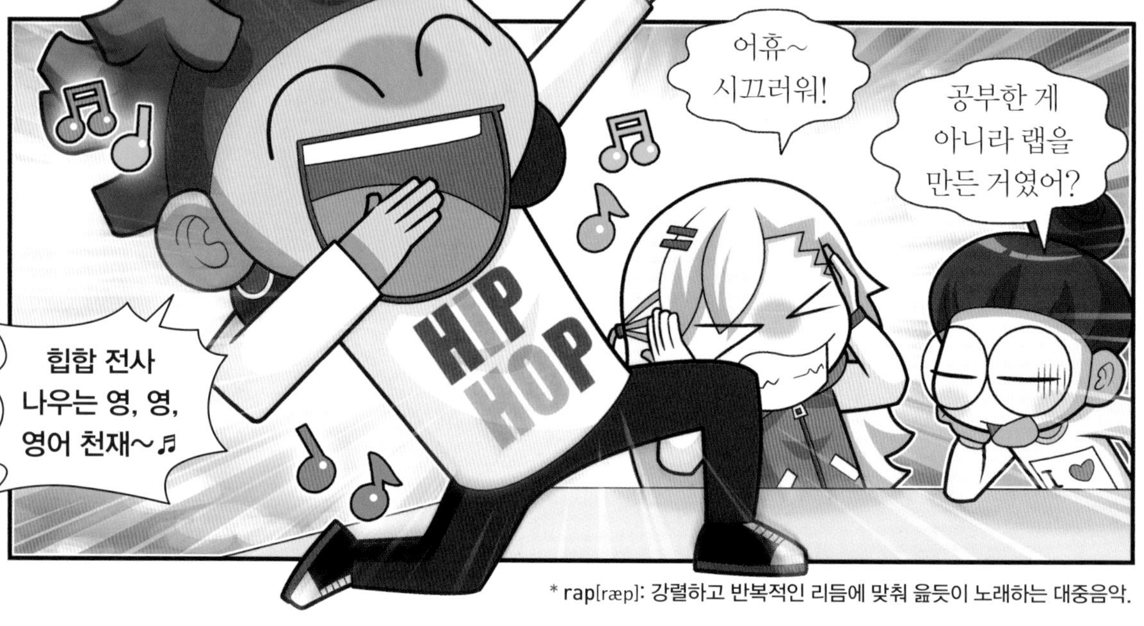
어휴~
시끄러워!
공부한 게
아니라 랩을
만든 거였어?
힙합 전사
나우는 영, 영,
영어 천재~♬
HIP HOP

* rap[ræp]: 강렬하고 반복적인 리듬에 맞춰 읊듯이 노래하는 대중음악.

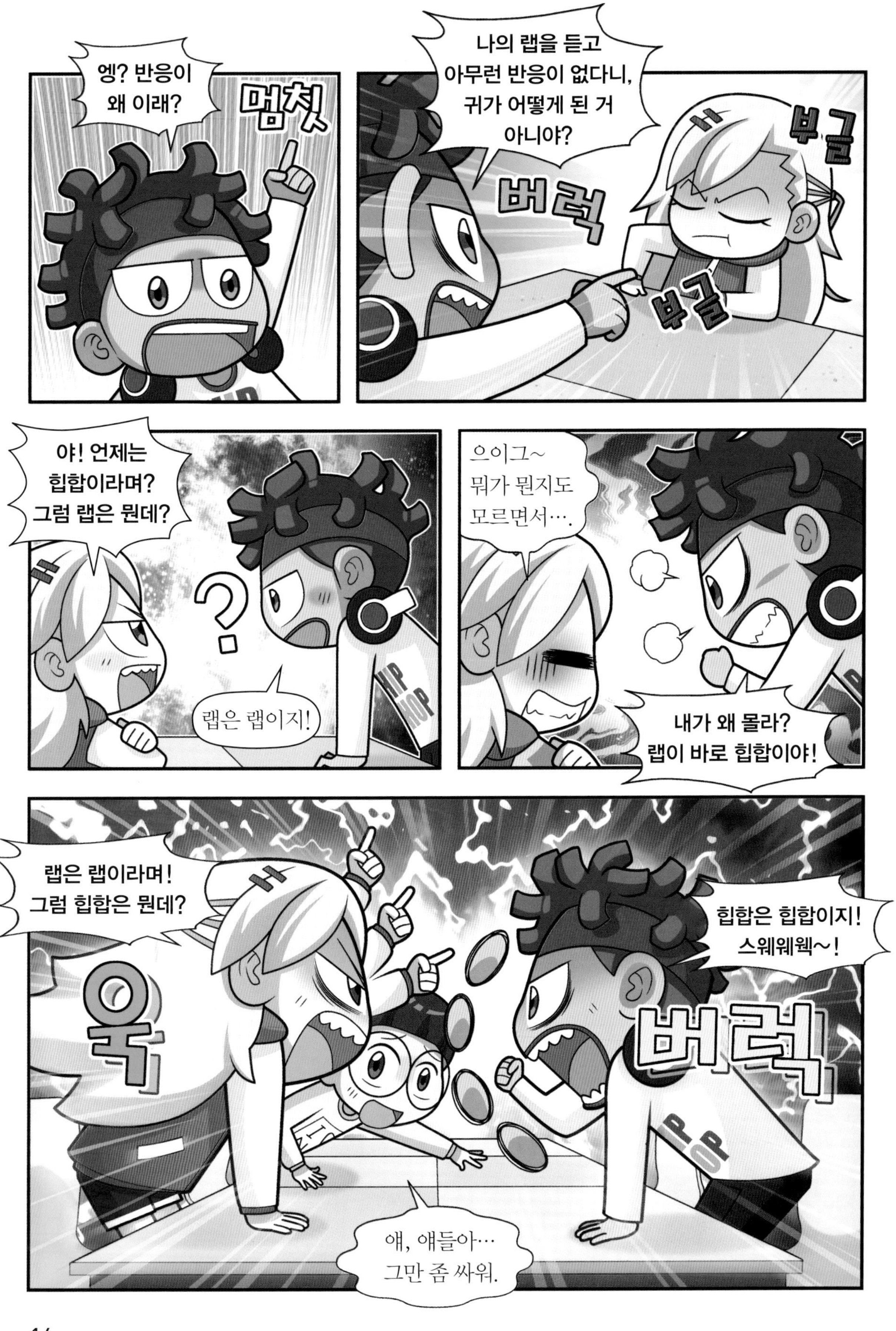
엥? 반응이 왜 이래?
멈칫
나의 랩을 듣고 아무런 반응이 없다니, 귀가 어떻게 된 거 아니야?
버럭
부글
부글
야! 언제는 힙합이라며? 그럼 랩은 뭔데?
?
랩은 랩이지!
으이그~ 뭐가 뭔지도 모르면서….
내가 왜 몰라? 랩이 바로 힙합이야!
랩은 랩이라며! 그럼 힙합은 뭔데?
욱
힙합은 힙합이지! 스웨웨웩~!
버럭
애, 애들아… 그만 좀 싸워.

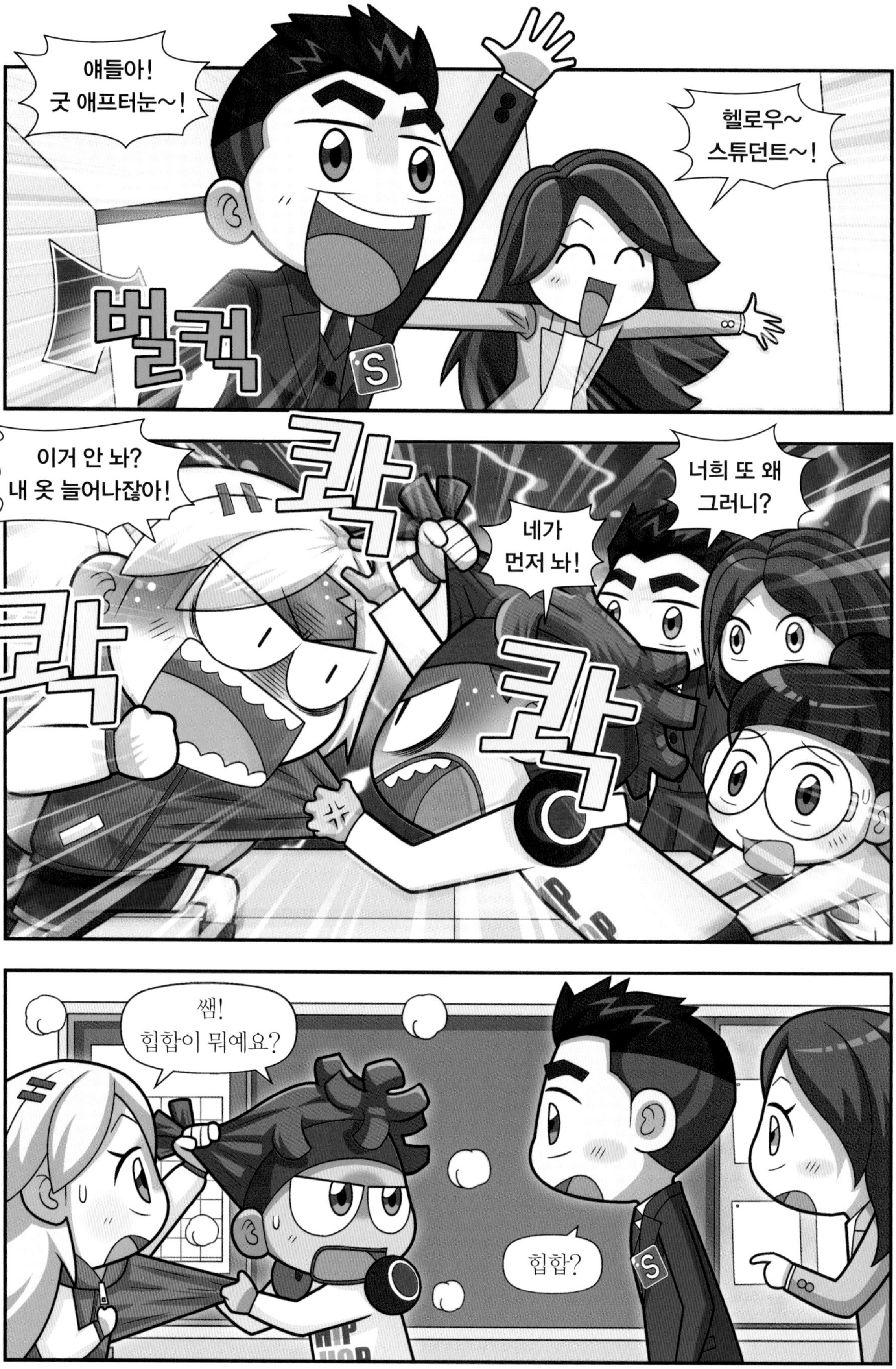
얘들아!
굿 애프터눈~!
헬로우~
스튜던트~!
벌컥
이거 안 놔?
내 옷 늘어나잖아!
콱
너희 또 왜
그러니?
네가
먼저 놔!
콱
콱
쌤!
힙합이 뭐예요?
힙합?

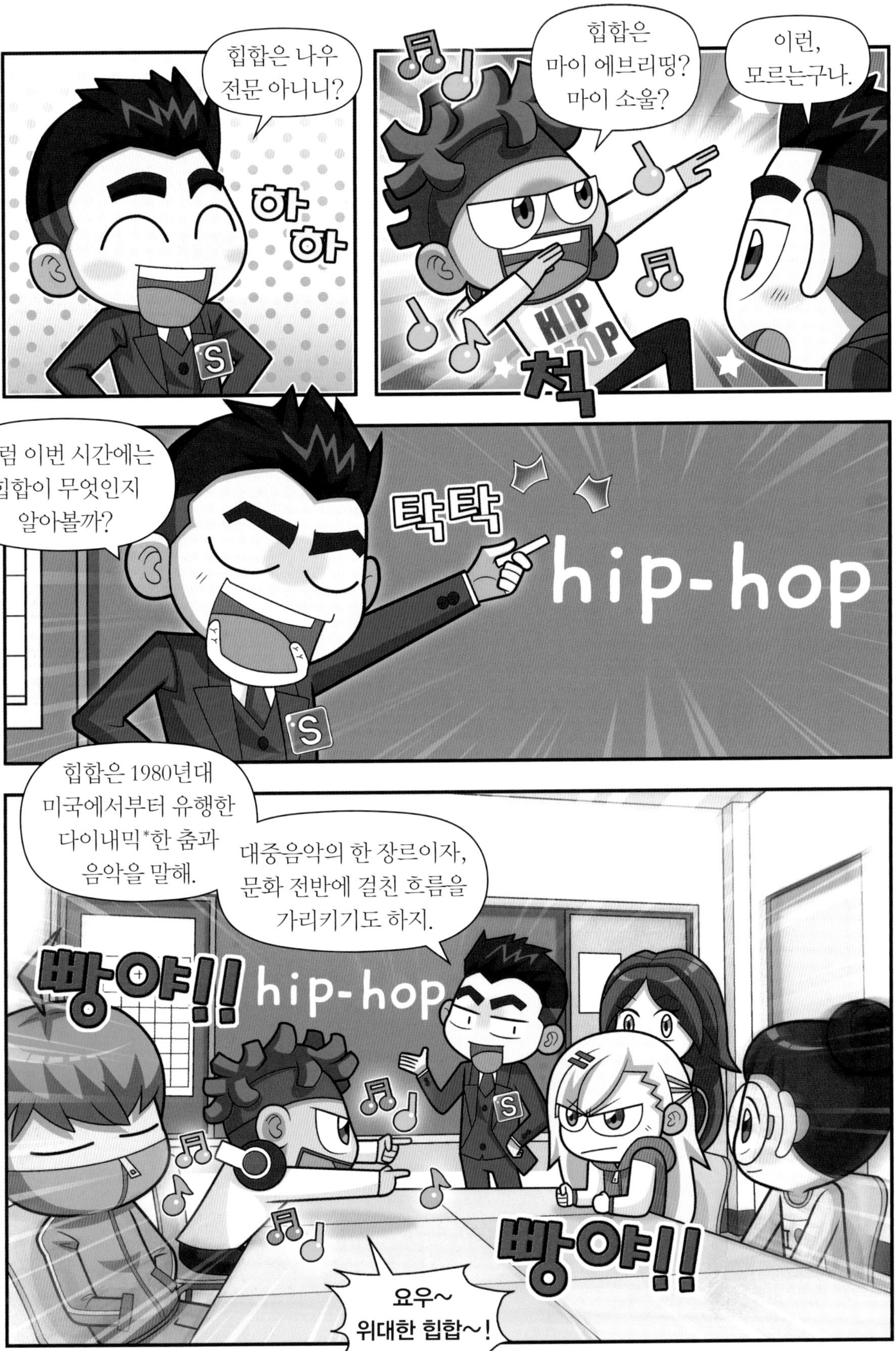
힙합은 나우 전문 아니니?
하하
힙합은 마이 에브리띵? 마이 소울?
척
이런, 모르는구나.
그럼 이번 시간에는 힙합이 무엇인지 알아볼까?
탁탁
hip-hop
힙합은 1980년대 미국에서부터 유행한 다이내믹*한 춤과 음악을 말해.
대중음악의 한 장르이자, 문화 전반에 걸친 흐름을 가리키기도 하지.
빵야!!
hip-hop
빵야!!
요우~ 위대한 힙합~!

* dynamic[daɪˈnæmɪk]: 역동적인.

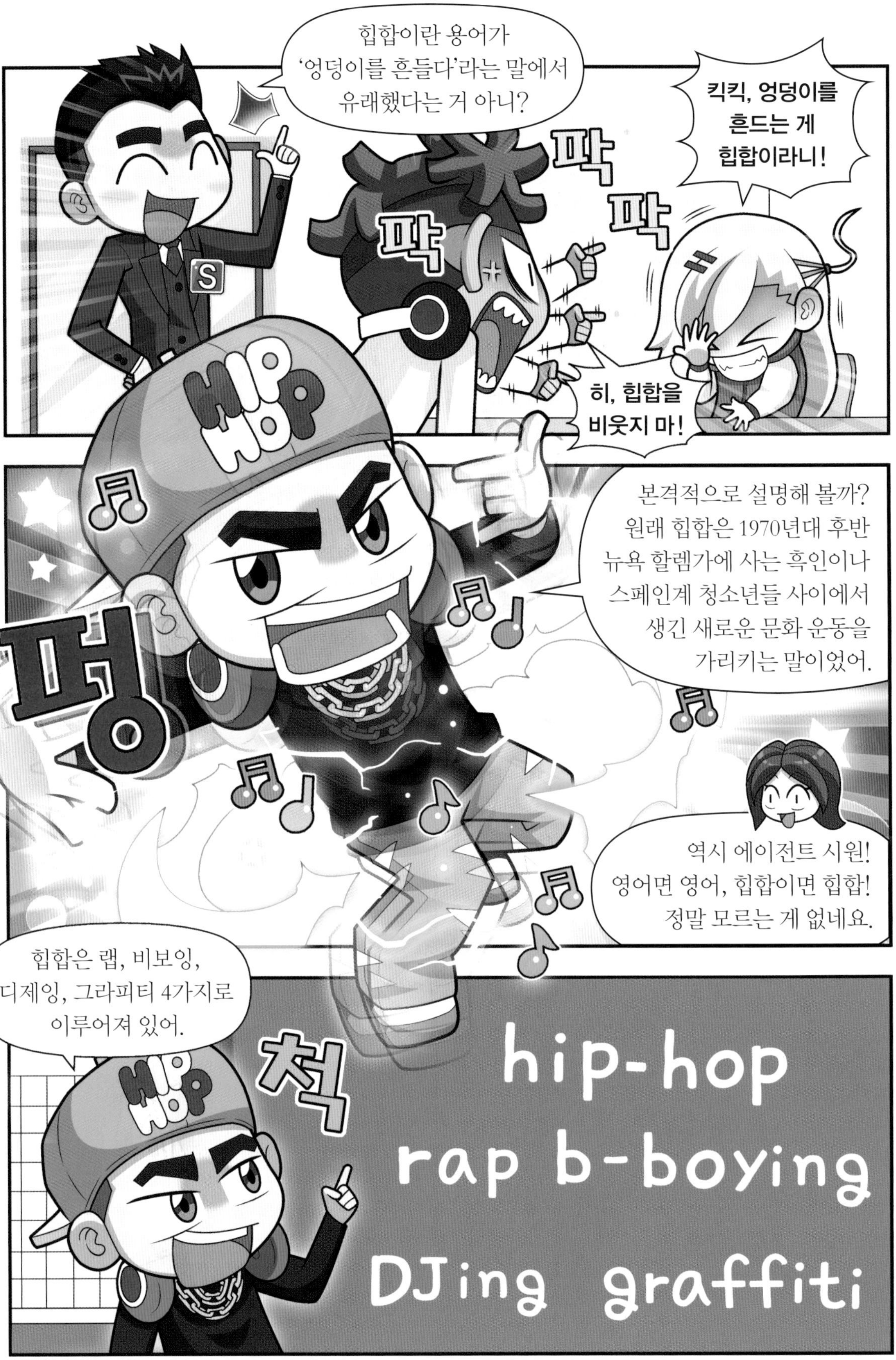
힙합이란 용어가 '엉덩이를 흔들다'라는 말에서 유래했다는 거 아니?
팍
팍
팍
킥킥, 엉덩이를 흔드는 게 힙합이라니!
히, 힙합을 비웃지 마!
HIP HOP
펑
본격적으로 설명해 볼까? 원래 힙합은 1970년대 후반 뉴욕 할렘가에 사는 흑인이나 스페인계 청소년들 사이에서 생긴 새로운 문화 운동을 가리키는 말이었어.
역시 에이전트 시원! 영어면 영어, 힙합이면 힙합! 정말 모르는 게 없네요.
힙합은 랩, 비보잉, 디제잉, 그라피티 4가지로 이루어져 있어.
HIP HOP
척
hip-hop
rap b-boying
DJing graffiti

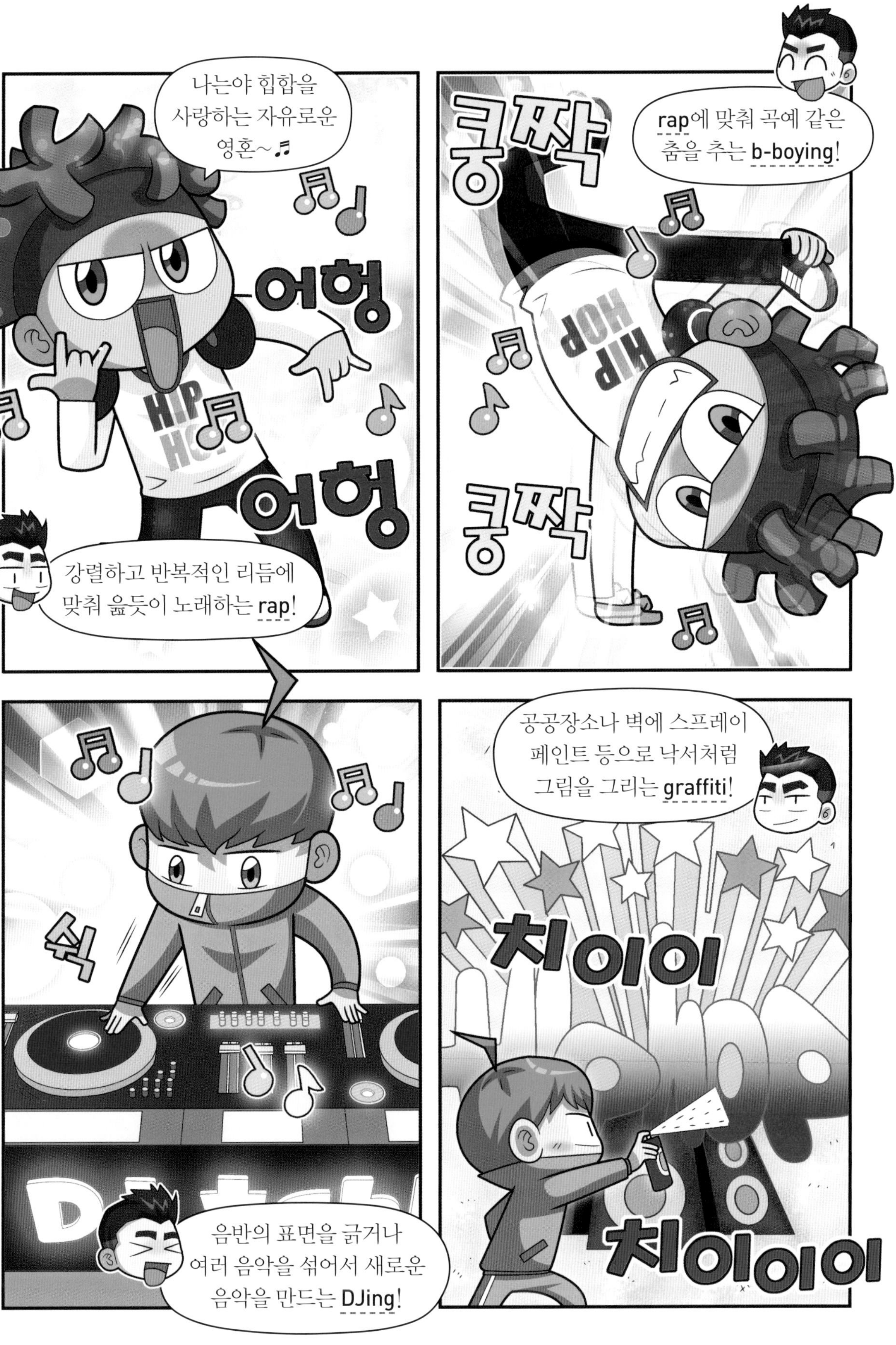
나는야 힙합을
사랑하는 자유로운
영혼~♬
어헝
어헝
강렬하고 반복적인 리듬에
맞춰 읊듯이 노래하는 rap!
쿵짝
rap에 맞춰 곡예 같은
춤을 추는 b-boying!
쿵짝
쉭
음반의 표면을 긁거나
여러 음악을 섞어서 새로운
음악을 만드는 DJing!
공공장소나 벽에 스프레이
페인트 등으로 낙서처럼
그림을 그리는 graffiti!
치이이
치이이이이

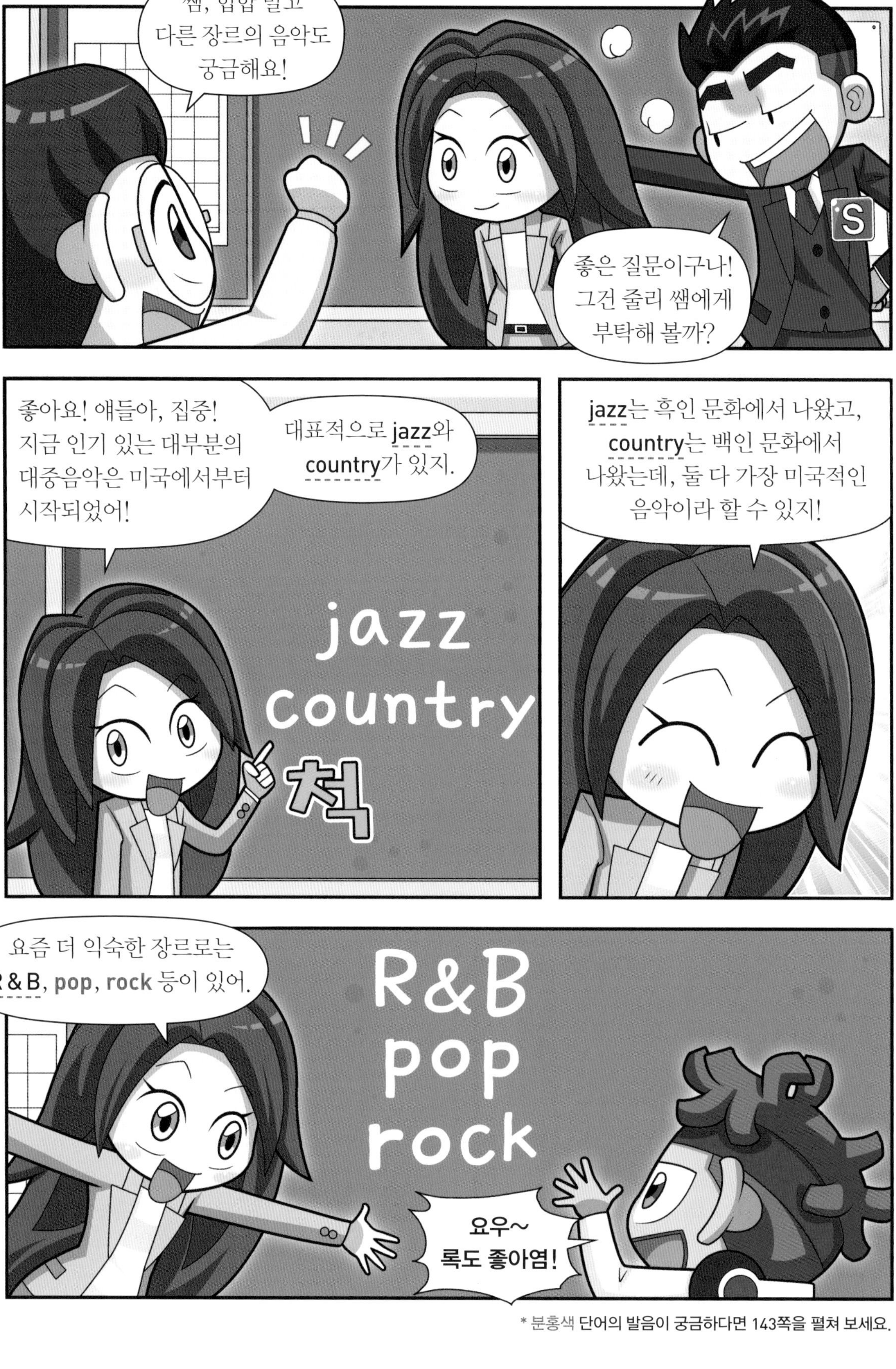

쌤, 힙합 말고
다른 장르의 음악도
궁금해요!
좋은 질문이구나!
그건 줄리 쌤에게
부탁해 볼까?
좋아요! 얘들아, 집중!
지금 인기 있는 대부분의
대중음악은 미국에서부터
시작되었어!
대표적으로 jazz와
country가 있지.
jazz
country
척
jazz는 흑인 문화에서 나왔고,
country는 백인 문화에서
나왔는데, 둘 다 가장 미국적인
음악이라 할 수 있지!
요즘 더 익숙한 장르로는
R&B, pop, rock 등이 있어.
R&B
pop
rock
요우~
록도 좋아염!

* 분홍색 단어의 발음이 궁금하다면 143쪽을 펼쳐 보세요.

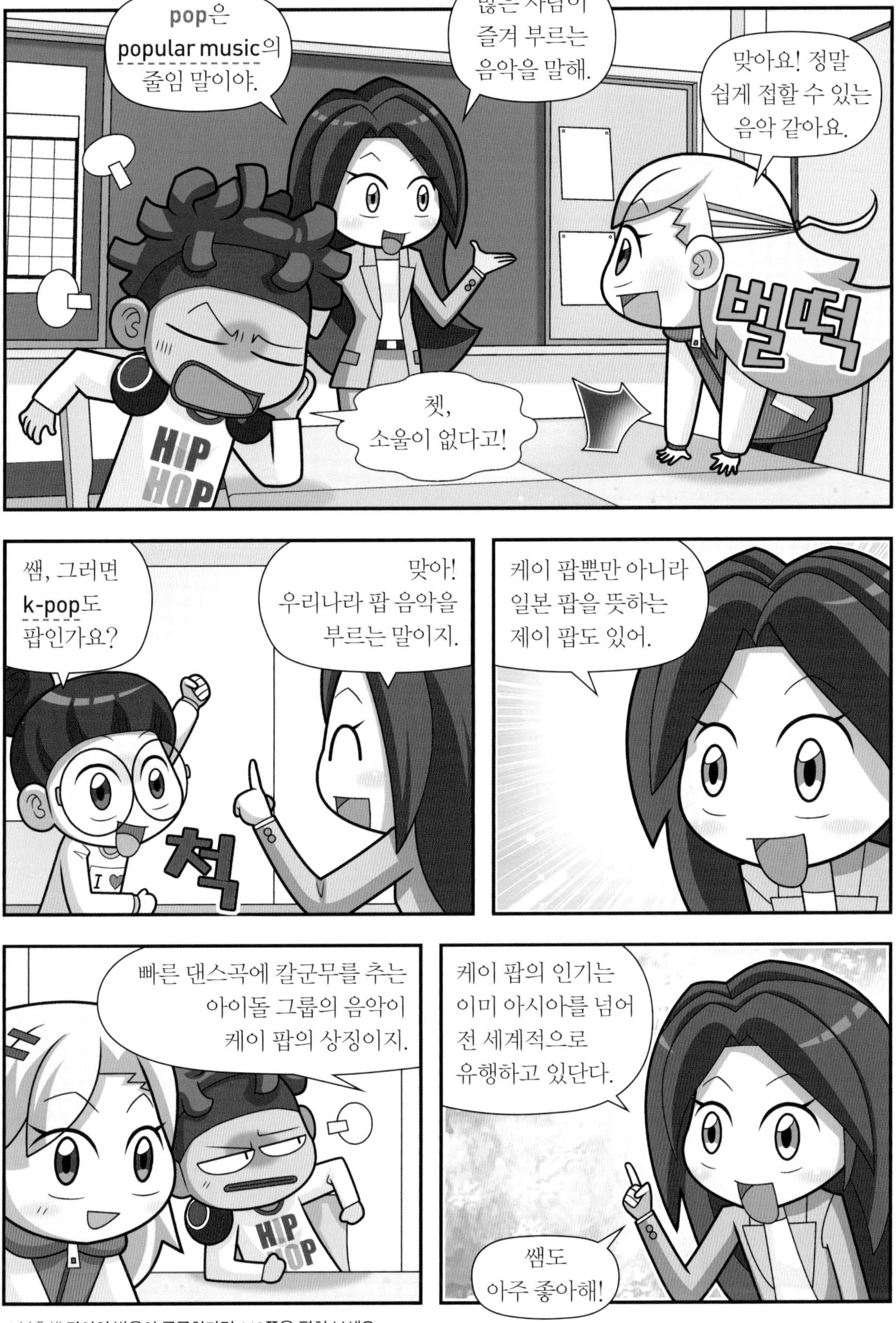
pop은 popular music의 줄임 말이야.
많은 사람이 즐겨 부르는 음악을 말해.
맞아요! 정말 쉽게 접할 수 있는 음악 같아요.
벌떡
첫, 소울이 없다고!
HIP HOP
쌤, 그러면 k-pop도 팝인가요?
척
맞아! 우리나라 팝 음악을 부르는 말이지.
케이 팝뿐만 아니라 일본 팝을 뜻하는 제이 팝도 있어.
빠른 댄스곡에 칼군무를 추는 아이돌 그룹의 음악이 케이 팝의 상징이지.
HIP HOP
케이 팝의 인기는 이미 아시아를 넘어 전 세계적으로 유행하고 있단다.
쌤도 아주 좋아해!

* 분홍색 단어의 발음이 궁금하다면 143쪽을 펼쳐 보세요.

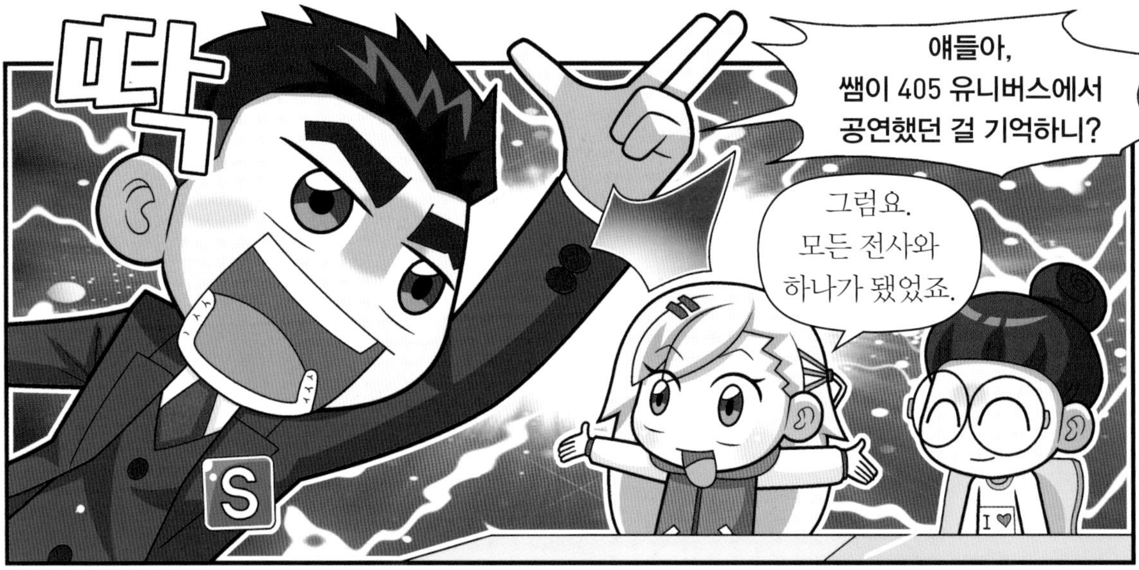
딱
얘들아,
쌤이 405 유니버스에서
공연했던 걸 기억하니?
그럼요.
모든 전사와
하나가 됐었죠.

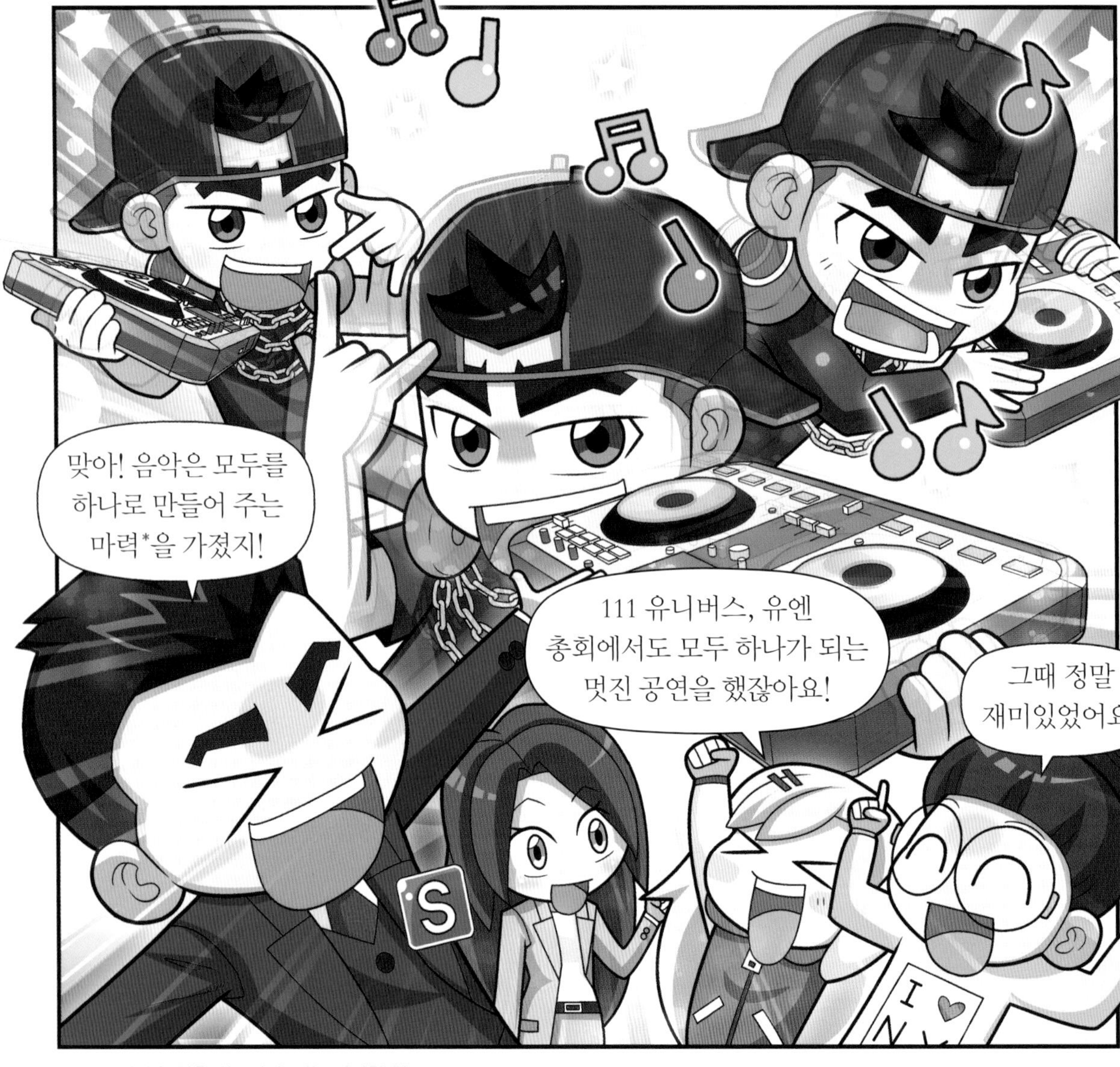
맞아! 음악은 모두를
하나로 만들어 주는
마력*을 가졌지!
111 유니버스, 유엔
총회에서도 모두 하나가 되는
멋진 공연을 했잖아요!
그때 정말
재미있었어요!

* 마력: 사람을 현혹하는 알 수 없는 이상한 힘.

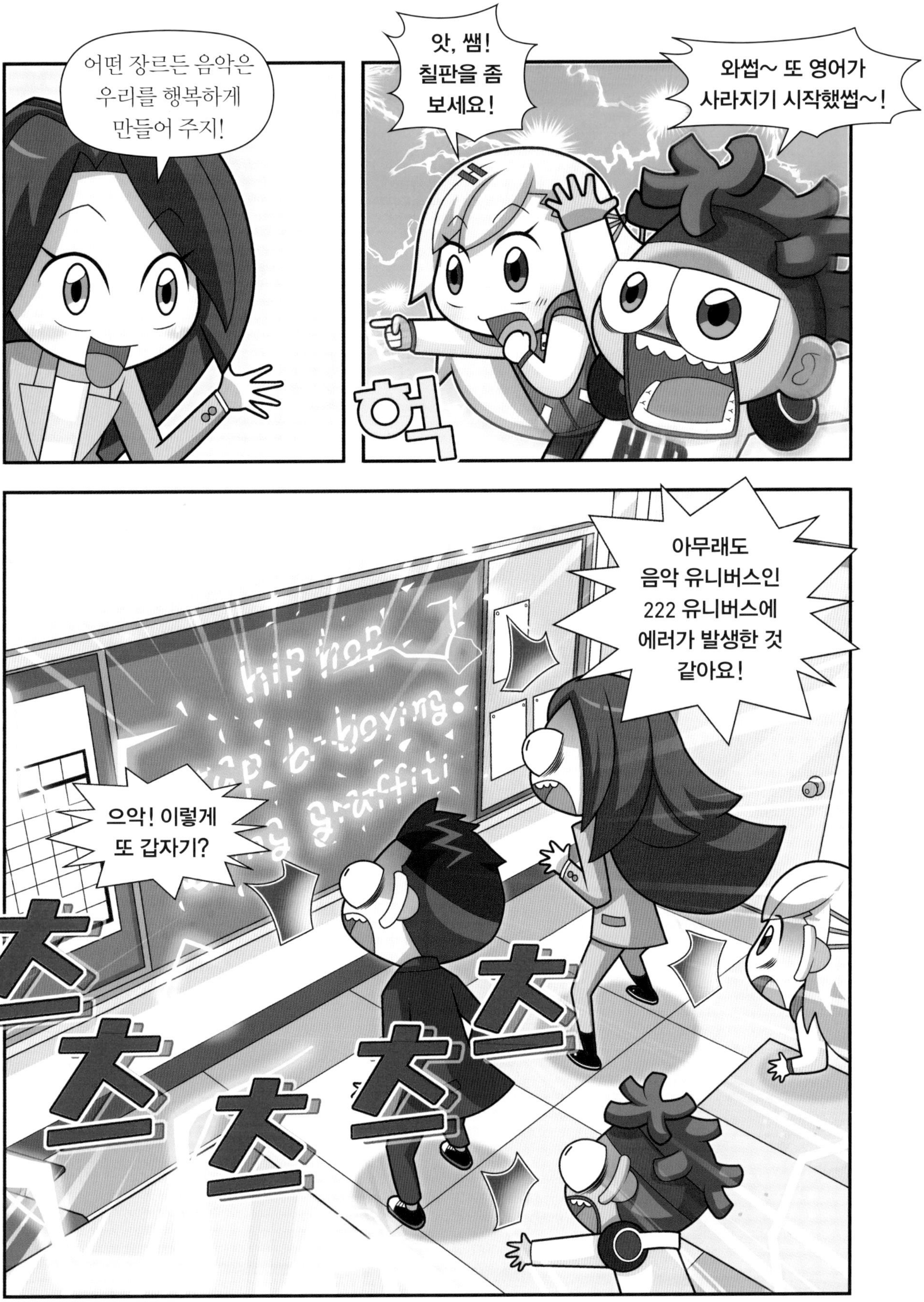
어떤 장르든 음악은
우리를 행복하게
만들어 주지!
앗, 쌤!
칠판을 좀
보세요!
와썹~ 또 영어가
사라지기 시작했썹~!
헉
아무래도
음악 유니버스인
222 유니버스에
에러가 발생한 것
같아요!
hip hop
으악! 이렇게
또 갑자기?
츠츠츠츠츠

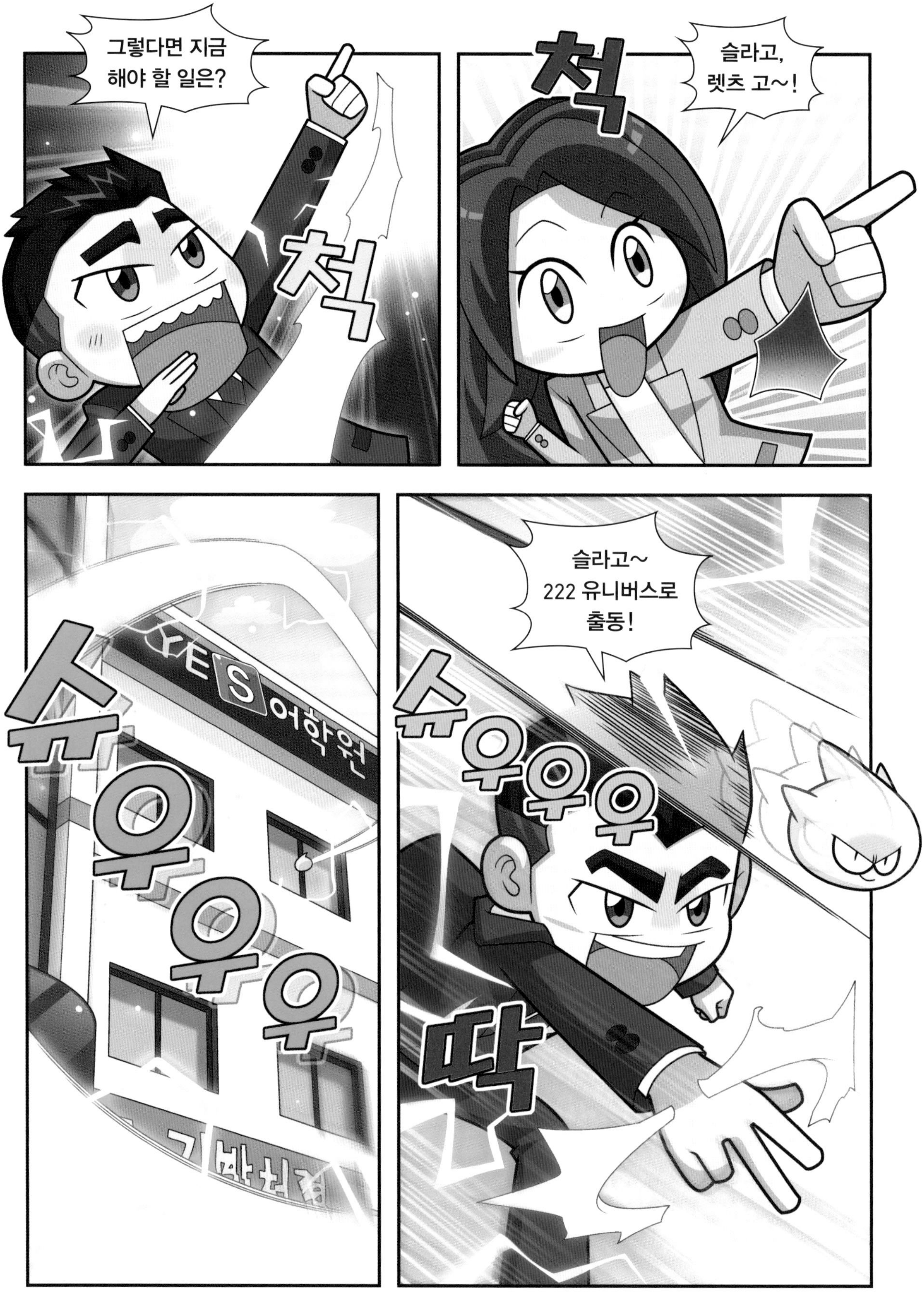
그렇다면 지금 해야 할 일은?
척
척
슬라고, 렛츠 고~!
YES 어학원
슈우우우우
슬라고~ 222 유니버스로 출동!
슈우우우
딱

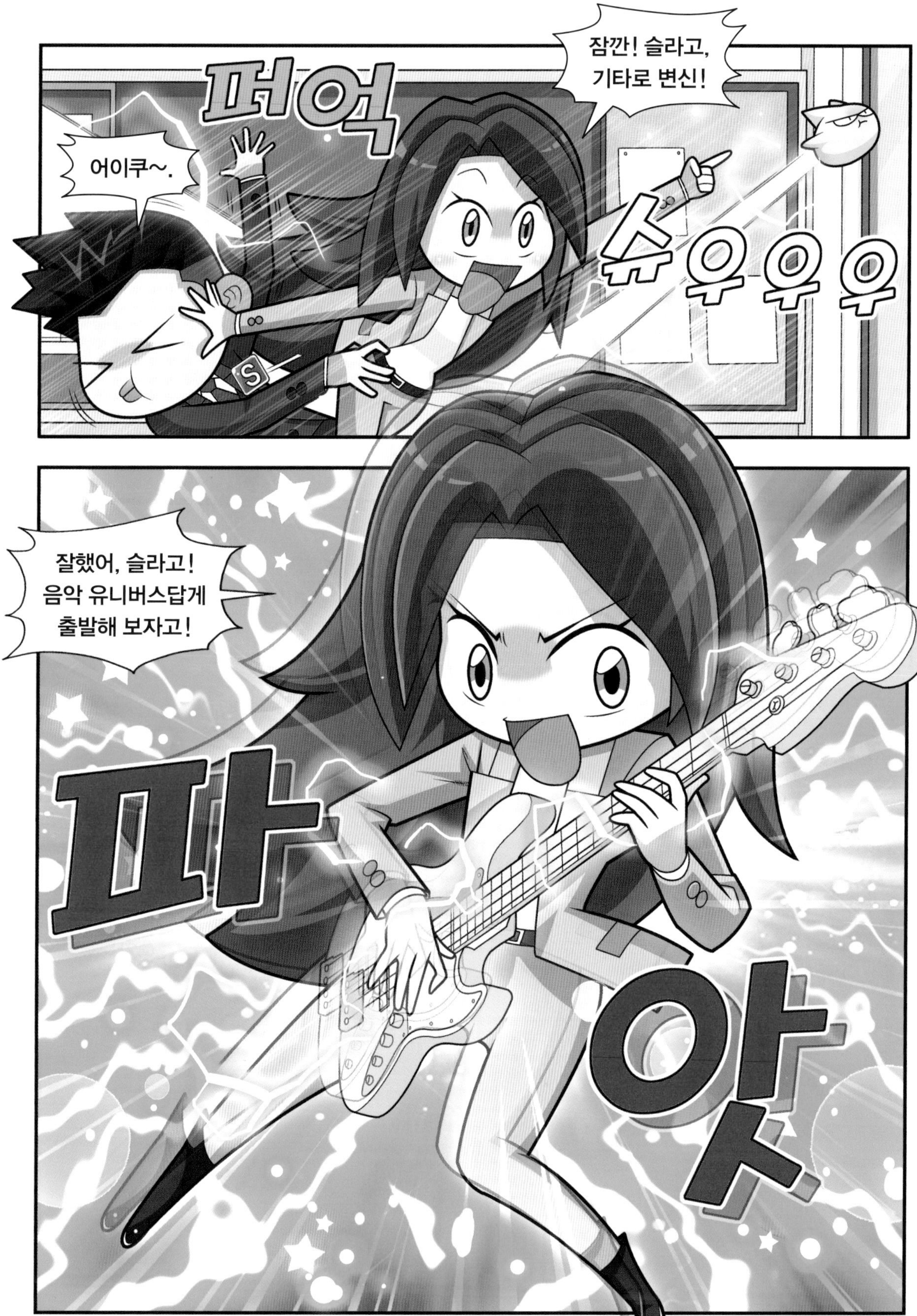
퍼억
잠깐! 슬라고, 기타로 변신!
어이쿠~.
슈우우우
잘했어, 슬라고! 음악 유니버스답게 출발해 보자고!
파
야

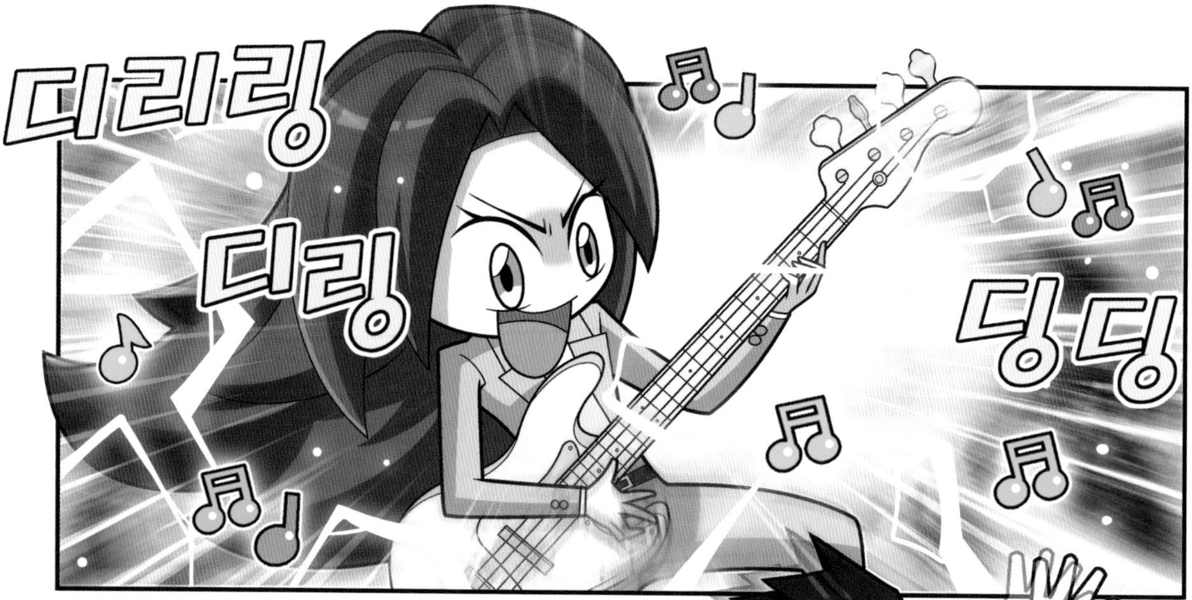
디리링
디링
딩딩

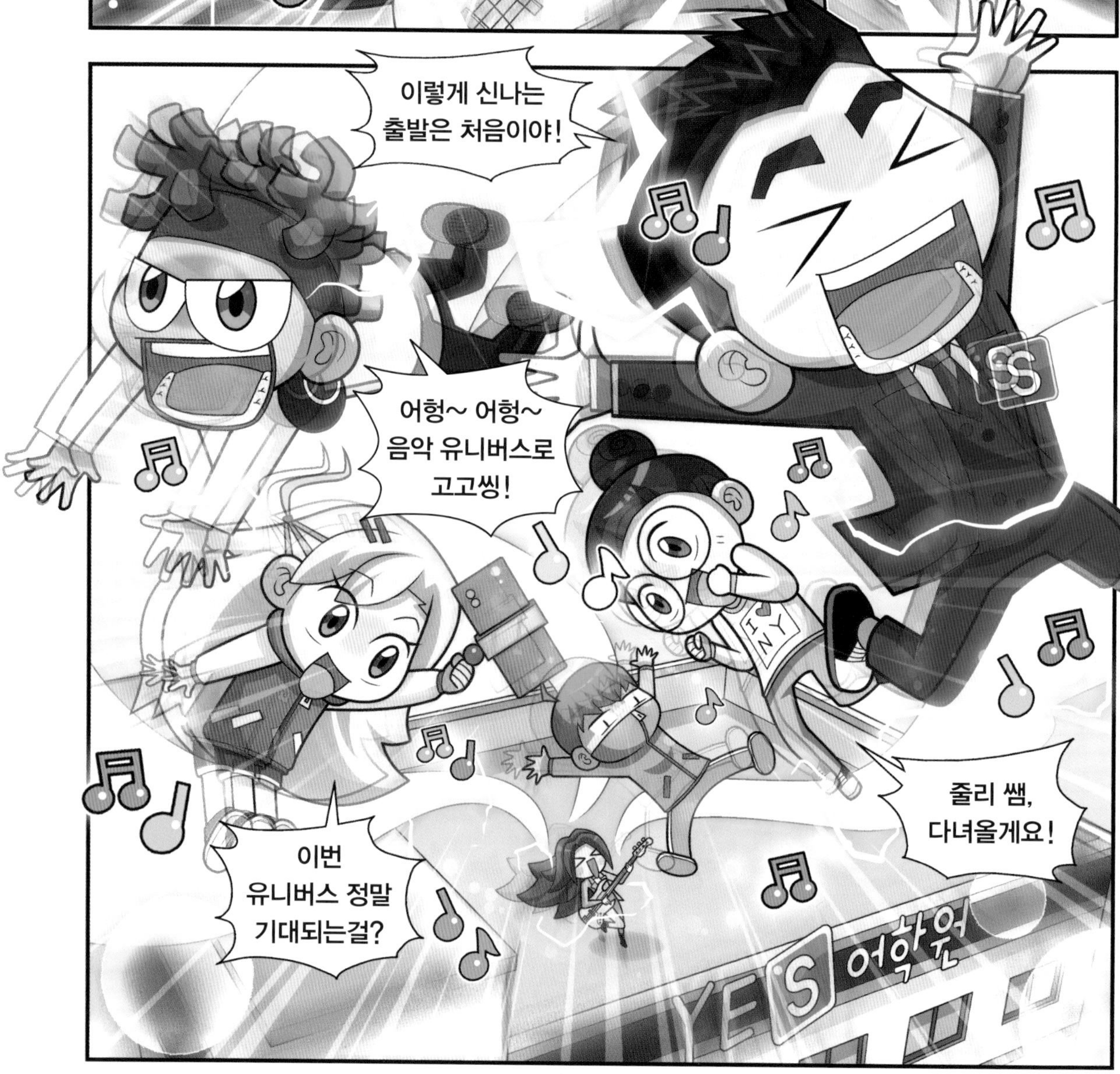
이렇게 신나는 출발은 처음이야!
어헝~ 어헝~ 음악 유니버스로 고고씽!
이번 유니버스 정말 기대되는걸?
줄리 쌤, 다녀올게요!
YES 어학원

Chapter 2

수상한 공연장

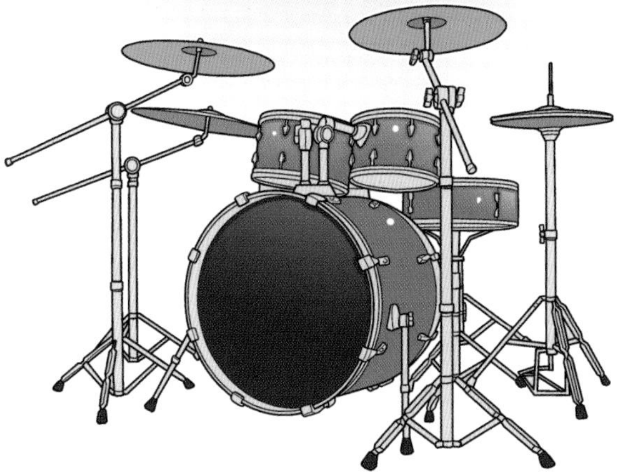

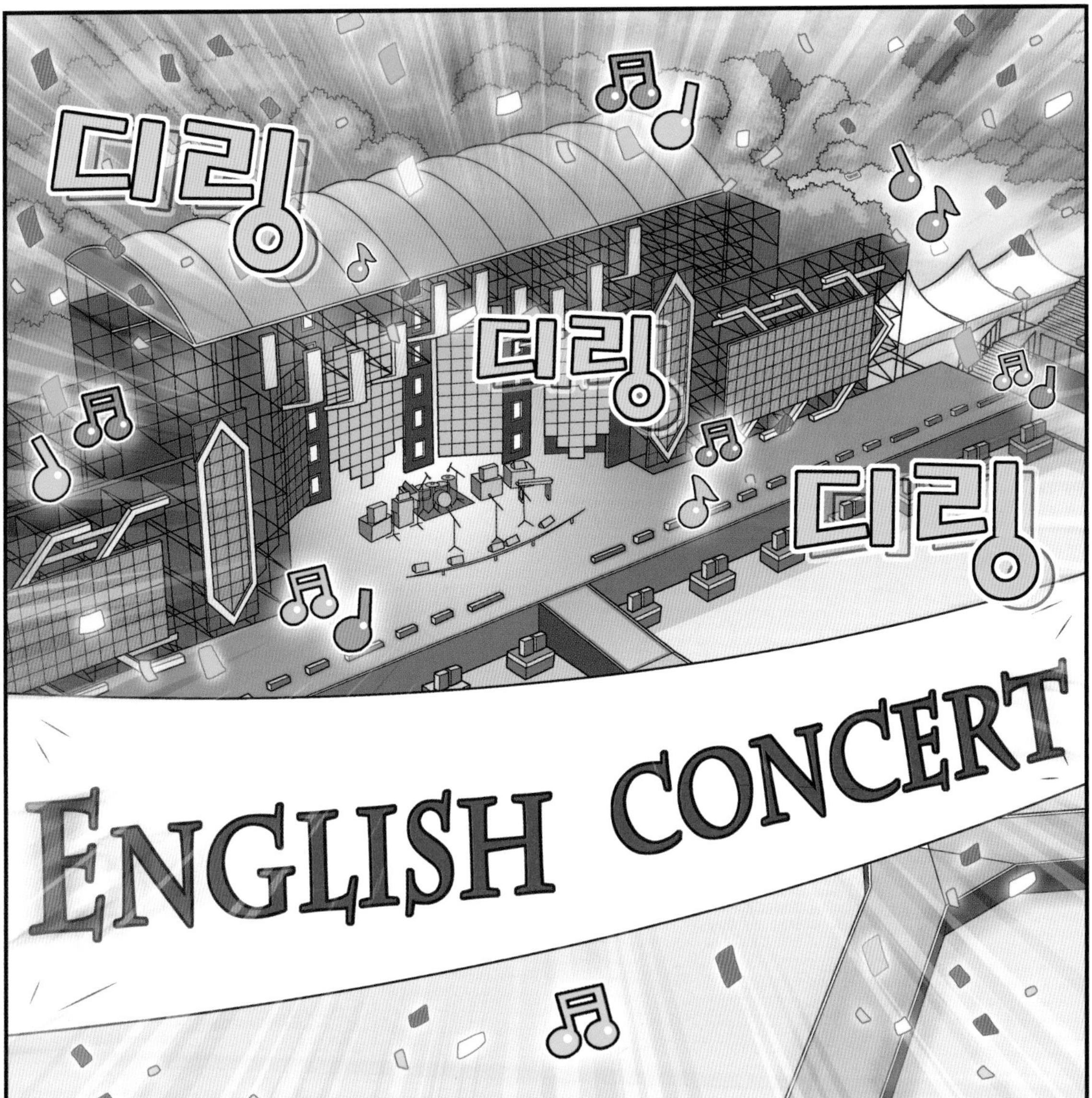
디링
디링
디링
ENGLISH CONCERT

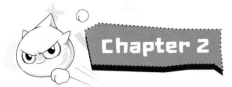

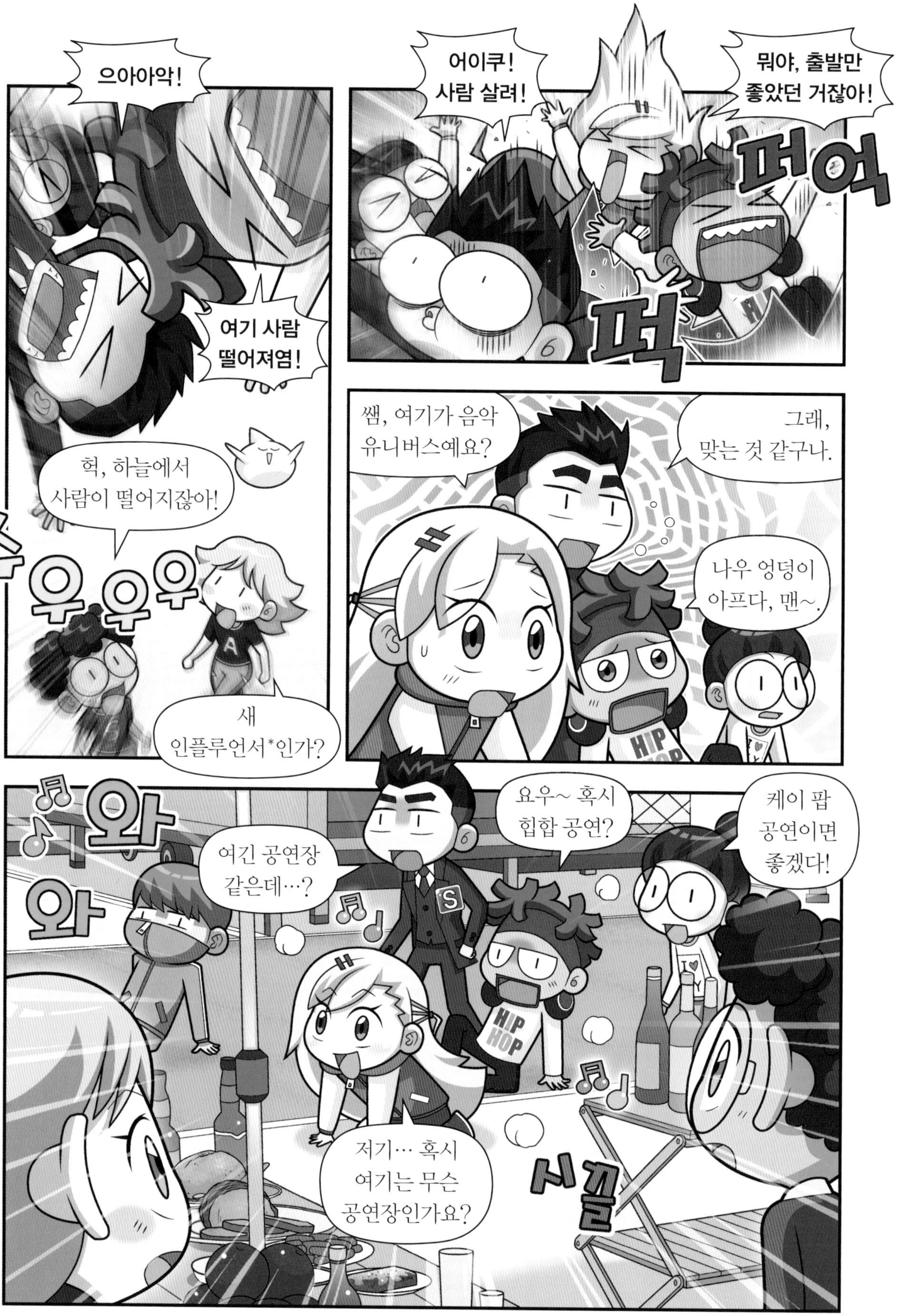

으아아악!
여기 사람 떨어져염!
헉, 하늘에서 사람이 떨어지잖아!
슈우우우
새 인플루언서*인가?
어이쿠! 사람 살려!
뭐야, 출발만 좋았던 거잖아!
퍼억
퍽
쌤, 여기가 음악 유니버스예요?
그래, 맞는 것 같구나.
나우 엉덩이 아프다, 맨~.
와와
여긴 공연장 같은데…?
요우~ 혹시 힙합 공연?
케이 팝 공연이면 좋겠다!
저기… 혹시 여기는 무슨 공연장인가요?
시끌

* influencer[ˈɪnfluənsər]: 대중한테 영향력을 미치는 이들을 지칭하는 말.

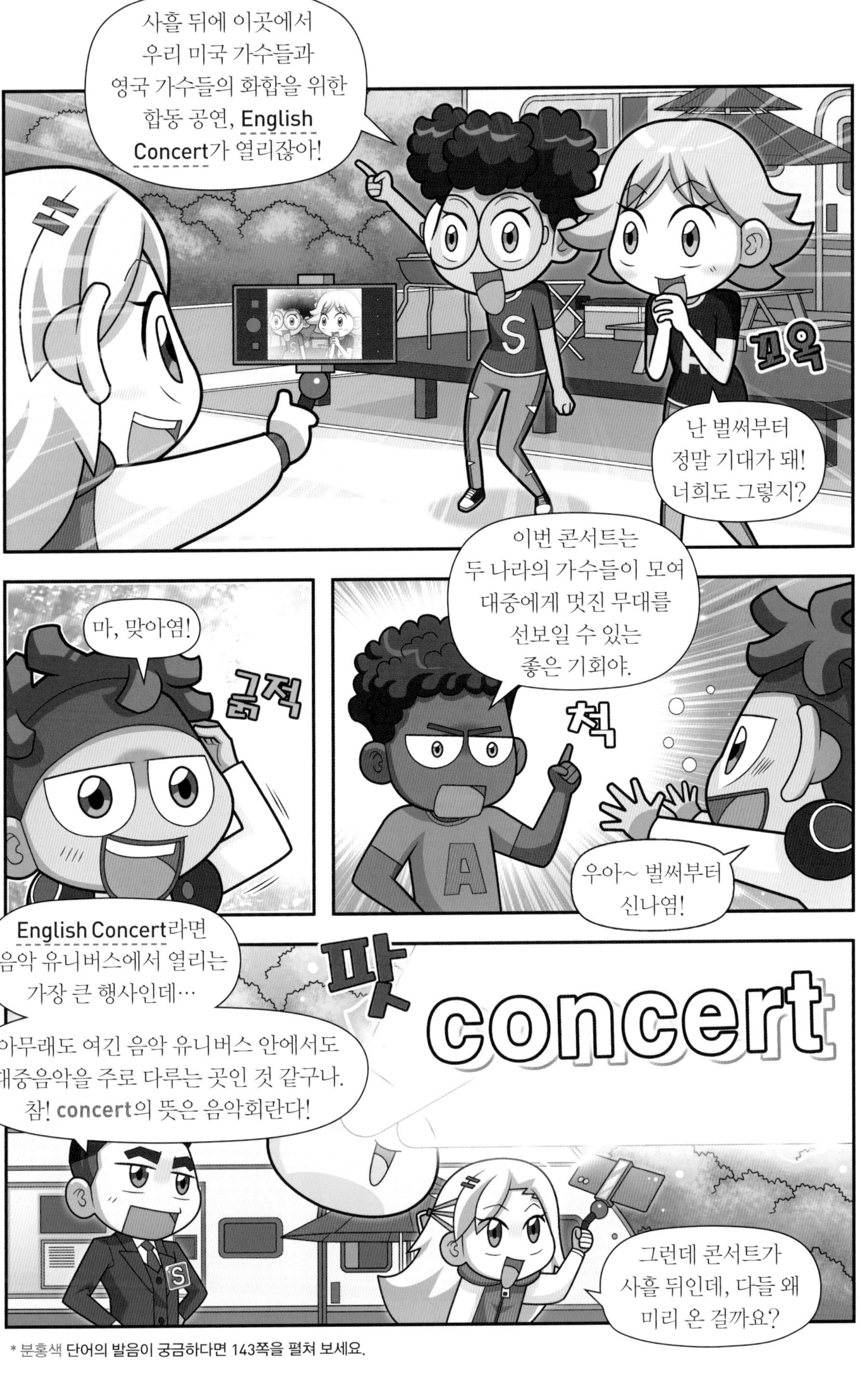
사흘 뒤에 이곳에서 우리 미국 가수들과 영국 가수들의 화합을 위한 합동 공연, English Concert가 열리잖아!
꼬옥
난 벌써부터 정말 기대가 돼! 너희도 그렇지?
마, 맞아염!
긁적
이번 콘서트는 두 나라의 가수들이 모여 대중에게 멋진 무대를 선보일 수 있는 좋은 기회야.
척
우아~ 벌써부터 신나염!
English Concert라면 음악 유니버스에서 열리는 가장 큰 행사인데…
아무래도 여긴 음악 유니버스 안에서도 대중음악을 주로 다루는 곳인 것 같구나. 참! concert의 뜻은 음악회란다!
딱
concert
그런데 콘서트가 사흘 뒤인데, 다들 왜 미리 온 걸까요?

* 분홍색 단어의 발음이 궁금하다면 143쪽을 펼쳐 보세요.

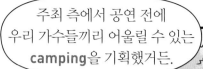

주최 측에서 공연 전에 우리 가수들끼리 어울릴 수 있는 camping을 기획했거든.

영국 가수와 미국 가수 캠프는 따로 있지만 말야.

이번 캠핑엔 가수와 기자, 인플루언서만 초대받은 걸로 아는데….

너희도 초대받아서 온 거 아니야?

의심

마, 맞아요! 저희는 취재하러 온 인플루언서예요.

뻔뻔

어쩐지… 등장부터 요란하더라. SNS에 올리면 조회 수 폭발하겠어.

그럼 앨리랑도 인터뷰하겠네?

당연한 거 아냐? 앨리는 우리 미국의 자랑이잖아!

지난번 공연에서도 앨리는 정말 멋있었어!

맞아! 앨리는 실력도 인성도 너무 훌륭해!

이쯤에서 다른 곳도 둘러볼까?

네, 괜히 더 의심받기 전에 얼른 가요!

꺄~

꺄꺅~

후다닥

HIP HOP

I ♥ N Y

* 분홍색 단어의 발음이 궁금하다면 143쪽을 펼쳐 보세요.

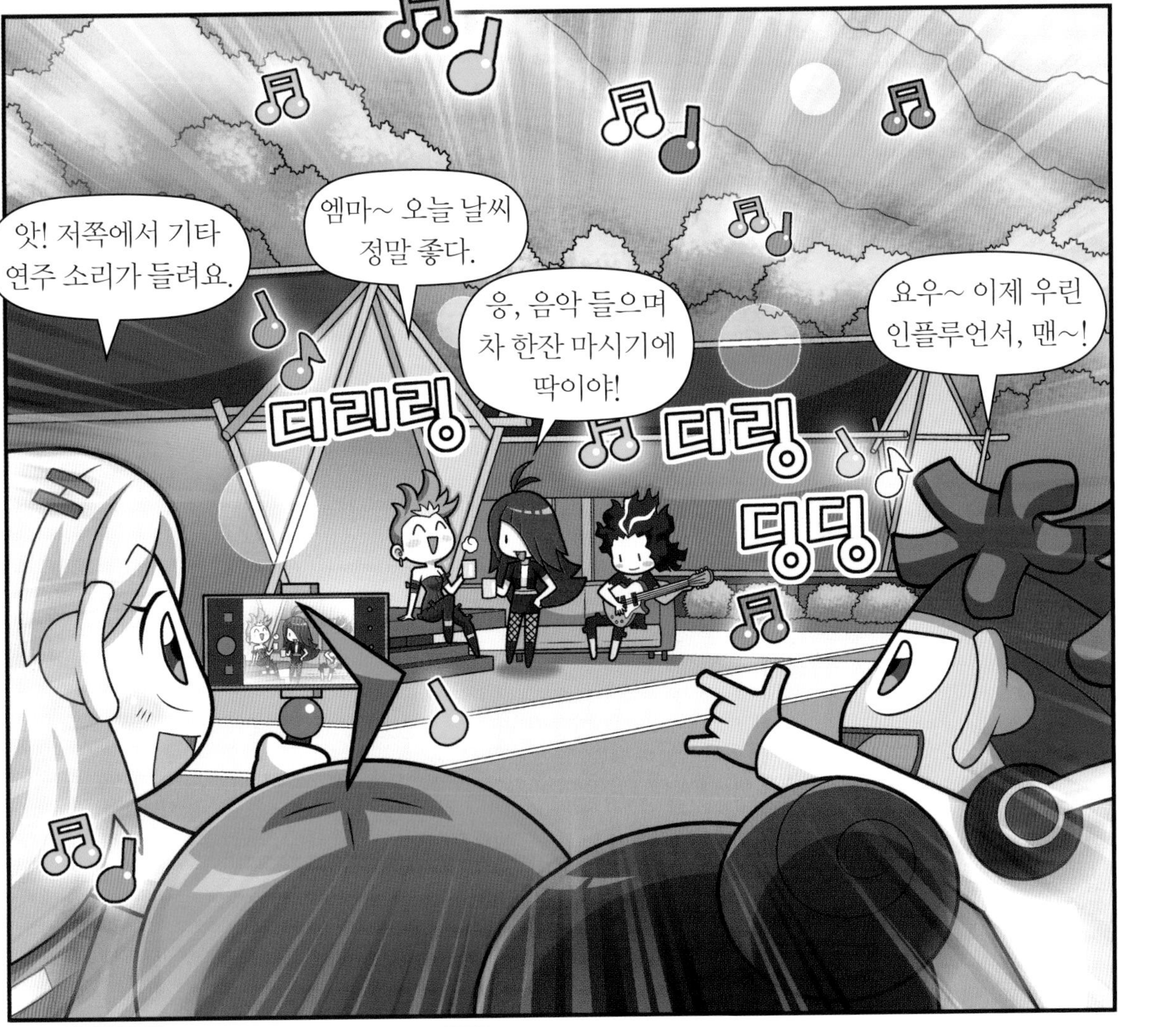
앗! 저쪽에서 기타 연주 소리가 들려요.
엠마~ 오늘 날씨 정말 좋다.
디리링
응, 음악 들으며 차 한잔 마시기에 딱이야!
디링
딩딩
요우~ 이제 우린 인플루언서, 맨~!

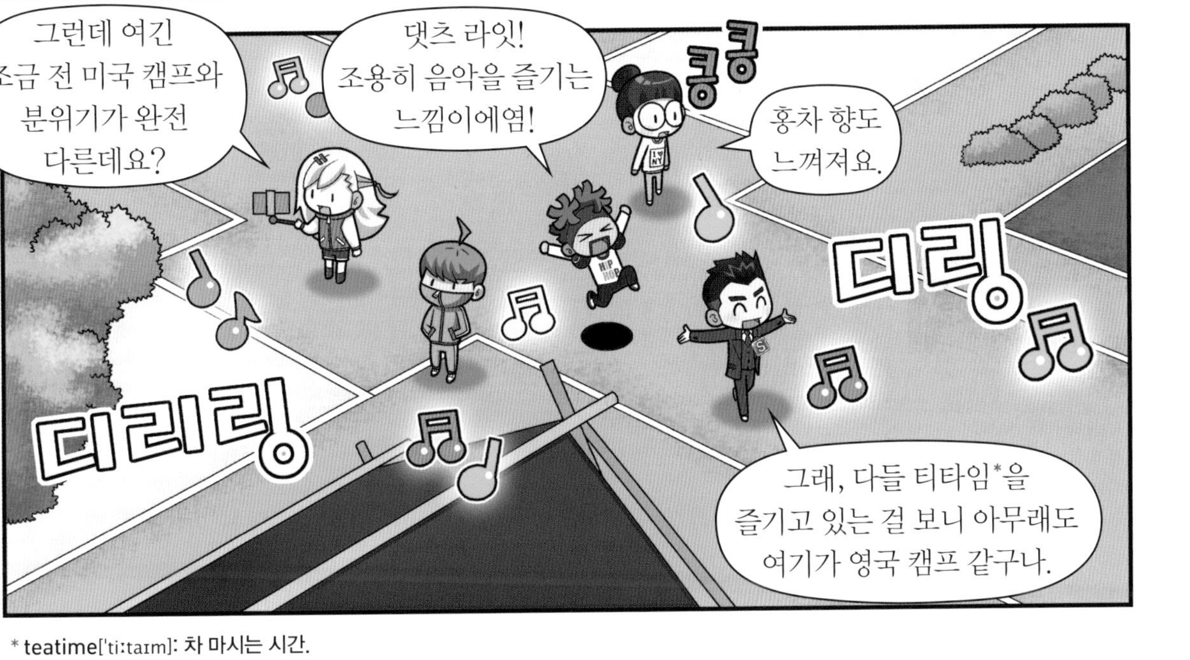
그런데 여긴 조금 전 미국 캠프와 분위기가 완전 다른데요?
댓츠 라잇! 조용히 음악을 즐기는 느낌이에염!
쿵쿵
홍차 향도 느껴져요.
디링
디리링
그래, 다들 티타임*을 즐기고 있는 걸 보니 아무래도 여기가 영국 캠프 같구나.

* teatime['tiːtaɪm]: 차 마시는 시간.

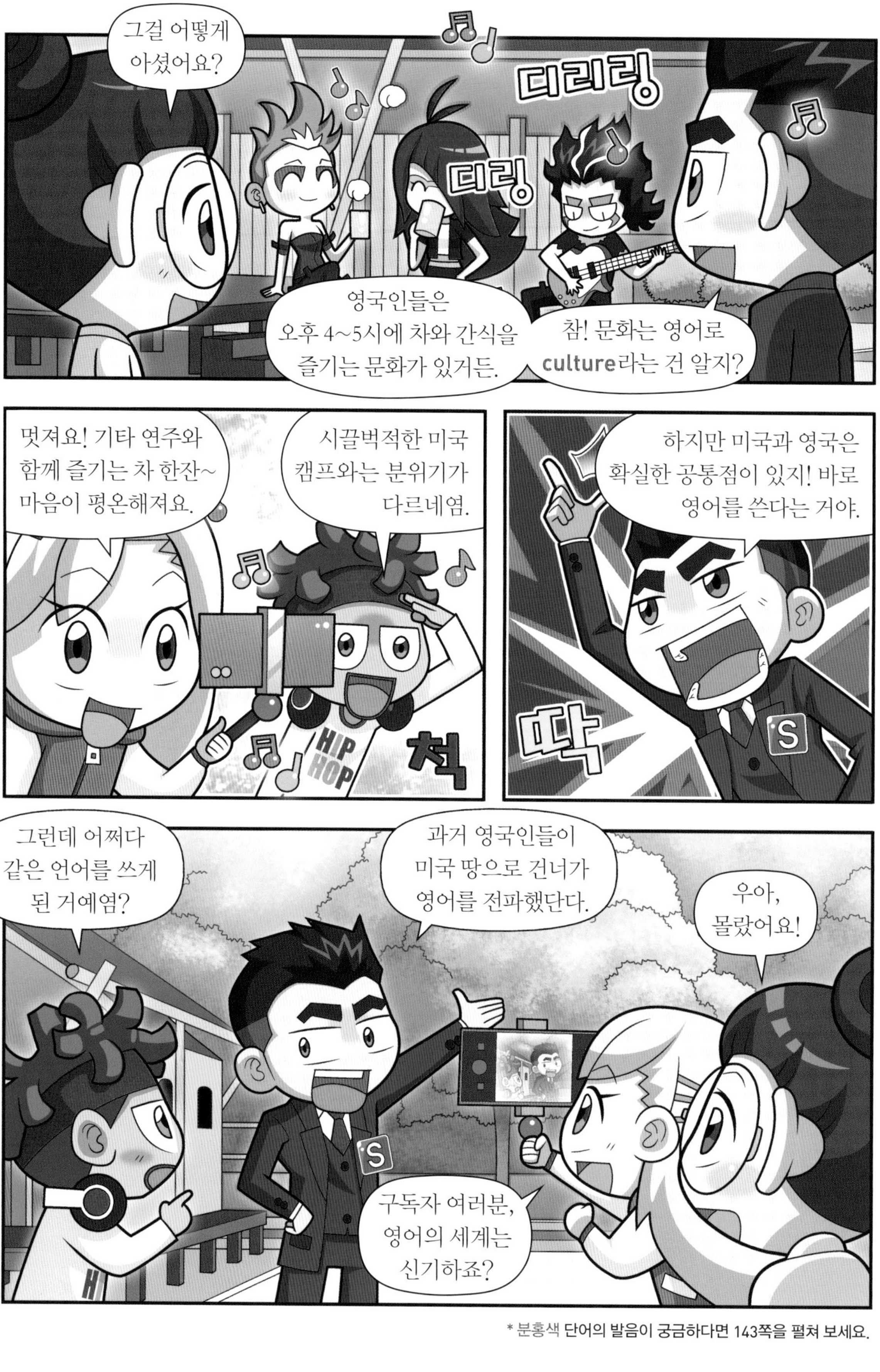
그걸 어떻게 아셨어요?
디리링
디링
영국인들은 오후 4~5시에 차와 간식을 즐기는 문화가 있거든.
참! 문화는 영어로 culture라는 건 알지?
멋져요! 기타 연주와 함께 즐기는 차 한잔~ 마음이 평온해져요.
시끌벅적한 미국 캠프와는 분위기가 다르네염.
HIP HOP
척
하지만 미국과 영국은 확실한 공통점이 있지! 바로 영어를 쓴다는 거야.
딱
그런데 어쩌다 같은 언어를 쓰게 된 거예염?
과거 영국인들이 미국 땅으로 건너가 영어를 전파했단다.
우아, 몰랐어요!
구독자 여러분, 영어의 세계는 신기하죠?

* 분홍색 단어의 발음이 궁금하다면 143쪽을 펼쳐 보세요.

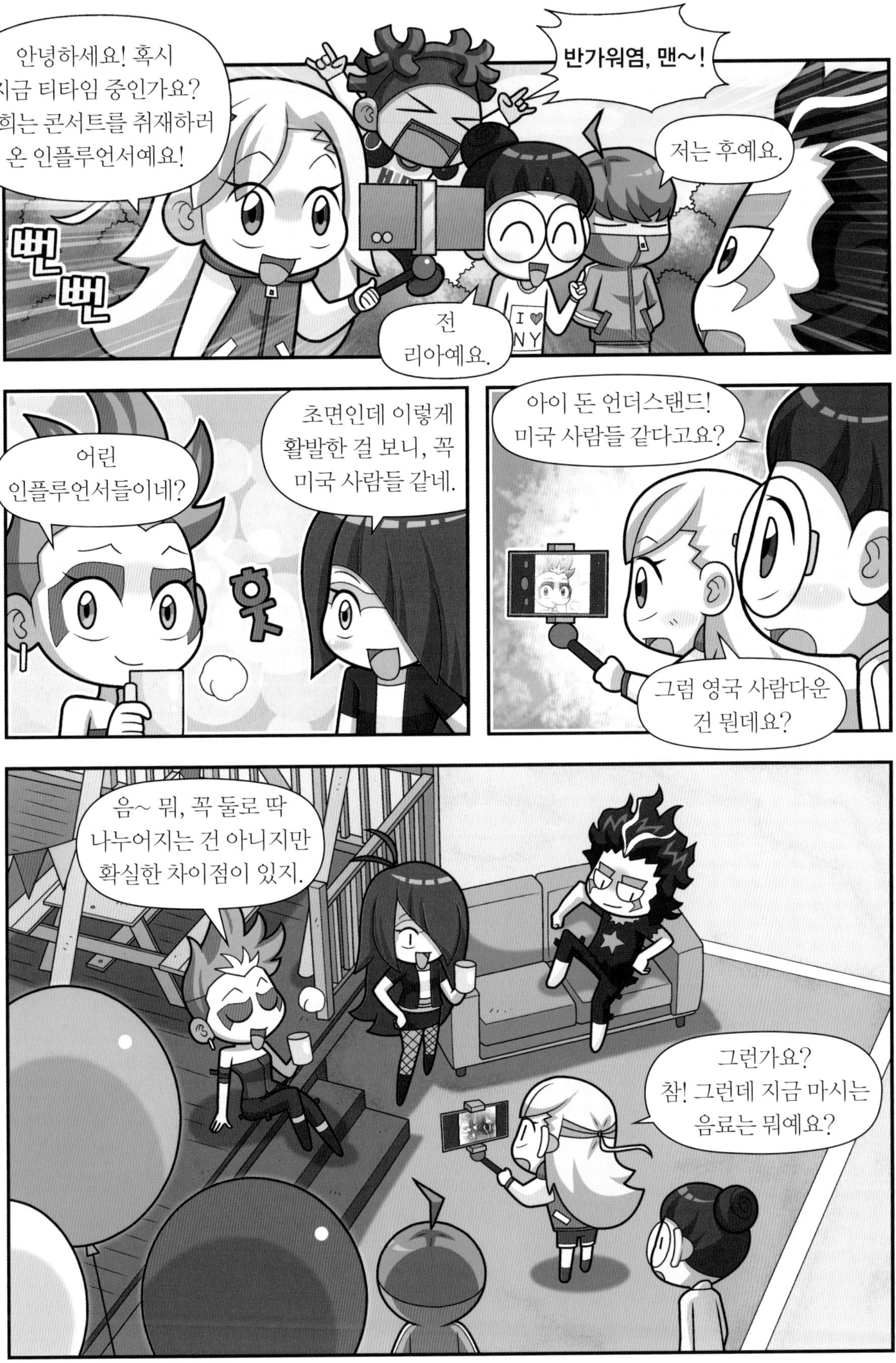
안녕하세요! 혹시 지금 티타임 중인가요? 저희는 콘서트를 취재하러 온 인플루언서예요!
반가워염, 맨~!
저는 후예요.
뻔뻔
전 리아예요.
어린 인플루언서들이네?
초면인데 이렇게 활발한 걸 보니, 꼭 미국 사람들 같네.
훗
아이 돈 언더스탠드! 미국 사람들 같다고요?
그럼 영국 사람다운 건 뭔데요?
음~ 뭐, 꼭 둘로 딱 나누어지는 건 아니지만 확실한 차이점이 있지.
그런가요? 참! 그런데 지금 마시는 음료는 뭐예요?

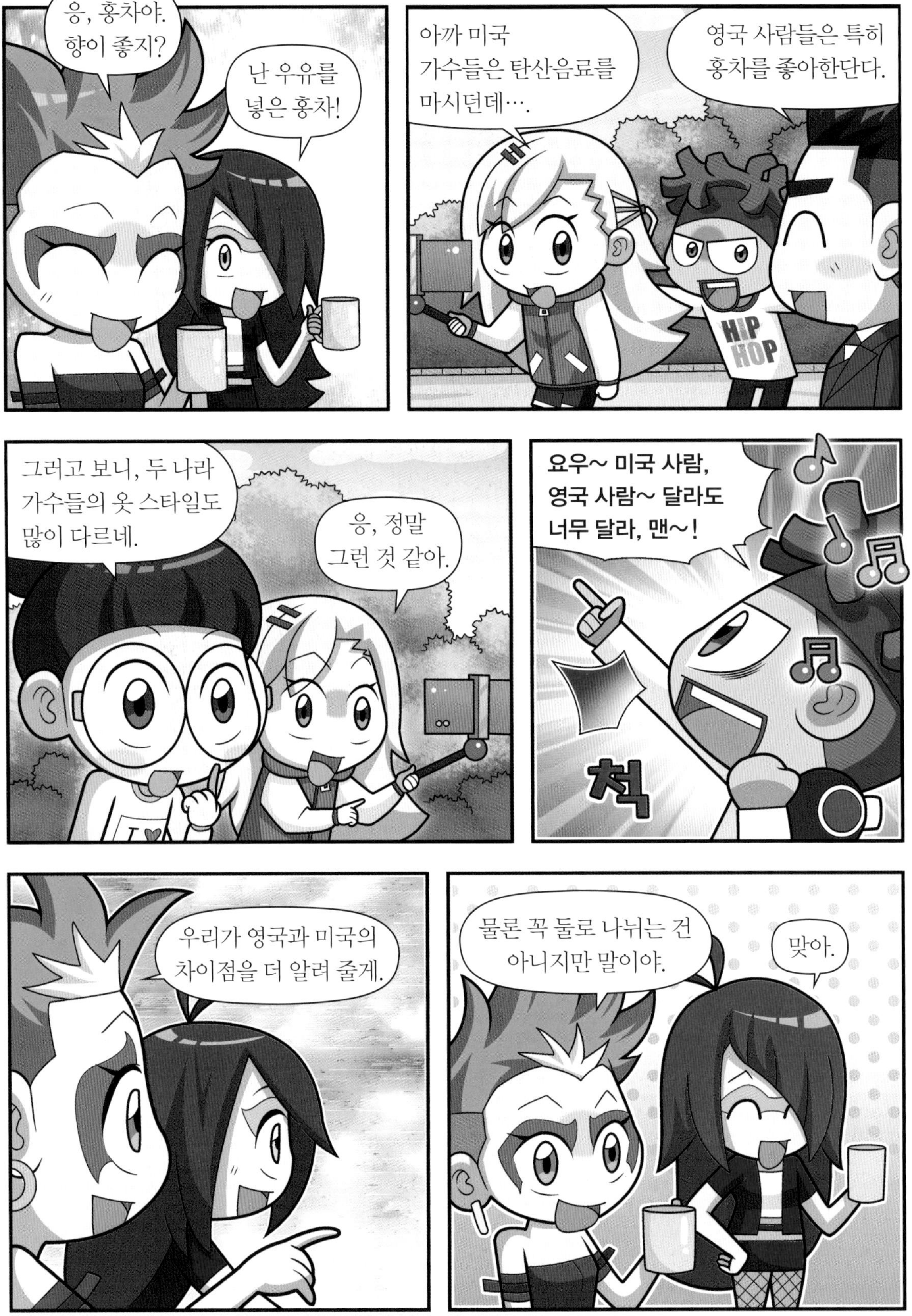
응, 홍차야.
향이 좋지?
난 우유를
넣은 홍차!
아까 미국
가수들은 탄산음료를
마시던데….
영국 사람들은 특히
홍차를 좋아한단다.
HIP
HOP
그러고 보니, 두 나라
가수들의 옷 스타일도
많이 다르네.
응, 정말
그런 것 같아.
요우~ 미국 사람,
영국 사람~ 달라도
너무 달라, 맨~!
척
우리가 영국과 미국의
차이점을 더 알려 줄게.
물론 꼭 둘로 나뉘는 건
아니지만 말이야.
맞아.

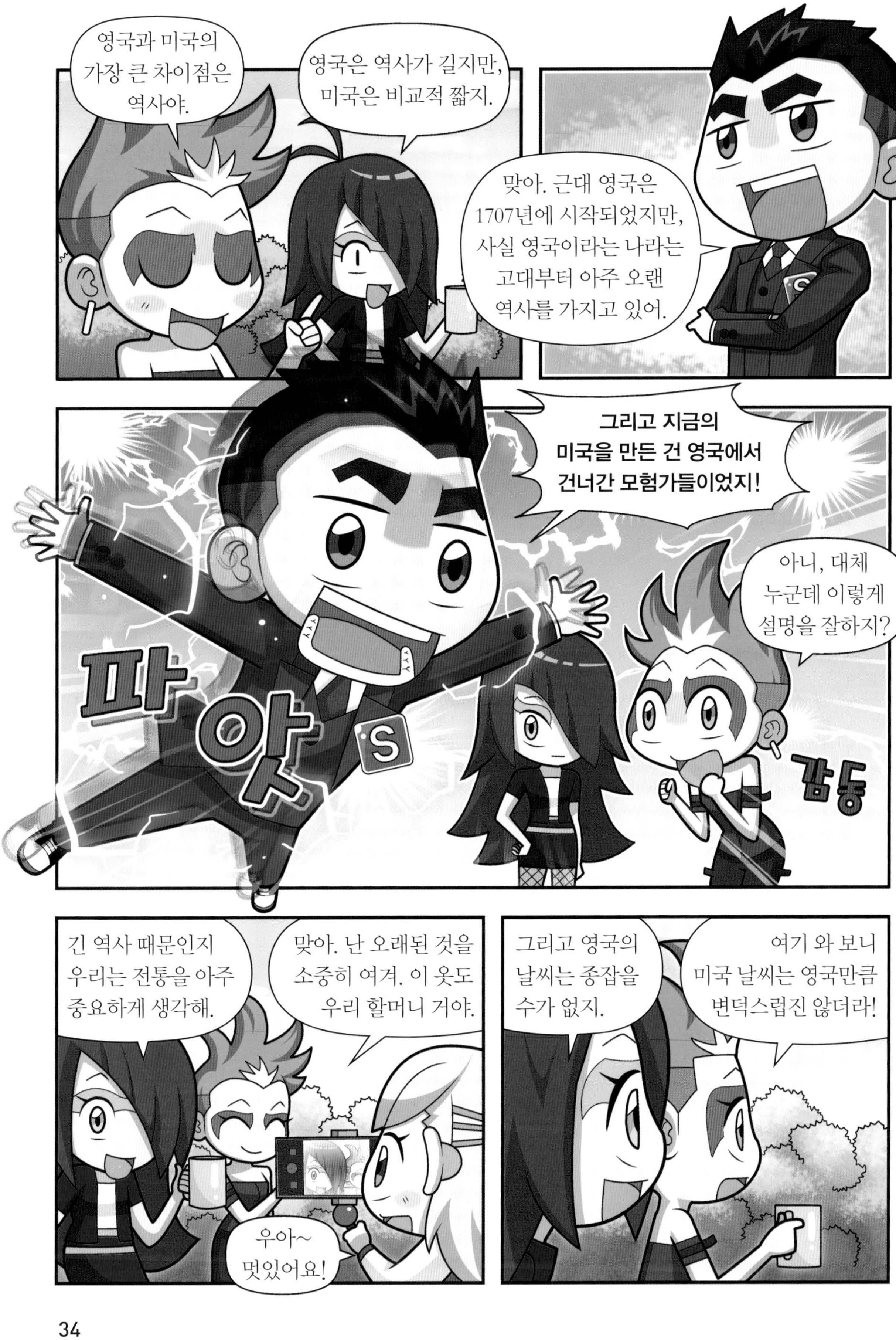
영국과 미국의 가장 큰 차이점은 역사야.
영국은 역사가 길지만, 미국은 비교적 짧지.
맞아. 근대 영국은 1707년에 시작되었지만, 사실 영국이라는 나라는 고대부터 아주 오랜 역사를 가지고 있어.
그리고 지금의 미국을 만든 건 영국에서 건너간 모험가들이었지!
파앗
아니, 대체 누군데 이렇게 설명을 잘하지?
감동
긴 역사 때문인지 우리는 전통을 아주 중요하게 생각해.
맞아. 난 오래된 것을 소중히 여겨. 이 옷도 우리 할머니 거야.
우아~ 멋있어요!
그리고 영국의 날씨는 종잡을 수가 없지.
여기 와 보니 미국 날씨는 영국만큼 변덕스럽진 않더라!

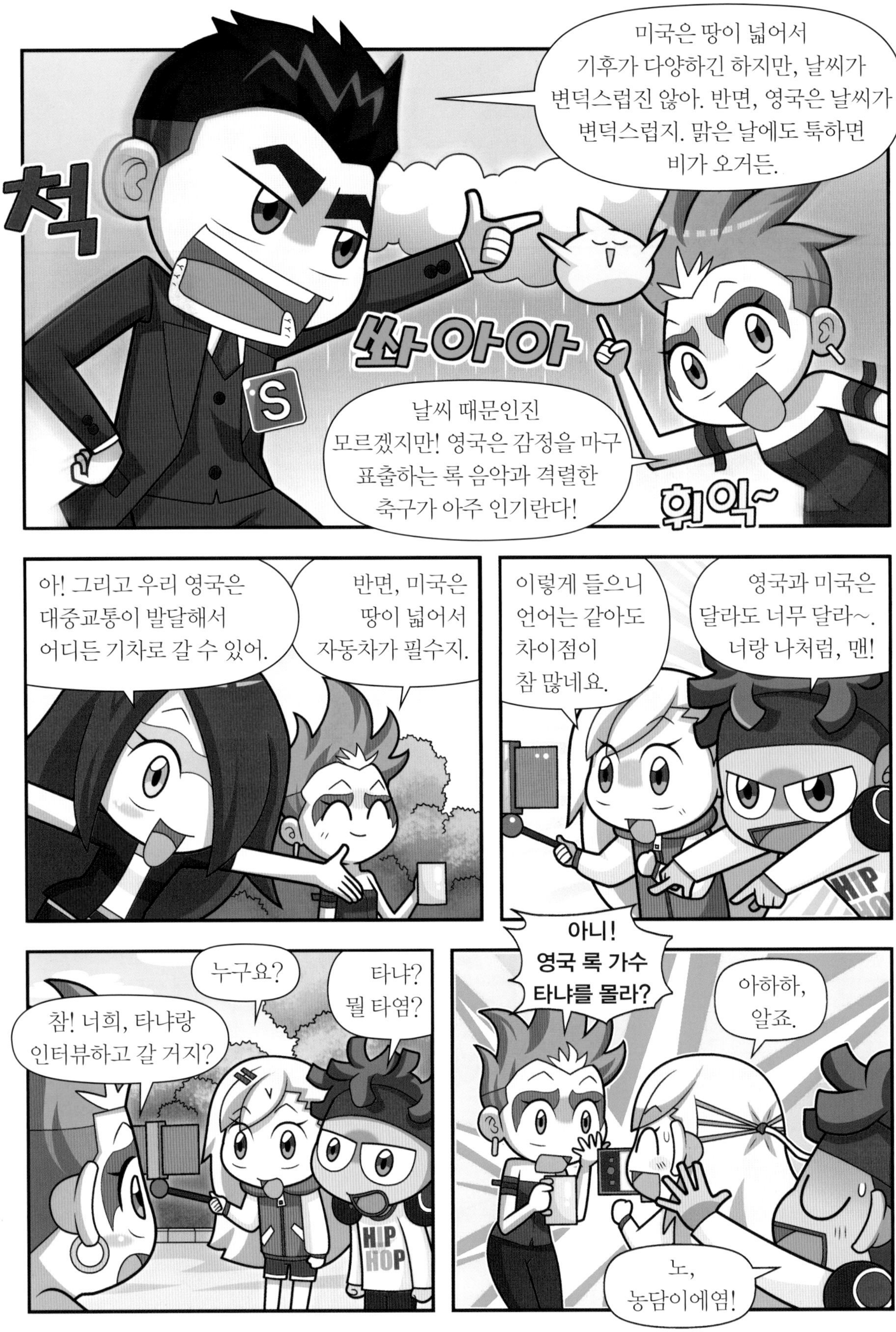
미국은 땅이 넓어서 기후가 다양하긴 하지만, 날씨가 변덕스럽진 않아. 반면, 영국은 날씨가 변덕스럽지. 맑은 날에도 툭하면 비가 오거든.
척
쏴아아
날씨 때문인진 모르겠지만! 영국은 감정을 마구 표출하는 록 음악과 격렬한 축구가 아주 인기란다!
휘익~
아! 그리고 우리 영국은 대중교통이 발달해서 어디든 기차로 갈 수 있어.
반면, 미국은 땅이 넓어서 자동차가 필수지.
이렇게 들으니 언어는 같아도 차이점이 참 많네요.
영국과 미국은 달라도 너무 달라~. 너랑 나처럼, 맨!
HIP HOP
참! 너희, 타냐랑 인터뷰하고 갈 거지?
누구요?
타냐? 뭘 타염?
HIP HOP
아니! 영국 록 가수 타냐를 몰라?
아하하, 알죠.
노, 농담이에염!

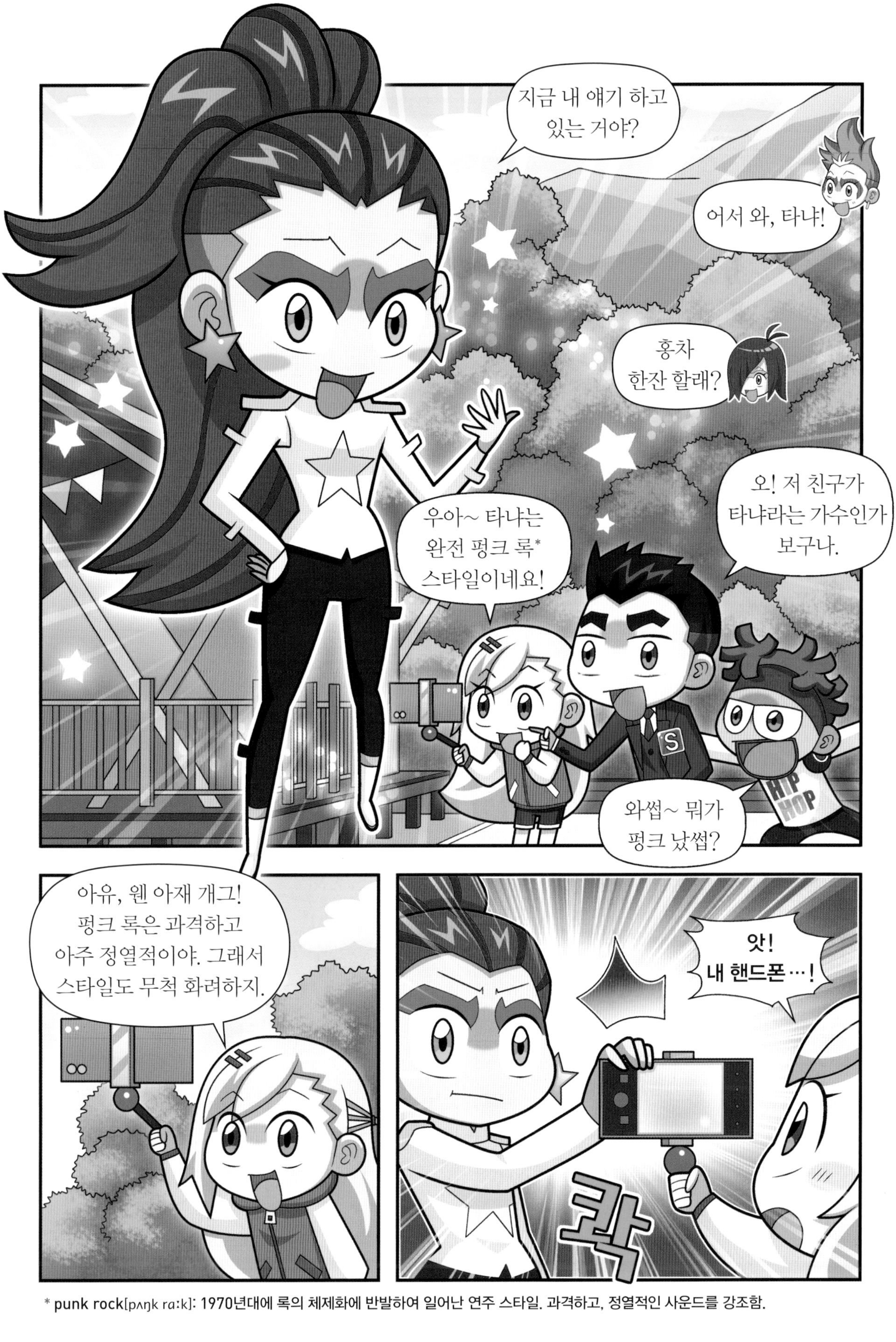

지금 내 얘기 하고 있는 거야?
어서 와, 타냐!
홍차 한잔 할래?
우아~ 타냐는 완전 펑크 록* 스타일이네요!
오! 저 친구가 타냐라는 가수인가 보구나.
HIP HOP
와썹~ 뭐가 펑크 났썹?
아유, 웬 아재 개그! 펑크 록은 과격하고 아주 정열적이야. 그래서 스타일도 무척 화려하지.
앗! 내 핸드폰…!
콱

* punk rock[pʌŋk raːk]: 1970년대에 록의 체제화에 반발하여 일어난 연주 스타일. 과격하고, 정열적인 사운드를 강조함.

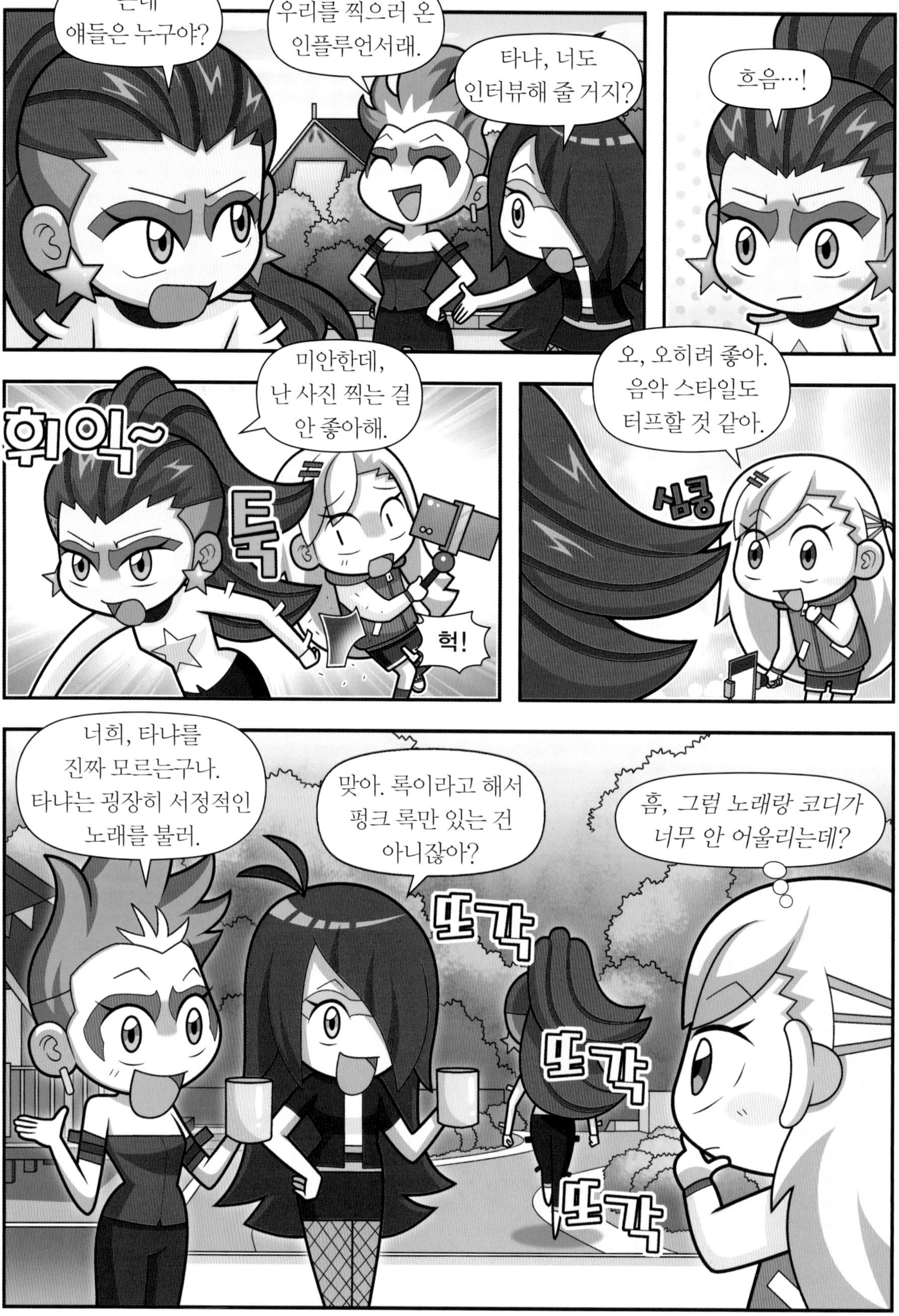
근데 애들은 누구야?
우리를 찍으러 온 인플루언서래.
타냐, 너도 인터뷰해 줄 거지?
흐음…!
휘익~
미안한데, 난 사진 찍는 걸 안 좋아해.
툭
헉!
오, 오히려 좋아. 음악 스타일도 터프할 것 같아.
심쿵
너희, 타냐를 진짜 모르는구나. 타냐는 굉장히 서정적인 노래를 불러.
맞아. 록이라고 해서 펑크 록만 있는 건 아니잖아?
또각
또각
또각
흠, 그럼 노래랑 코디가 너무 안 어울리는데?

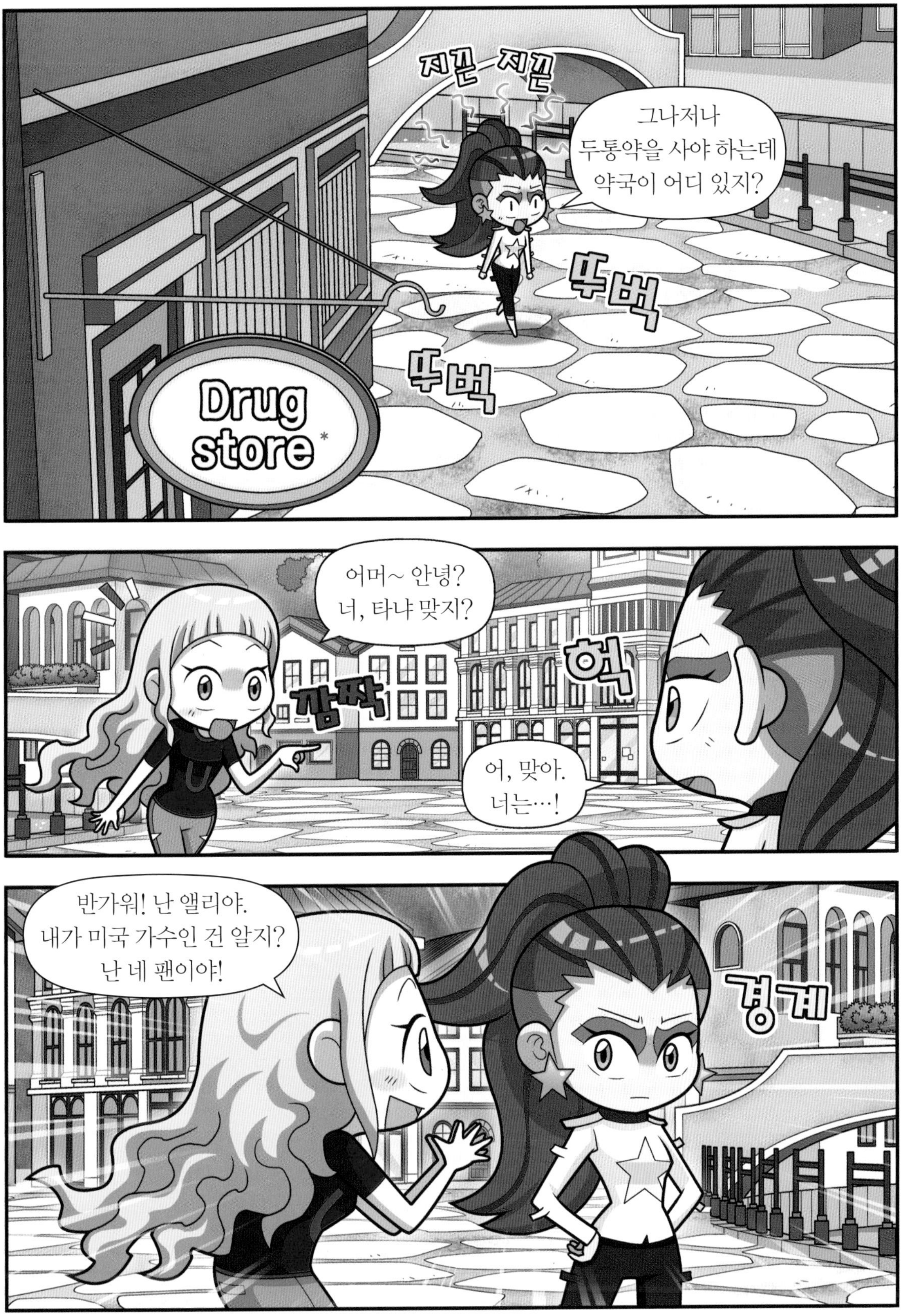
지끈 지끈
그나저나 두통약을 사야 하는데 약국이 어디 있지?
뚜벅
뚜벅
Drug store*
어머~ 안녕? 너, 타냐 맞지?
깜짝
헉
어, 맞아. 너는…!
반가워! 난 앨리야. 내가 미국 가수인 건 알지? 난 네 팬이야!
경계

* drugstore['drʌgstɔː(r)]: 약국(약품뿐만 아니라 화장품 같은 다른 품목도 취급함).

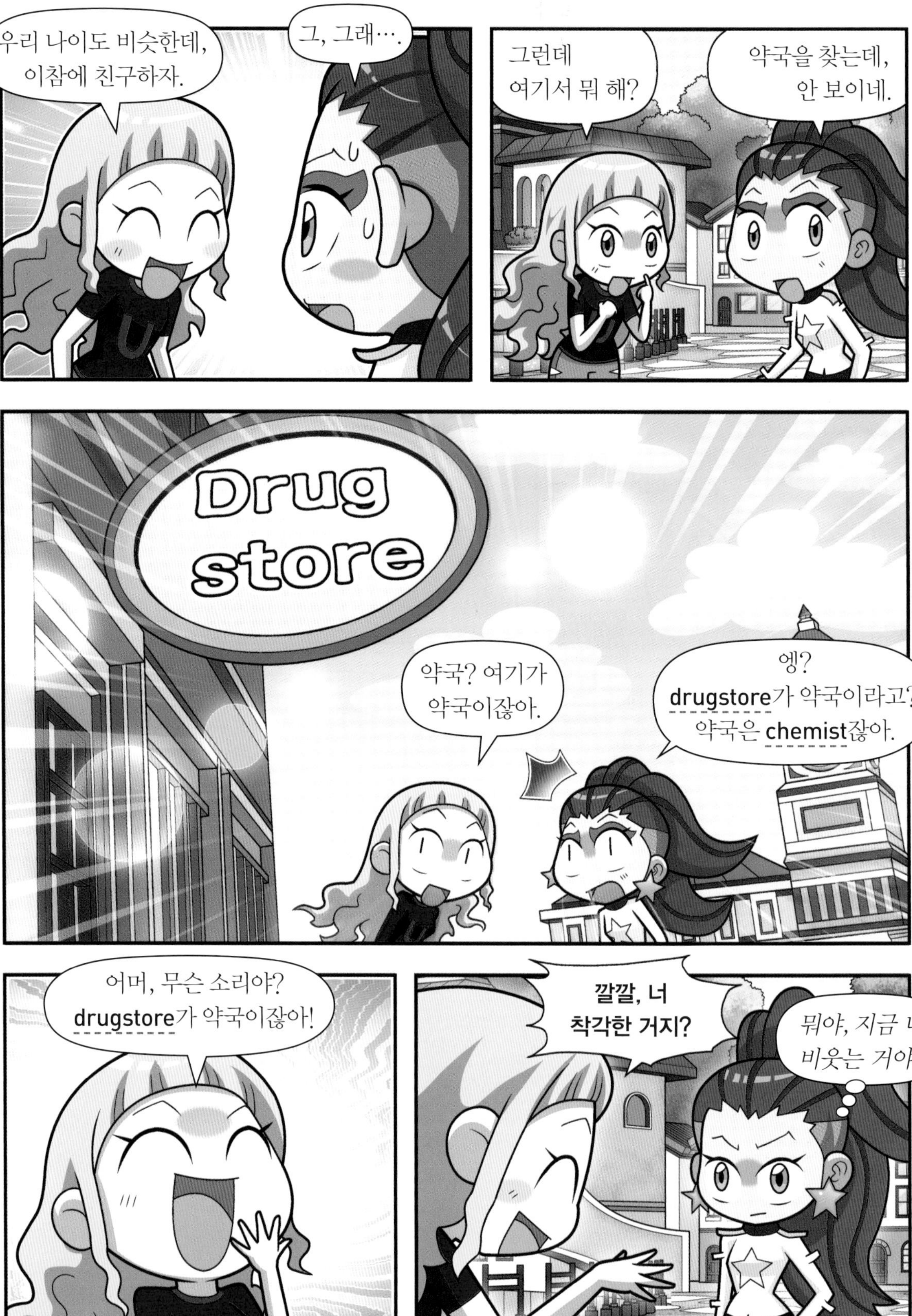

우리 나이도 비슷한데, 이참에 친구하자.
그, 그래….
그런데 여기서 뭐 해?
약국을 찾는데, 안 보이네.
Drug store
약국? 여기가 약국이잖아.
엥? drugstore가 약국이라고? 약국은 chemist잖아.
어머, 무슨 소리야? drugstore가 약국이잖아!
깔깔, 너 착각한 거지?
뭐야, 지금 나 비웃는 거야?

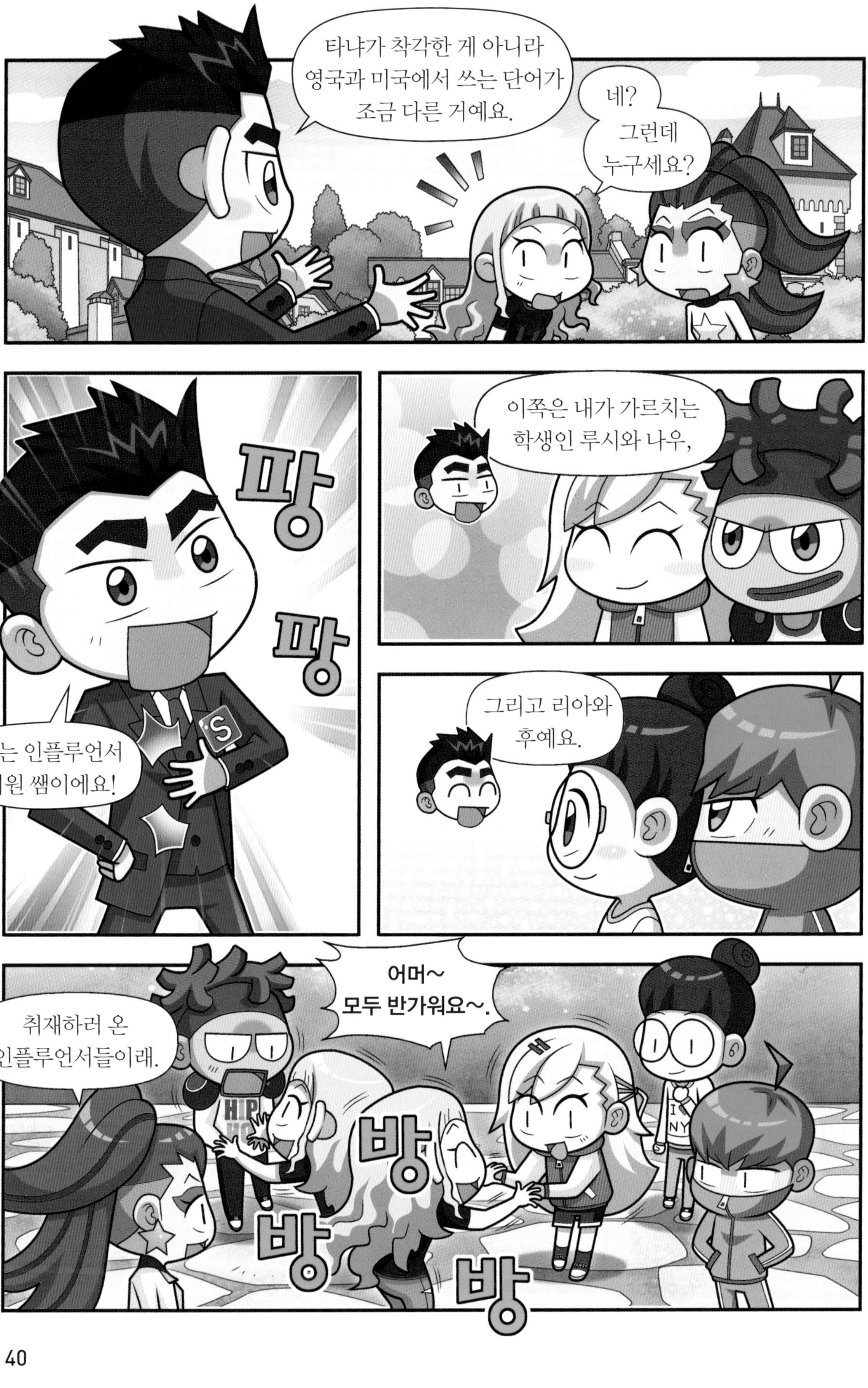
타냐가 착각한 게 아니라 영국과 미국에서 쓰는 단어가 조금 다른 거예요.
네? 그런데 누구세요?
팡
팡
나는 인플루언서 시원 쌤이에요!
이쪽은 내가 가르치는 학생인 루시와 나우,
그리고 리아와 후예요.
취재하러 온 인플루언서들이래.
어머~ 모두 반가워요~.
방
방
방

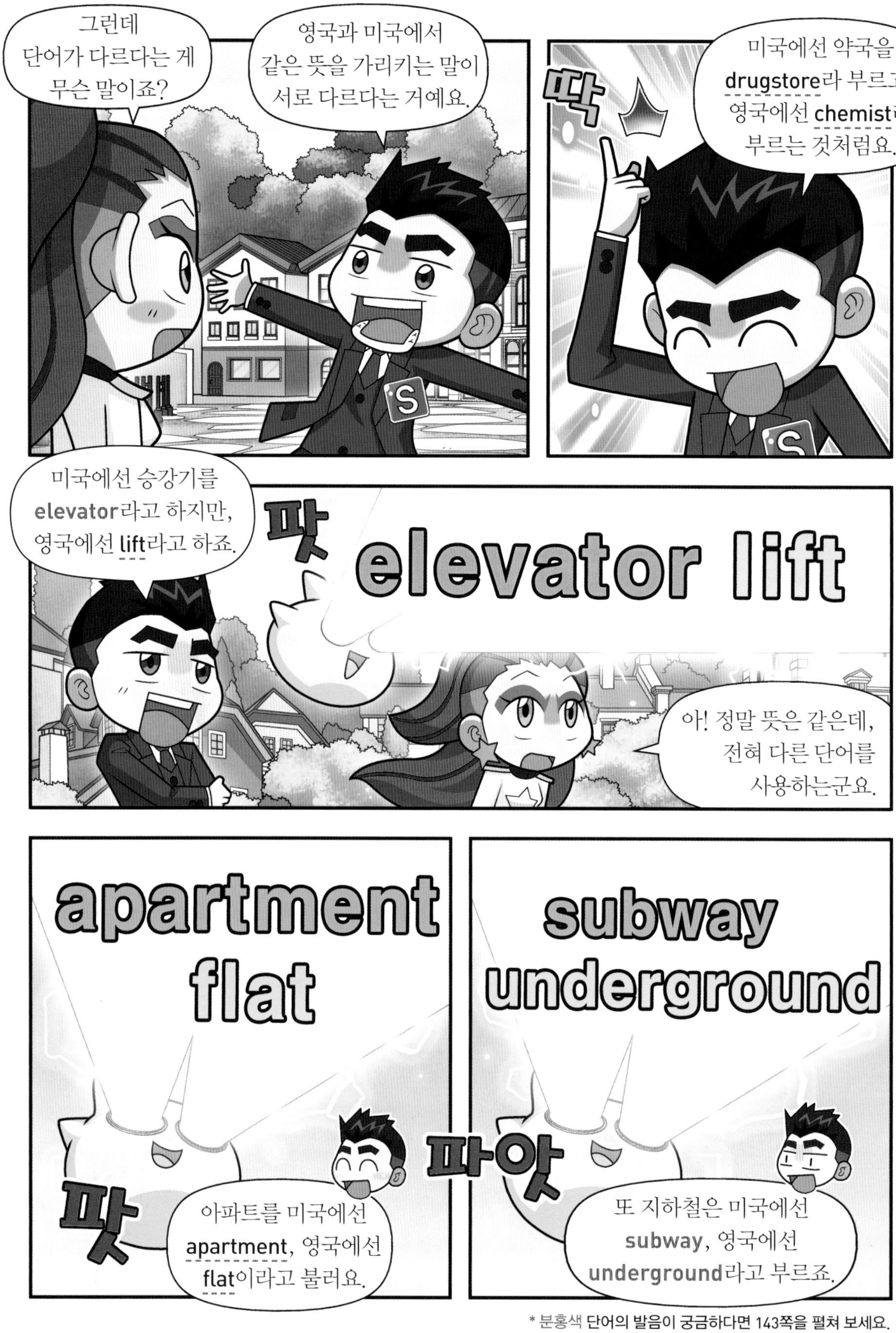
그런데 단어가 다르다는 게 무슨 말이죠?
영국과 미국에서 같은 뜻을 가리키는 말이 서로 다르다는 거예요.
딱
미국에선 약국을 drugstore라 부르고, 영국에선 chemist라 부르는 것처럼요.
미국에선 승강기를 elevator라고 하지만, 영국에선 lift라고 하죠.
팟
elevator lift
아! 정말 뜻은 같은데, 전혀 다른 단어를 사용하는군요.
apartment flat
팟
아파트를 미국에선 apartment, 영국에선 flat이라고 불러요.
subway underground
파앗
또 지하철은 미국에선 subway, 영국에선 underground라고 부르죠.

* 분홍색 단어의 발음이 궁금하다면 143쪽을 펼쳐 보세요.

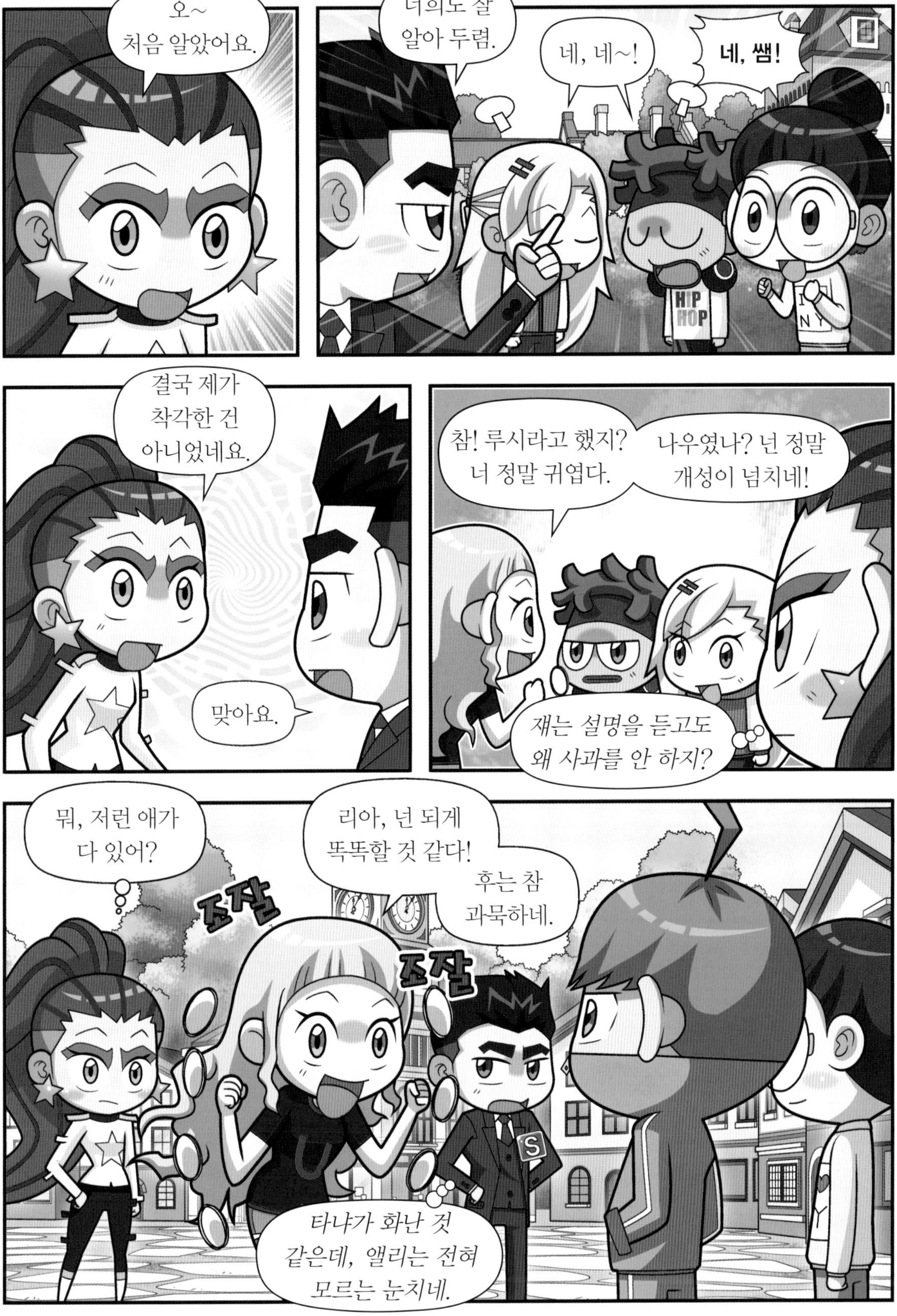
오~
처음 알았어요.
너희도 잘
알아 두렴.
네, 네~!
네, 쌤!
HIP HOP
결국 제가
착각한 건
아니었네요.
맞아요.
참! 루시라고 했지?
너 정말 귀엽다.
나우였나? 넌 정말
개성이 넘치네!
쟤는 설명을 듣고도
왜 사과를 안 하지?
뭐, 저런 애가
다 있어?
리아, 넌 되게
똑똑할 것 같다!
후는 참
과묵하네.
조잘
조잘
타냐가 화난 것
같은데, 앨리는 전혀
모르는 눈치네.

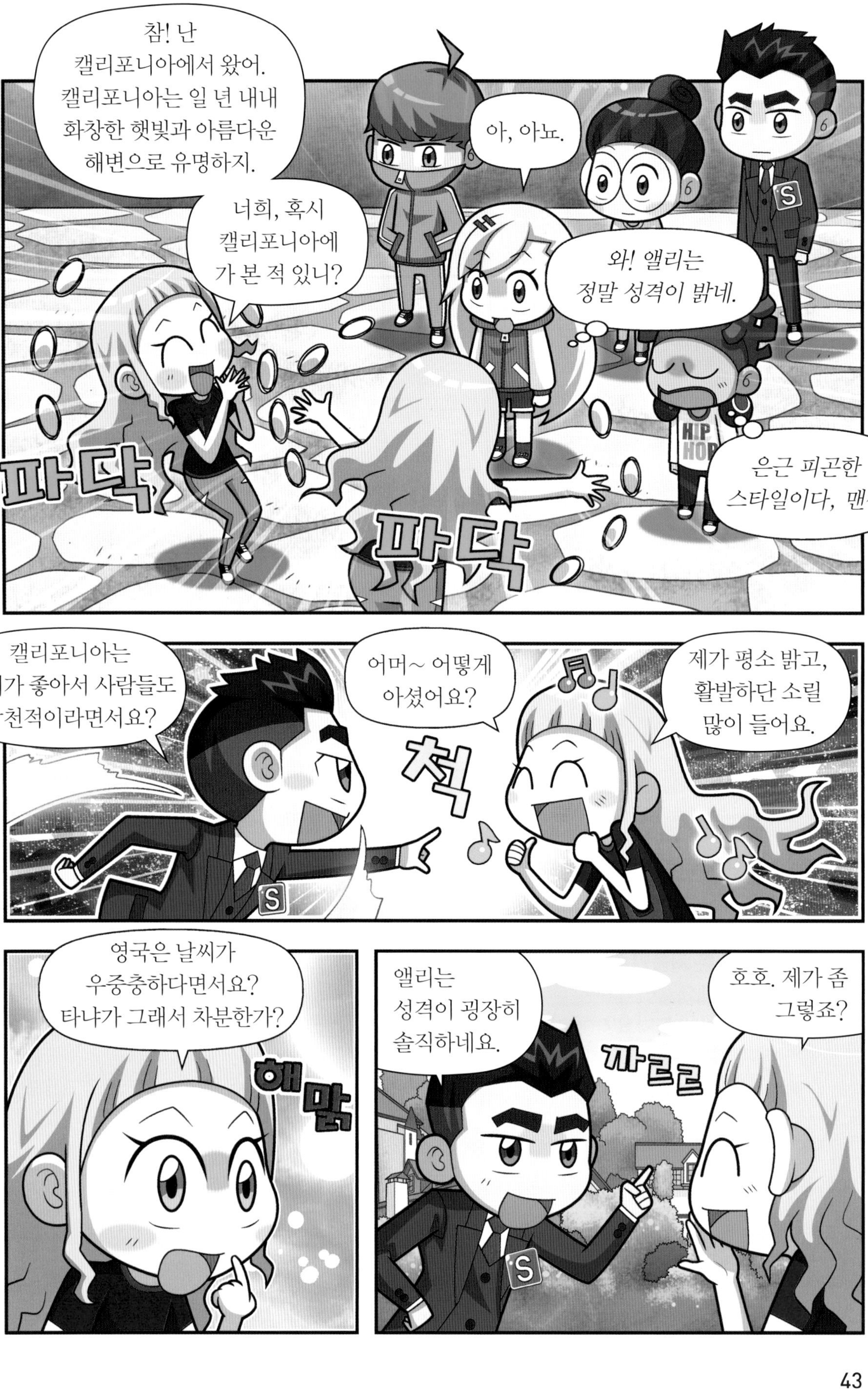

참! 난 캘리포니아에서 왔어. 캘리포니아는 일 년 내내 화창한 햇빛과 아름다운 해변으로 유명하지.
너희, 혹시 캘리포니아에 가 본 적 있니?
아, 아뇨.
와! 앨리는 정말 성격이 밝네.
파닥
파닥
은근 피곤한 스타일이다, 맨~.
캘리포니아는 날씨가 좋아서 사람들도 낙천적이라면서요?
어머~ 어떻게 아셨어요?
척
제가 평소 밝고, 활발하단 소릴 많이 들어요.
영국은 날씨가 우중충하다면서요? 타냐가 그래서 차분한가?
해맑
앨리는 성격이 굉장히 솔직하네요.
까르르
호호. 제가 좀 그렇죠?

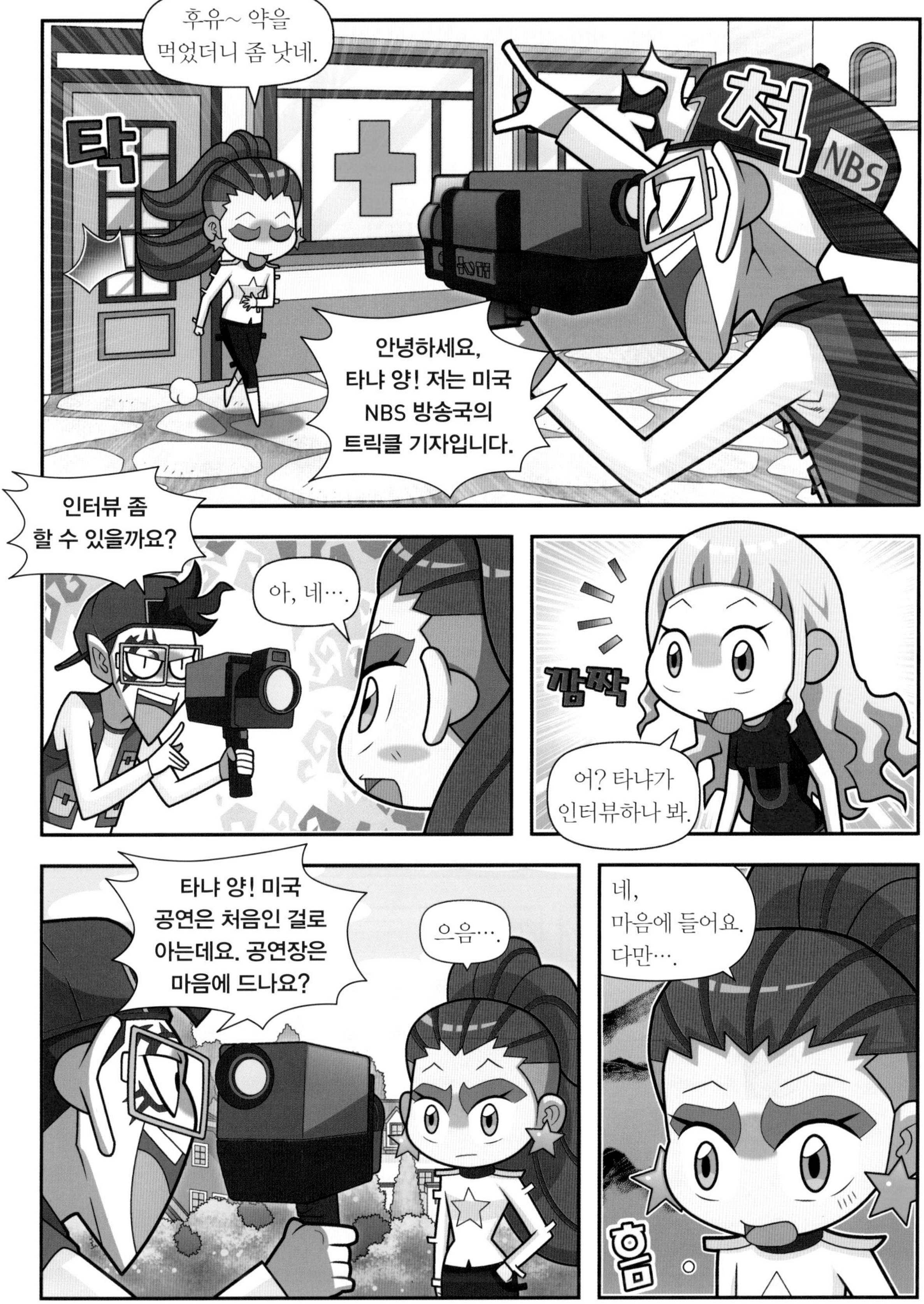
후유~ 약을
먹었더니 좀 낫네.
탁
척
NBS
안녕하세요,
타냐 양! 저는 미국
NBS 방송국의
트릭클 기자입니다.
인터뷰 좀
할 수 있을까요?
아, 네….
깜짝
어? 타냐가
인터뷰하나 봐.
타냐 양! 미국
공연은 처음인 걸로
아는데요. 공연장은
마음에 드나요?
으음….
네,
마음에 들어요.
다만….
흠

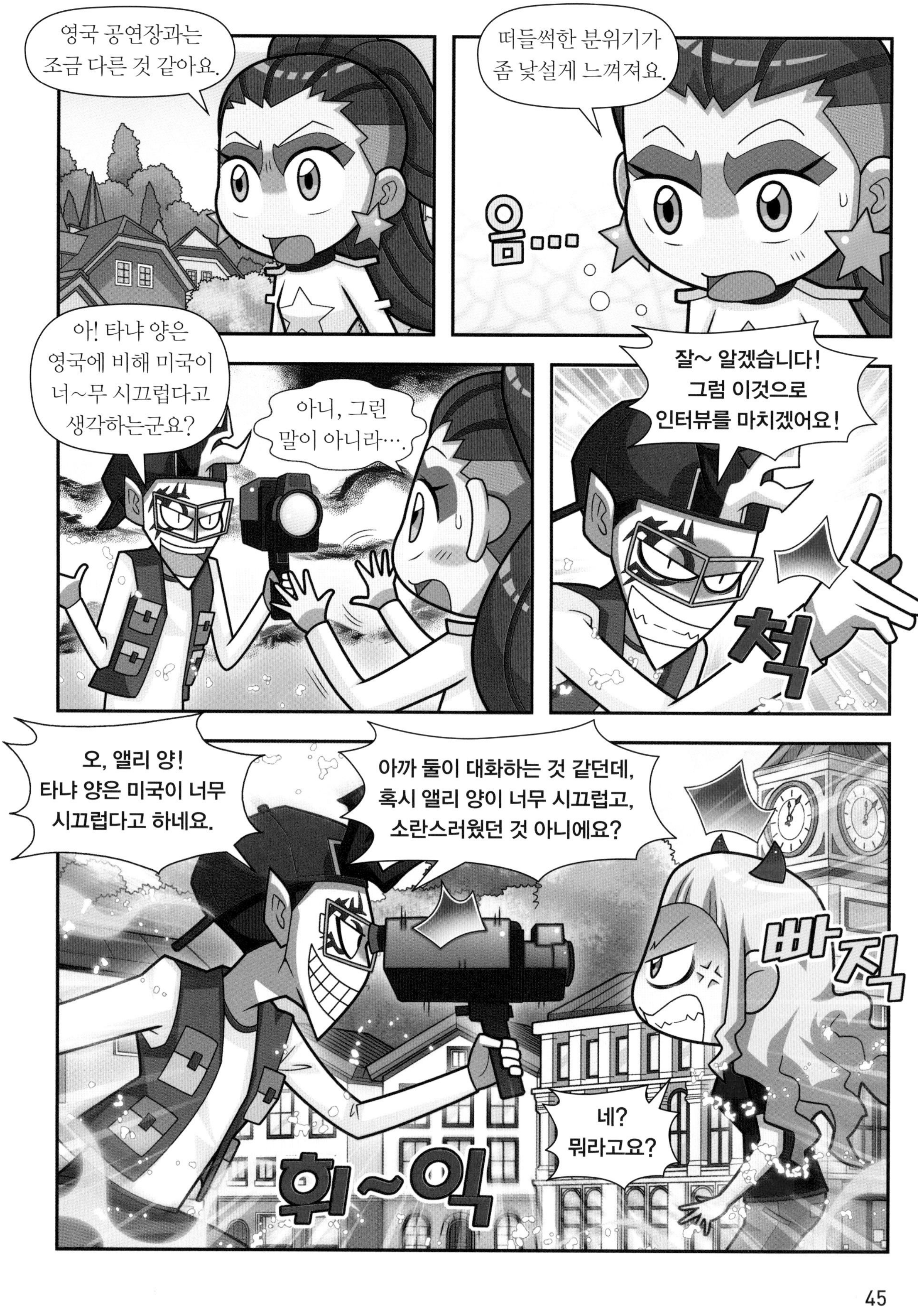
영국 공연장과는 조금 다른 것 같아요.
떠들썩한 분위기가 좀 낯설게 느껴져요.
음….
아! 타냐 양은 영국에 비해 미국이 너~무 시끄럽다고 생각하는군요?
아니, 그런 말이 아니라….
잘~ 알겠습니다! 그럼 이것으로 인터뷰를 마치겠어요!
척
오, 앨리 양! 타냐 양은 미국이 너무 시끄럽다고 하네요.
아까 둘이 대화하는 것 같던데, 혹시 앨리 양이 너무 시끄럽고, 소란스러웠던 것 아니에요?
빠직
네? 뭐라고요?
휘~익

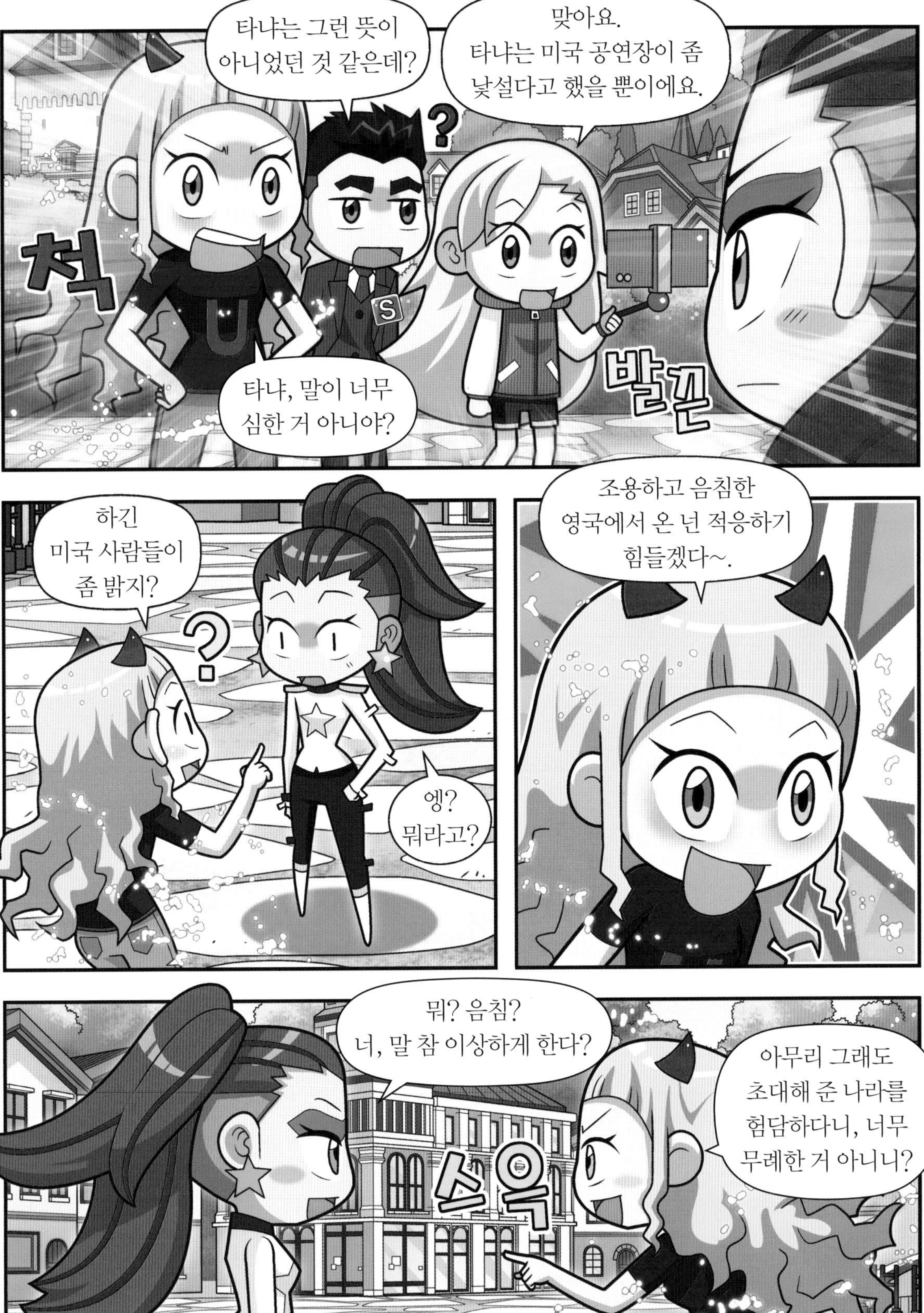

타냐는 그런 뜻이 아니었던 것 같은데?
맞아요. 타냐는 미국 공연장이 좀 낯설다고 했을 뿐이에요.
척
?
타냐, 말이 너무 심한 거 아니야?
발끈
하긴 미국 사람들이 좀 밝지?
?
엥? 뭐라고?
조용하고 음침한 영국에서 온 넌 적응하기 힘들겠다~.
뭐? 음침? 너, 말 참 이상하게 한다?
스윽
아무리 그래도 초대해 준 나라를 험담하다니, 너무 무례한 거 아니니?

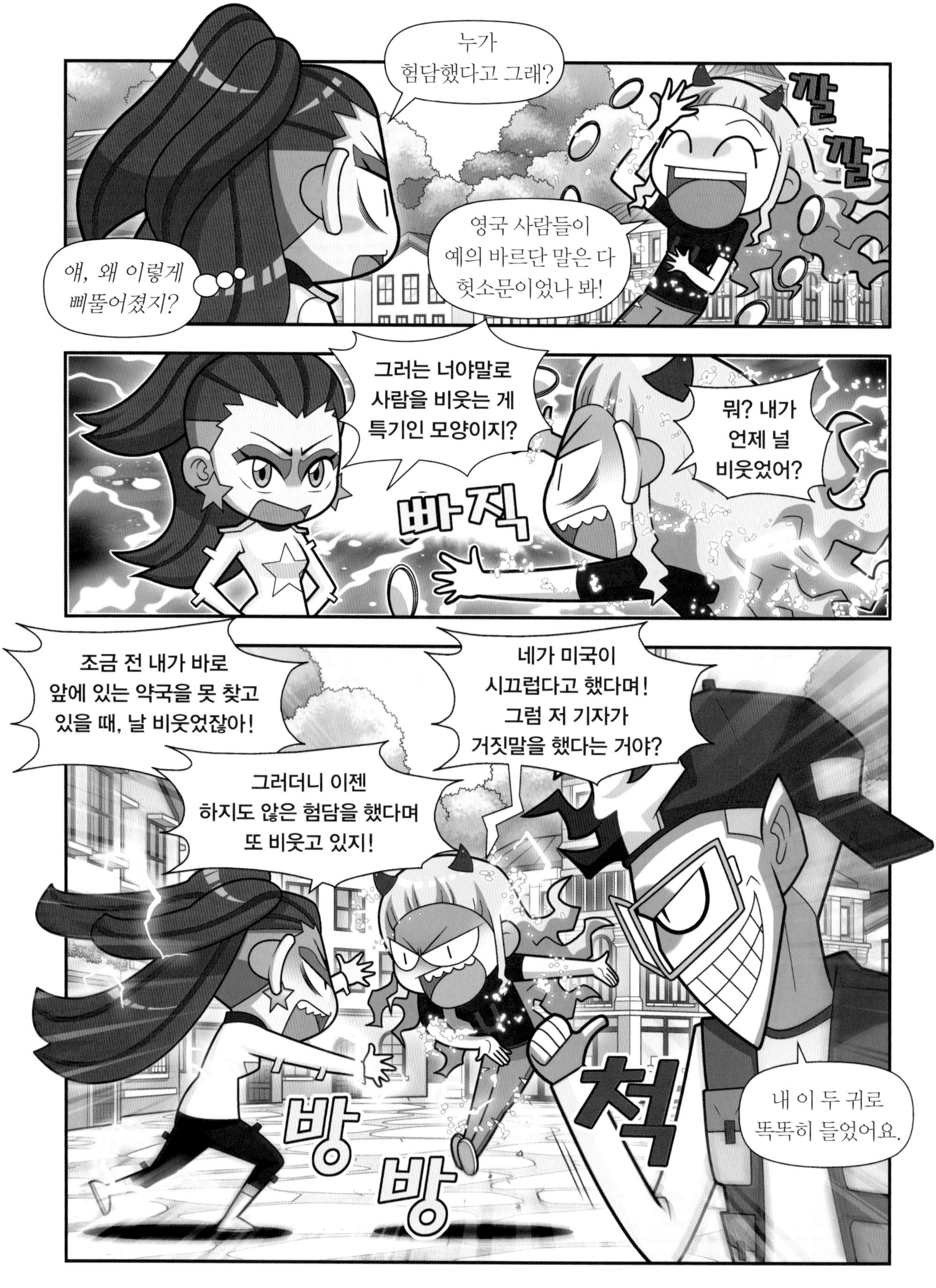
누가
험담했다고 그래?
깔
깔
얘, 왜 이렇게
삐뚤어졌지?
영국 사람들이
예의 바르단 말은 다
헛소문이었나 봐!
그러는 너야말로
사람을 비웃는 게
특기인 모양이지?
빠직
뭐? 내가
언제 널
비웃었어?
조금 전 내가 바로
앞에 있는 약국을 못 찾고
있을 때, 날 비웃었잖아!
네가 미국이
시끄럽다고 했다며!
그럼 저 기자가
거짓말을 했다는 거야?
그러더니 이젠
하지도 않은 험담을 했다며
또 비웃고 있지!
척
방
방
내 이 두 귀로
똑똑히 들었어요.

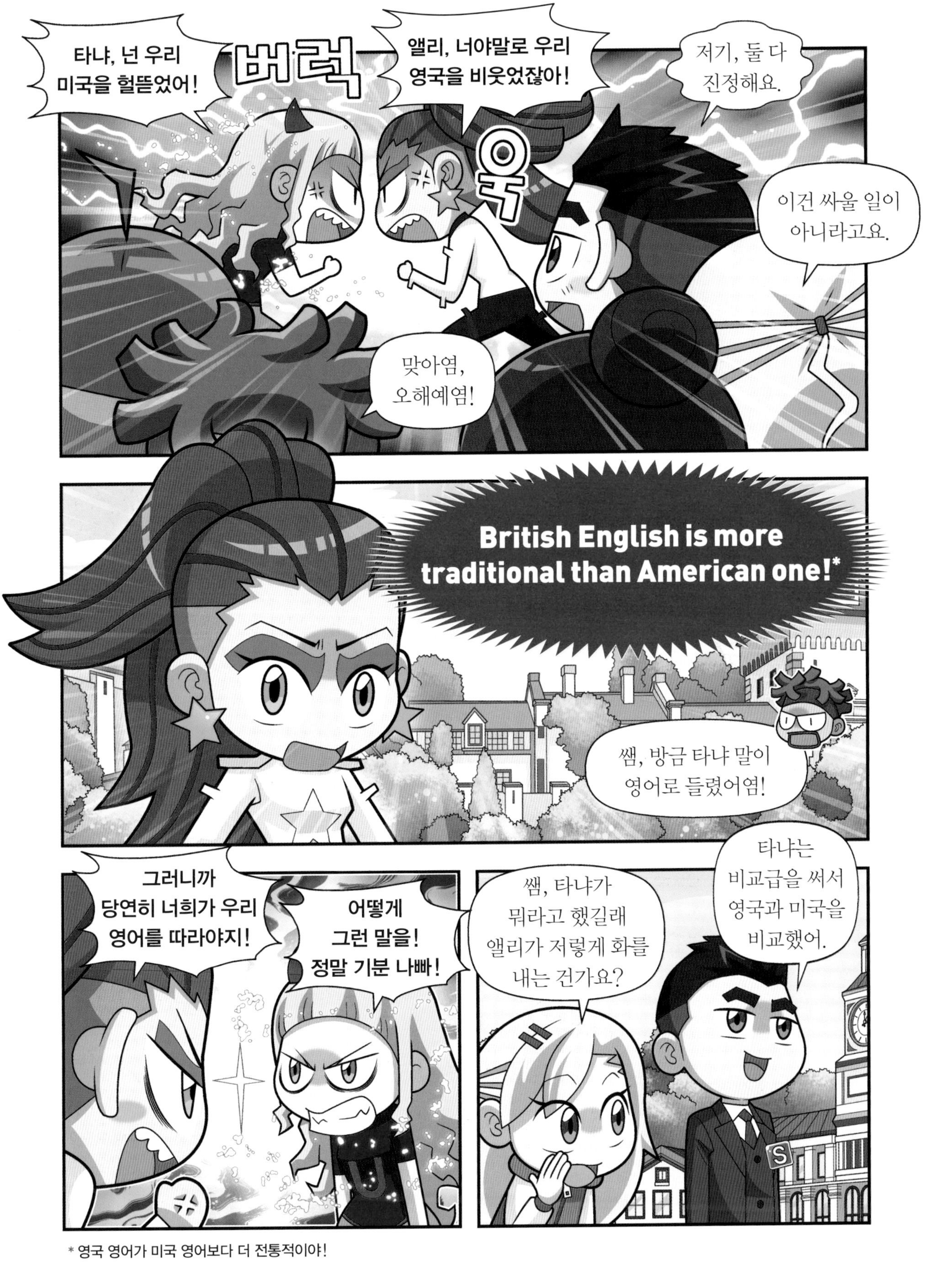
타냐, 넌 우리 미국을 헐뜯었어!
버럭
앨리, 너야말로 우리 영국을 비웃었잖아!
저기, 둘 다 진정해요.
욱
이건 싸울 일이 아니라고요.
맞아염, 오해예염!
British English is more traditional than American one!*
쌤, 방금 타냐 말이 영어로 들렸어염!
그러니까 당연히 너희가 우리 영어를 따라야지!
어떻게 그런 말을! 정말 기분 나빠!
쌤, 타냐가 뭐라고 했길래 앨리가 저렇게 화를 내는 건가요?
타냐는 비교급을 써서 영국과 미국을 비교했어.

* 영국 영어가 미국 영어보다 더 전통적이야!

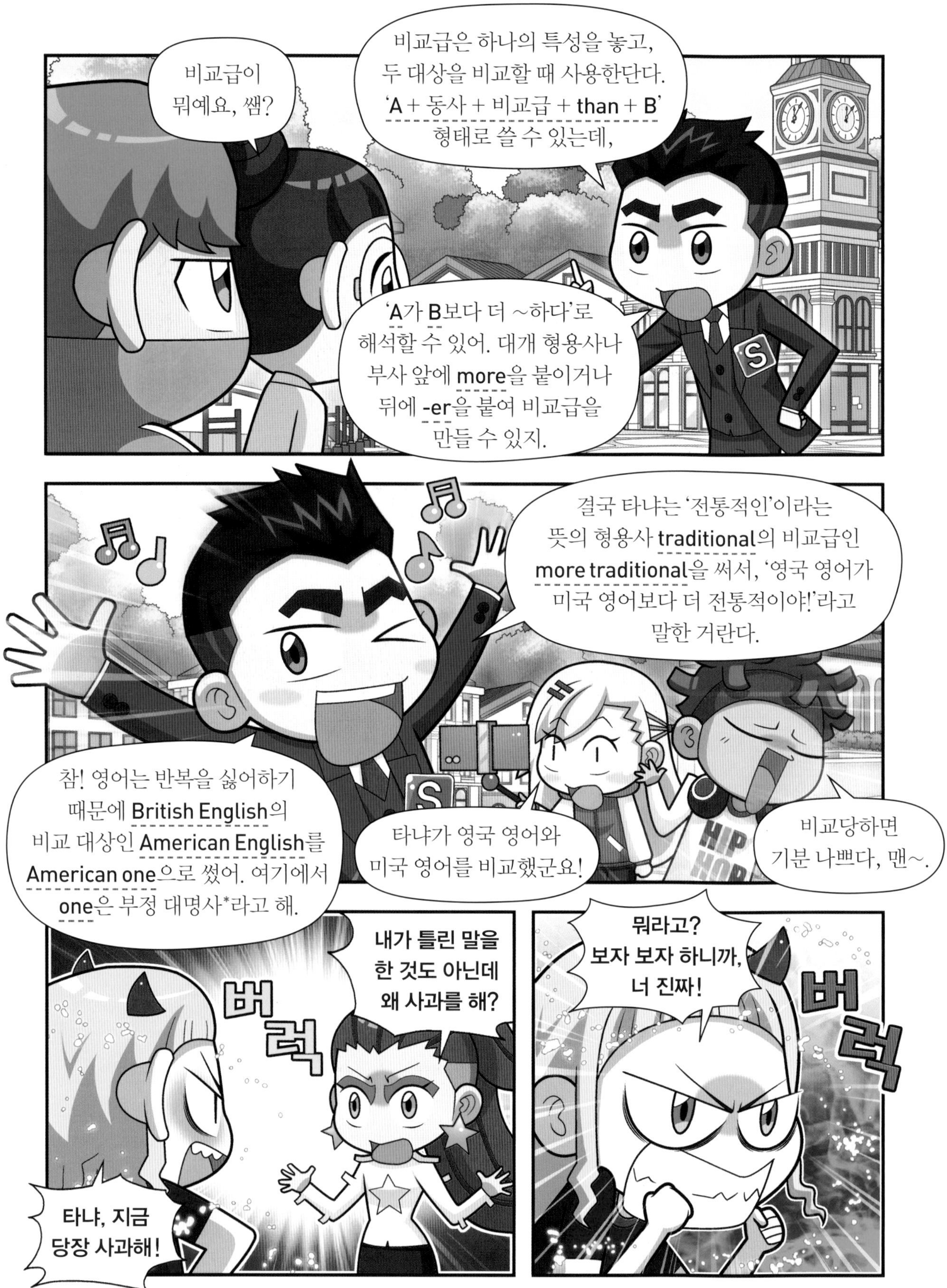
비교급이 뭐예요, 쌤?
비교급은 하나의 특성을 놓고, 두 대상을 비교할 때 사용한단다. 'A + 동사 + 비교급 + than + B' 형태로 쓸 수 있는데,
'A가 B보다 더 ~하다'로 해석할 수 있어. 대개 형용사나 부사 앞에 more을 붙이거나 뒤에 -er을 붙여 비교급을 만들 수 있지.
결국 타냐는 '전통적인'이라는 뜻의 형용사 traditional의 비교급인 more traditional을 써서, '영국 영어가 미국 영어보다 더 전통적이야!'라고 말한 거란다.
참! 영어는 반복을 싫어하기 때문에 British English의 비교 대상인 American English를 American one으로 썼어. 여기에서 one은 부정 대명사*라고 해.
타냐가 영국 영어와 미국 영어를 비교했군요!
비교당하면 기분 나쁘다, 맨~.
타냐, 지금 당장 사과해!
버럭
내가 틀린 말을 한 것도 아닌데 왜 사과를 해?
뭐라고? 보자 보자 하니까, 너 진짜!
버럭

* 부정 대명사란 정해지지 않은 사람, 물건, 방향, 장소 등을 가리키는 대명사로서 앞에 나온 명사와 같은 종류의 명사가 한 문장 내에서 반복될 때 부정 대명사 one을 사용한다.

* 이시원 선생님이 직접 가르쳐 주는 강의를 확인하고 싶다면 147쪽을 펼쳐 보세요.

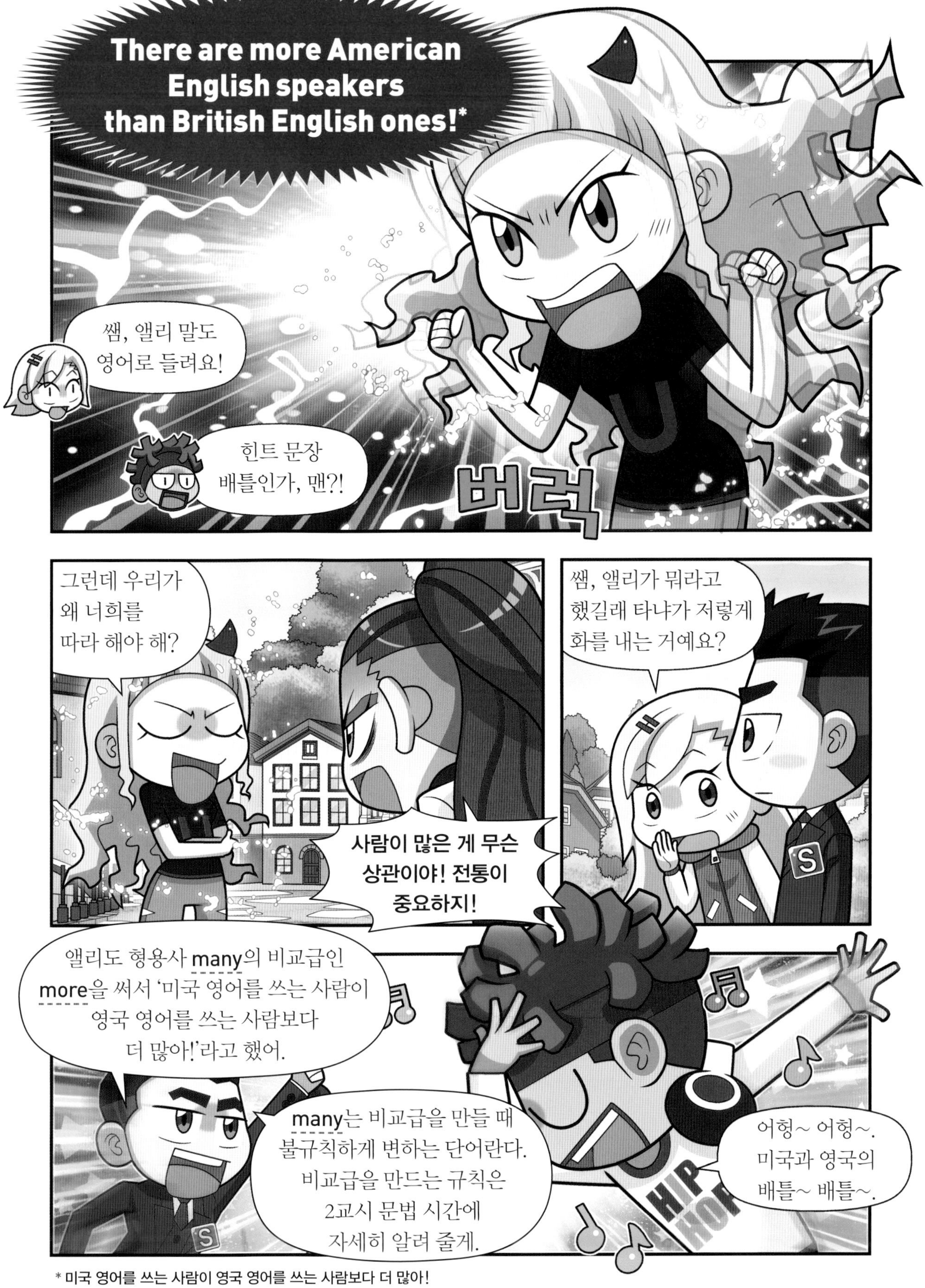
There are more American English speakers than British English ones!*
쌤, 앨리 말도 영어로 들려요!
힌트 문장 배틀인가, 맨?!
버럭
그런데 우리가 왜 너희를 따라 해야 해?
사람이 많은 게 무슨 상관이야! 전통이 중요하지!
쌤, 앨리가 뭐라고 했길래 타냐가 저렇게 화를 내는 거예요?
앨리도 형용사 many의 비교급인 more을 써서 '미국 영어를 쓰는 사람이 영국 영어를 쓰는 사람보다 더 많아!'라고 했어.
many는 비교급을 만들 때 불규칙하게 변하는 단어란다. 비교급을 만드는 규칙은 2교시 문법 시간에 자세히 알려 줄게.
어헝~ 어헝~. 미국과 영국의 배틀~ 배틀~.
HIP HOP

* 미국 영어를 쓰는 사람이 영국 영어를 쓰는 사람보다 더 많아!

* 이시원 선생님이 직접 가르쳐 주는 강의를 확인하고 싶다면 147쪽을 펼쳐 보세요.

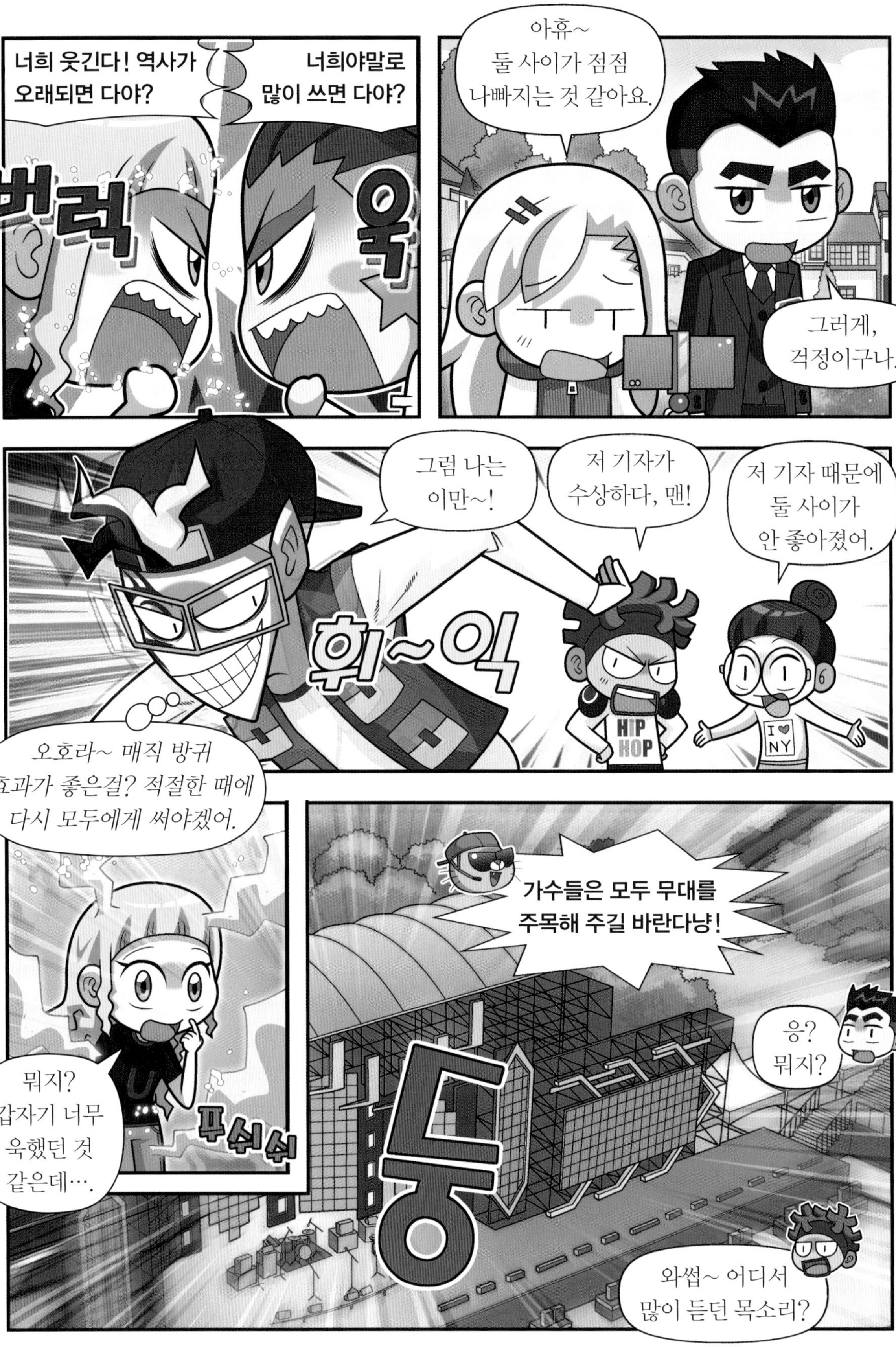
너희 웃긴다! 역사가 오래되면 다야?
너희야말로 많이 쓰면 다야?
버럭
욱
아휴~ 둘 사이가 점점 나빠지는 것 같아요.
그러게, 걱정이구나.
그럼 나는 이만~!
저 기자가 수상하다, 맨!
저 기자 때문에 둘 사이가 안 좋아졌어.
휘~익
HIP HOP
I ♥ NY
오호라~ 매직 방귀 효과가 좋은걸? 적절한 때에 다시 모두에게 써야겠어.
뭐지? 갑자기 너무 욱했던 것 같은데….
푸쉬쉬
가수들은 모두 무대를 주목해 주길 바란다냥!
응? 뭐지?
둥
와썹~ 어디서 많이 듣던 목소리?

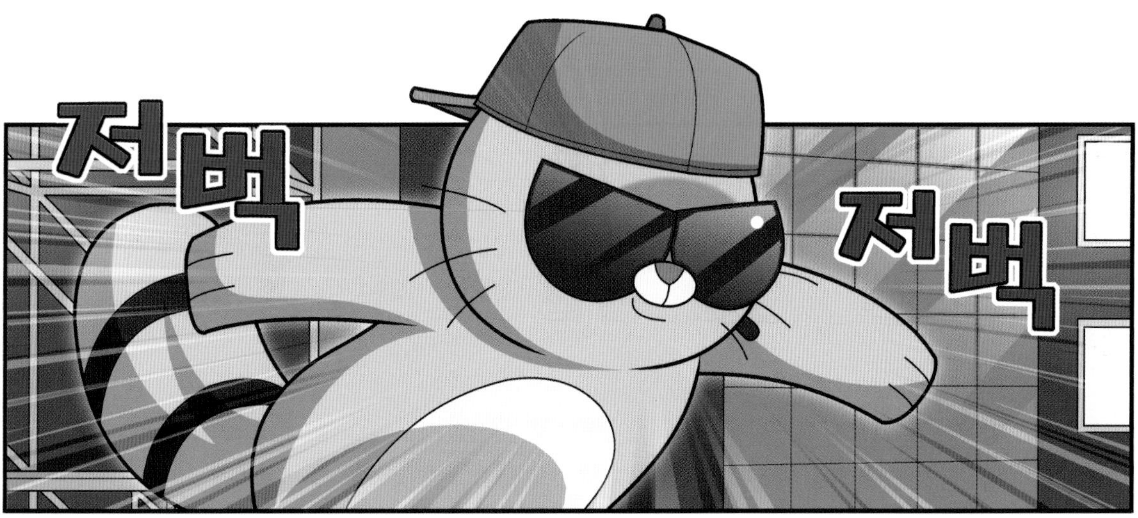
저벅
저벅

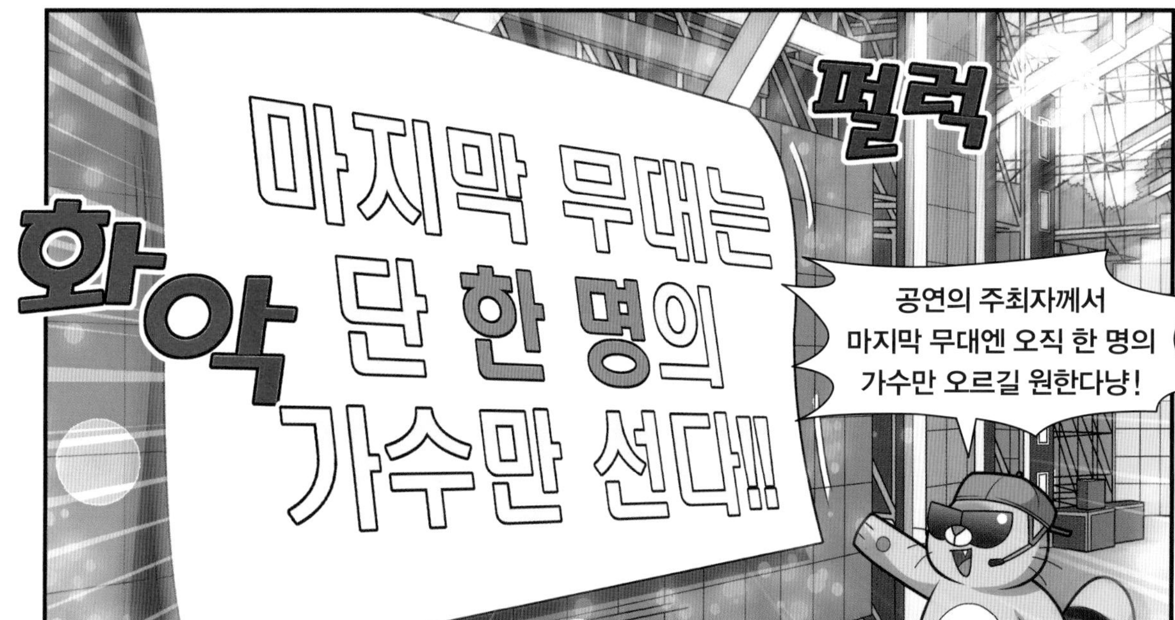
펄럭
화악
마지막 무대는 단 한 명의 가수만 선다!!
공연의 주최자께서 마지막 무대엔 오직 한 명의 가수만 오르길 원한다냥!

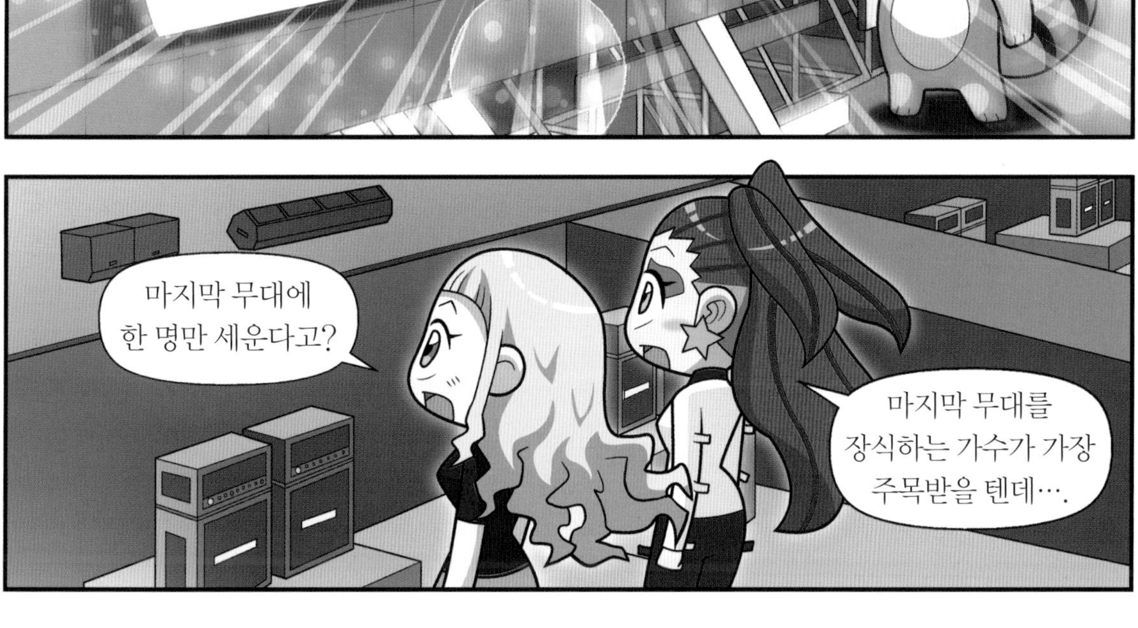
마지막 무대에 한 명만 세운다고?
마지막 무대를 장식하는 가수가 가장 주목받을 텐데….

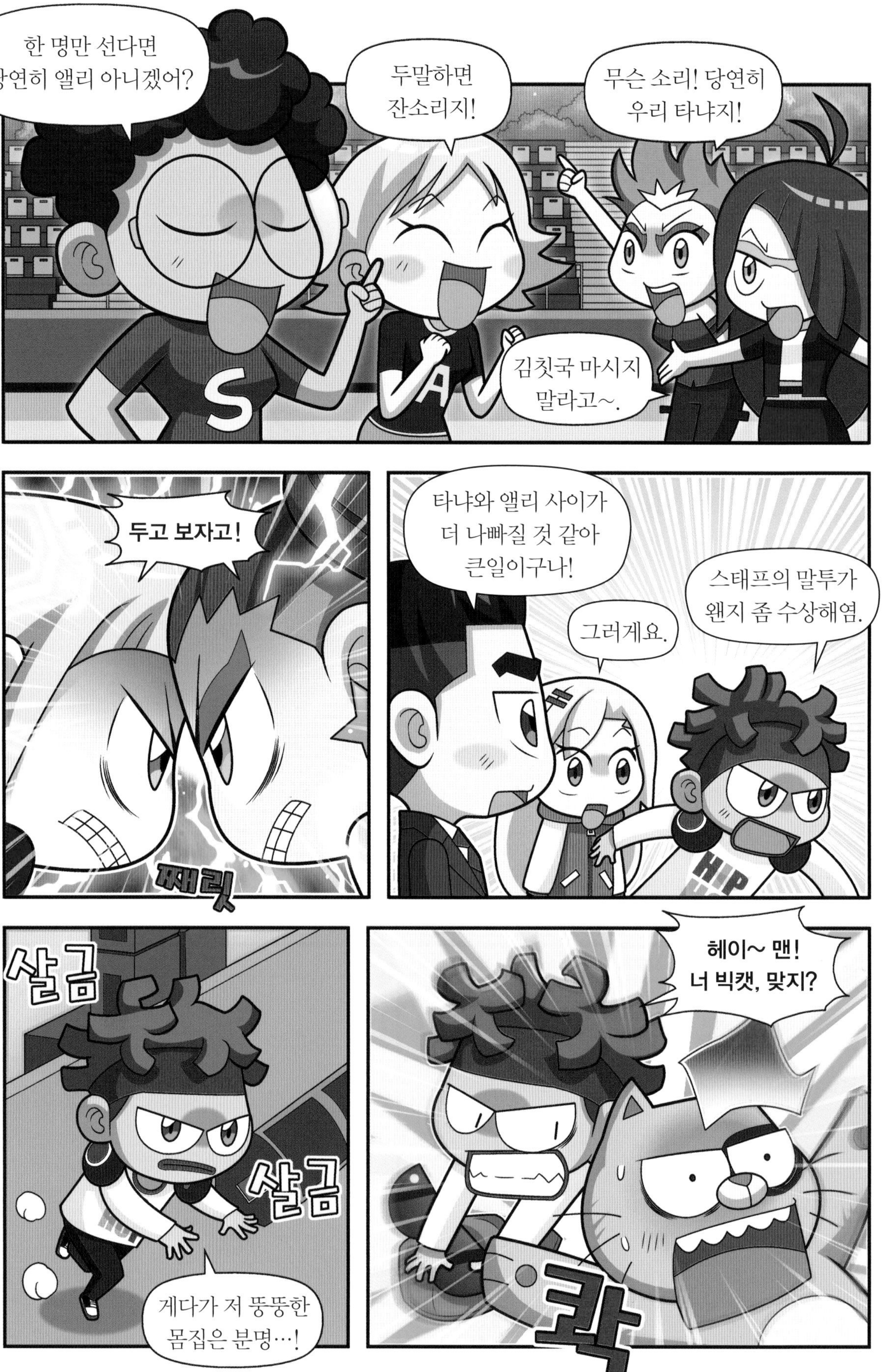

한 명만 선다면 당연히 앨리 아니겠어?
두말하면 잔소리지!
무슨 소리! 당연히 우리 타냐지!
김칫국 마시지 말라고~.
두고 보자고!
찌릿
타냐와 앨리 사이가 더 나빠질 것 같아 큰일이구나!
그러게요.
스태프의 말투가 왠지 좀 수상해염.
살금
살금
게다가 저 뚱뚱한 몸집은 분명…!
헤이~ 맨! 너 빅캣, 맞지?
콱

Chapter 3

타냐 대 앨리

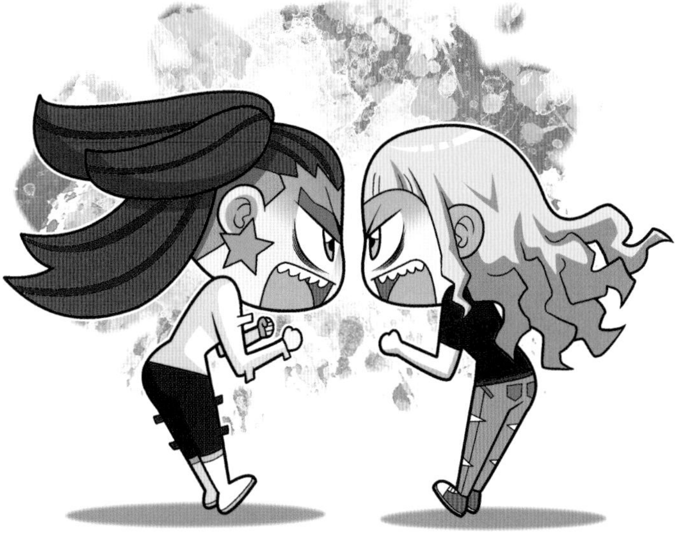

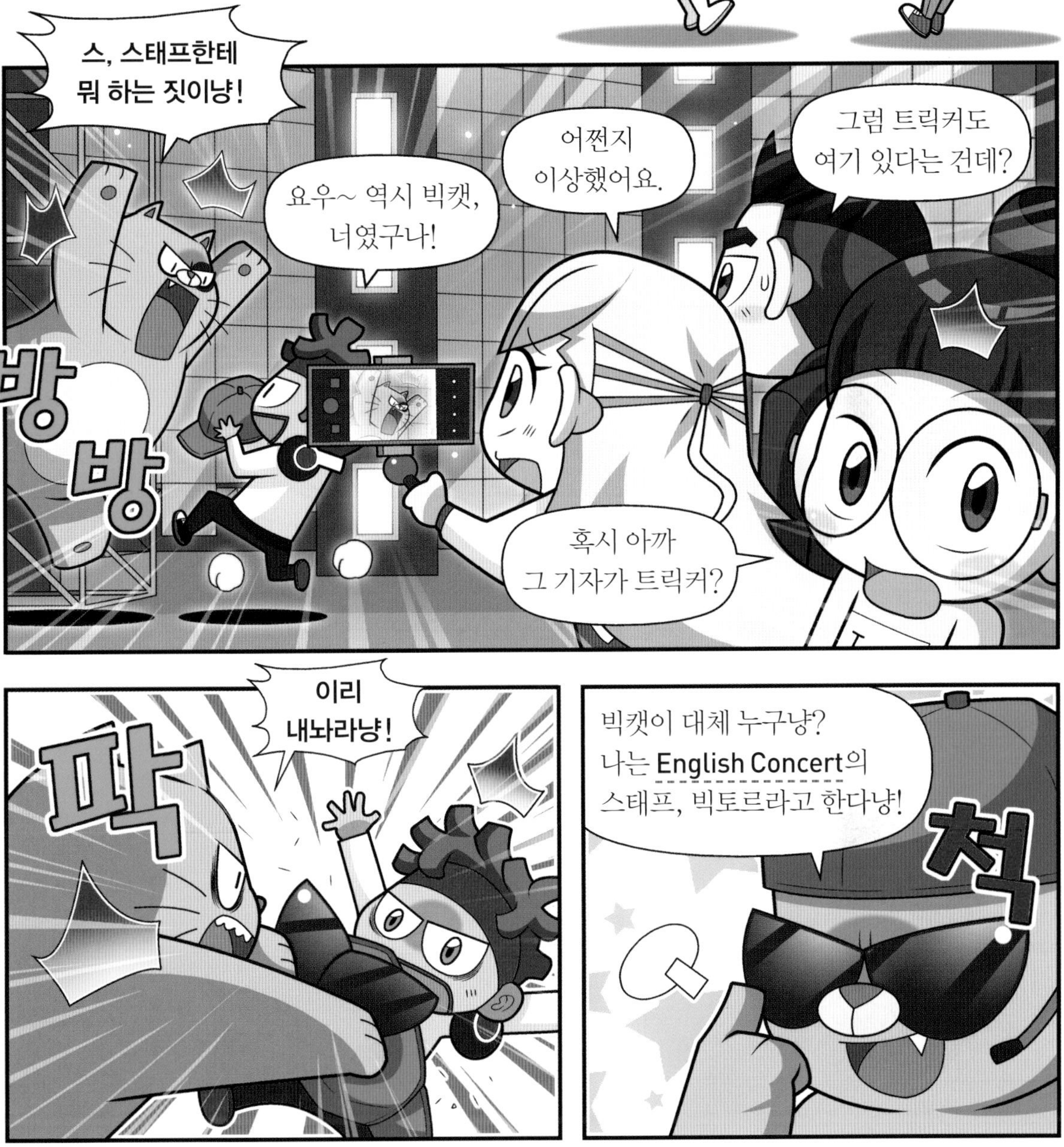
스, 스태프한테 뭐 하는 짓이냥!
방 방
요우~ 역시 빅캣, 너였구나!
어쩐지 이상했어요.
그럼 트릭커도 여기 있다는 건데?
혹시 아까 그 기자가 트릭커?
팍
이리 내놔라냥!
빅캣이 대체 누구냥? 나는 English Concert의 스태프, 빅토르라고 한다냥!
척

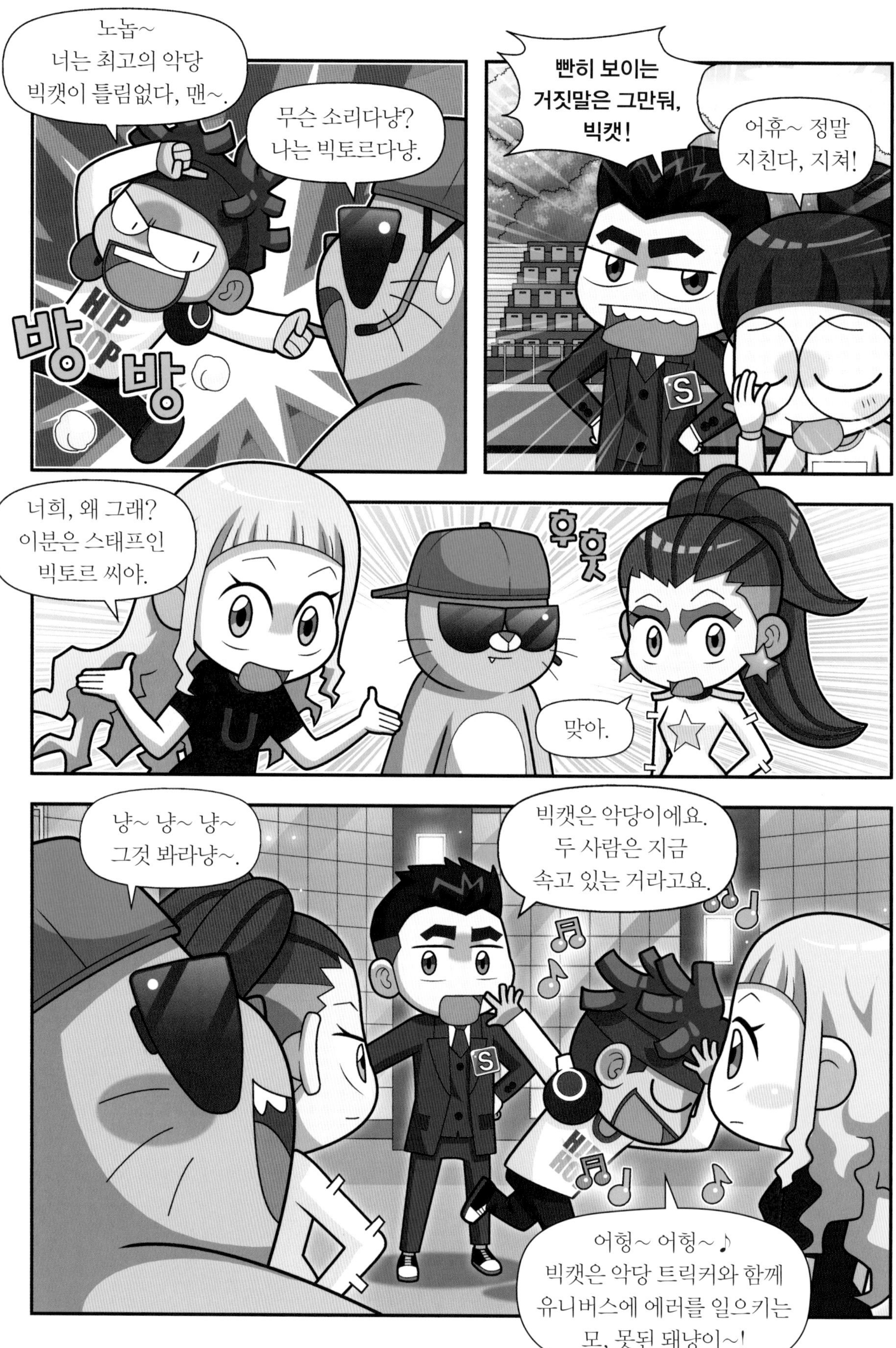
노놉~ 너는 최고의 악당 빅캣이 틀림없다, 맨~.
무슨 소리다냥? 나는 빅토르다냥.
방방
빤히 보이는 거짓말은 그만둬, 빅캣!
어휴~ 정말 지친다, 지쳐!
너희, 왜 그래? 이분은 스태프인 빅토르 씨야.
후훗
맞아.
냥~ 냥~ 냥~ 그것 봐라냥~.
빅캣은 악당이에요. 두 사람은 지금 속고 있는 거라고요.
어헝~ 어헝~♪ 빅캣은 악당 트릭커와 함께 유니버스에 에러를 일으키는 모, 못된 돼냥이~!

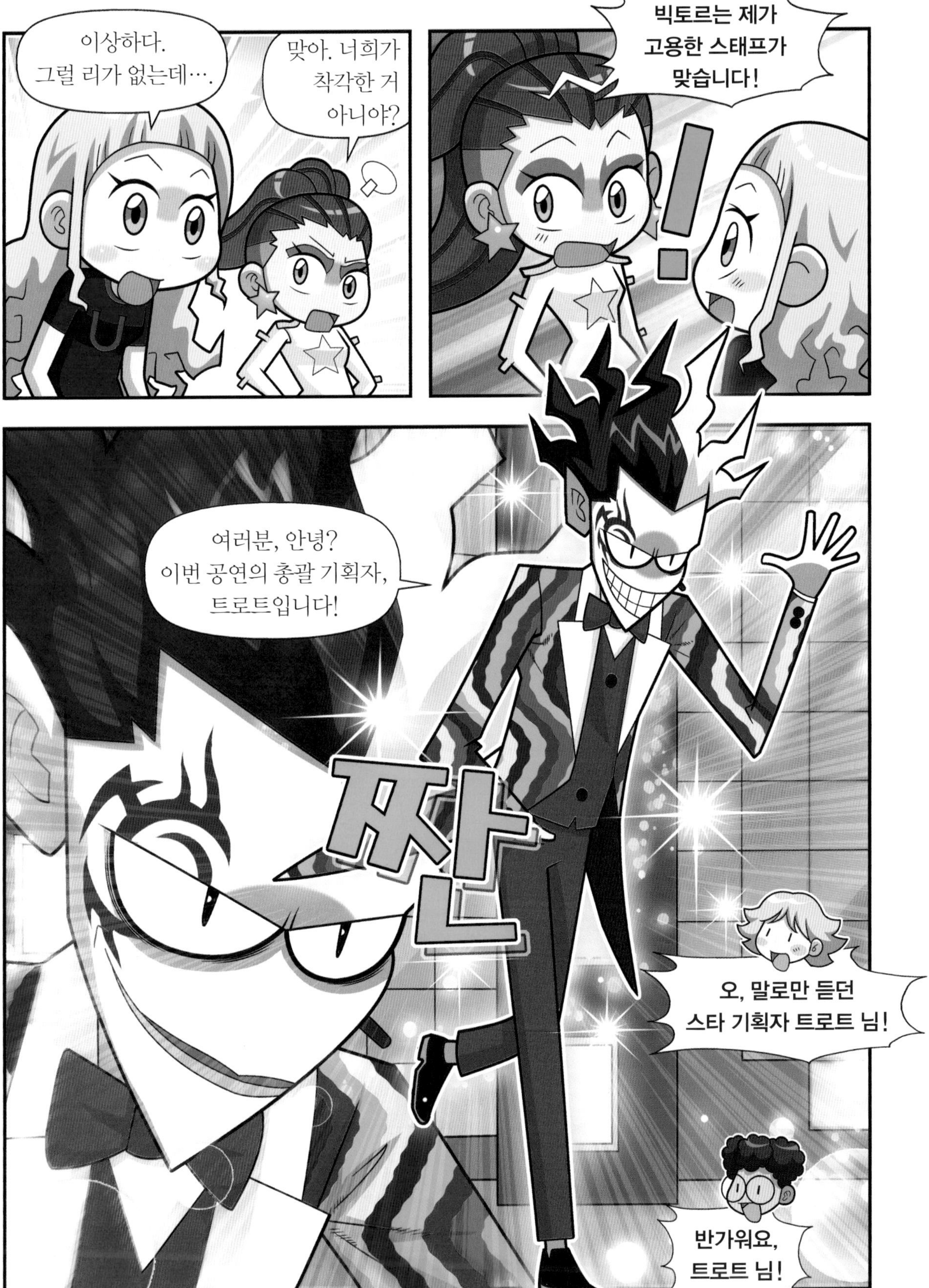
이상하다.
그럴 리가 없는데….
맞아. 너희가
착각한 거
아니야?
빅토르는 제가
고용한 스태프가
맞습니다!
!
여러분, 안녕?
이번 공연의 총괄 기획자,
트로트입니다!
짜잔
오, 말로만 듣던
스타 기획자 트로트 님!
반가워요,
트로트 님!

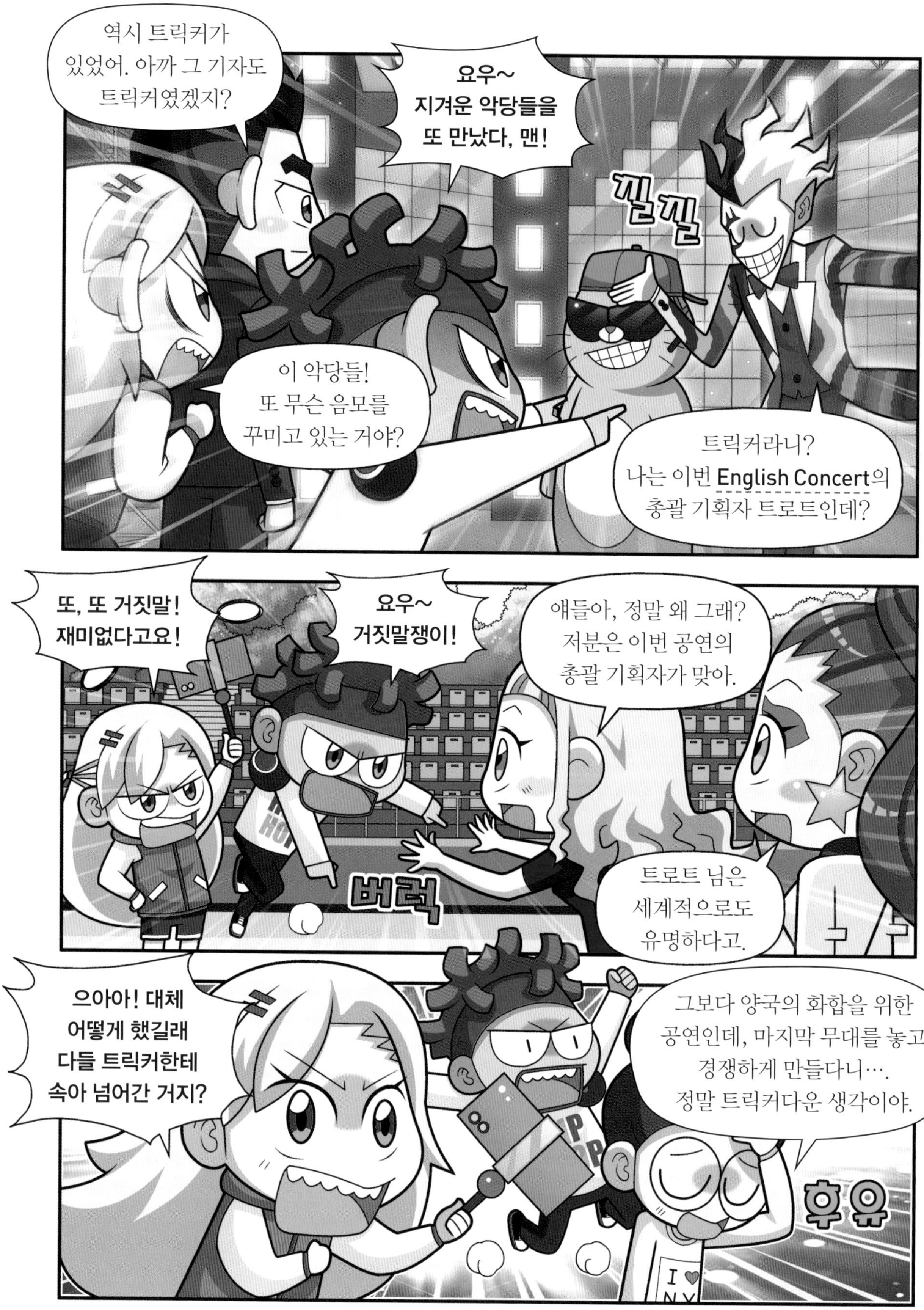
역시 트릭커가 있었어. 아까 그 기자도 트릭커였겠지?
요우~ 지겨운 악당들을 또 만났다, 맨!
낄낄
이 악당들! 또 무슨 음모를 꾸미고 있는 거야?
트릭커라니? 나는 이번 English Concert의 총괄 기획자 트로트인데?
또, 또 거짓말! 재미없다고요!
요우~ 거짓말쟁이!
버럭
얘들아, 정말 왜 그래? 저분은 이번 공연의 총괄 기획자가 맞아.
트로트 님은 세계적으로도 유명하다고.
으아아! 대체 어떻게 했길래 다들 트릭커한테 속아 넘어간 거지?
그보다 양국의 화합을 위한 공연인데, 마지막 무대를 놓고 경쟁하게 만들다니….
정말 트릭커다운 생각이야.
후유

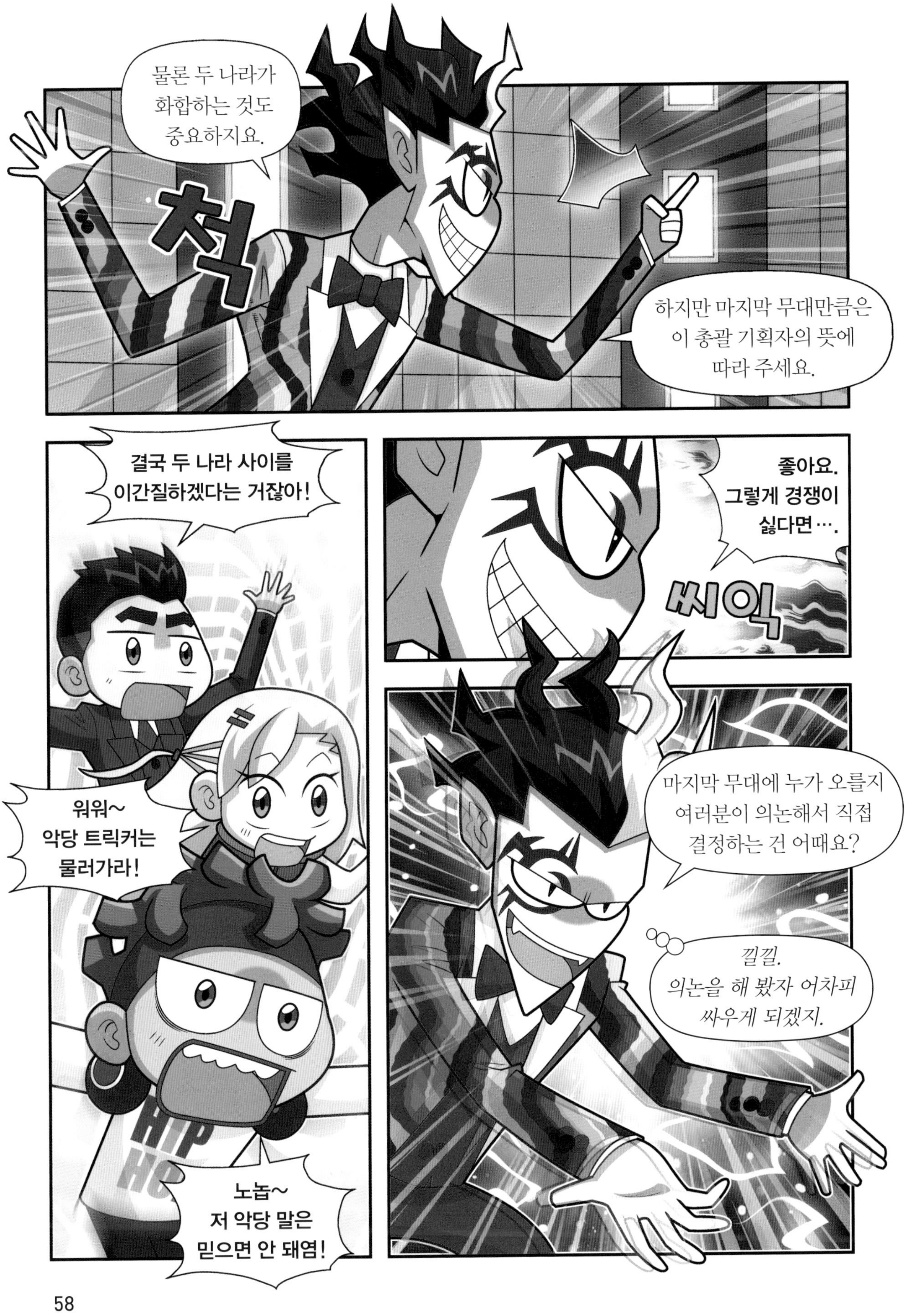
물론 두 나라가 화합하는 것도 중요하지요.
척
하지만 마지막 무대만큼은 이 총괄 기획자의 뜻에 따라 주세요.
결국 두 나라 사이를 이간질하겠다는 거잖아!
워워~ 악당 트릭커는 물러가라!
노놉~ 저 악당 말은 믿으면 안 돼염!
좋아요. 그렇게 경쟁이 싫다면….
씨익
마지막 무대에 누가 오를지 여러분이 의논해서 직접 결정하는 건 어때요?
낄낄. 의논을 해 봤자 어차피 싸우게 되겠지.

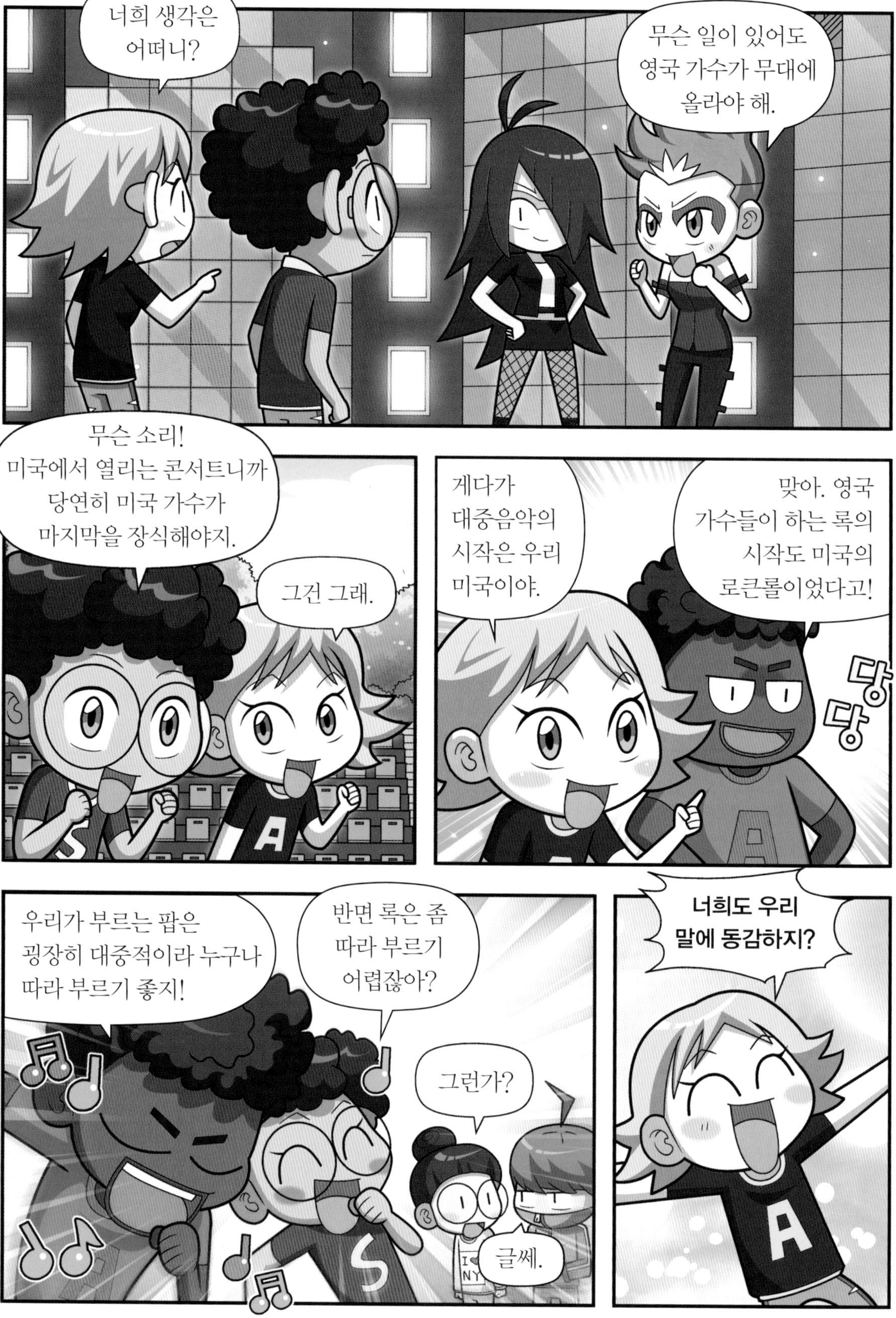
너희 생각은 어떠니?
무슨 일이 있어도 영국 가수가 무대에 올라야 해.
무슨 소리! 미국에서 열리는 콘서트니까 당연히 미국 가수가 마지막을 장식해야지.
그건 그래.
게다가 대중음악의 시작은 우리 미국이야.
맞아. 영국 가수들이 하는 록의 시작도 미국의 로큰롤이었다고!
당당
우리가 부르는 팝은 굉장히 대중적이라 누구나 따라 부르기 좋지!
반면 록은 좀 따라 부르기 어렵잖아?
그런가?
글쎄.
너희도 우리 말에 동감하지?

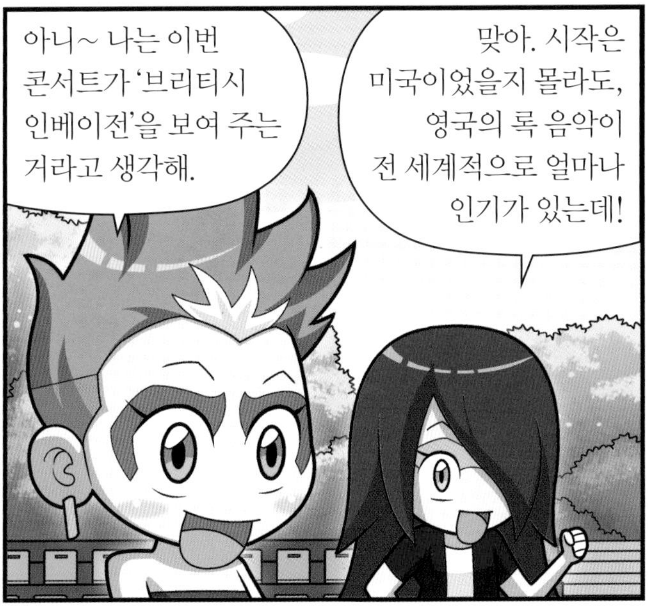
아니~ 나는 이번 콘서트가 '브리티시 인베이전'을 보여 주는 거라고 생각해.
맞아. 시작은 미국이었을지 몰라도, 영국의 록 음악이 전 세계적으로 얼마나 인기가 있는데!
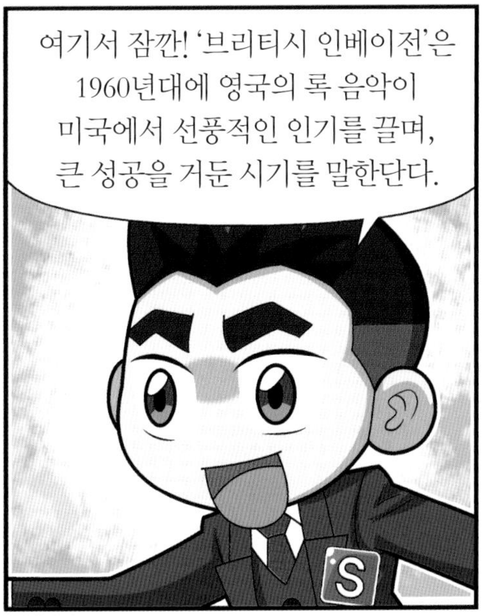
여기서 잠깐! '브리티시 인베이전'은 1960년대에 영국의 록 음악이 미국에서 선풍적인 인기를 끌며, 큰 성공을 거둔 시기를 말한단다.
S
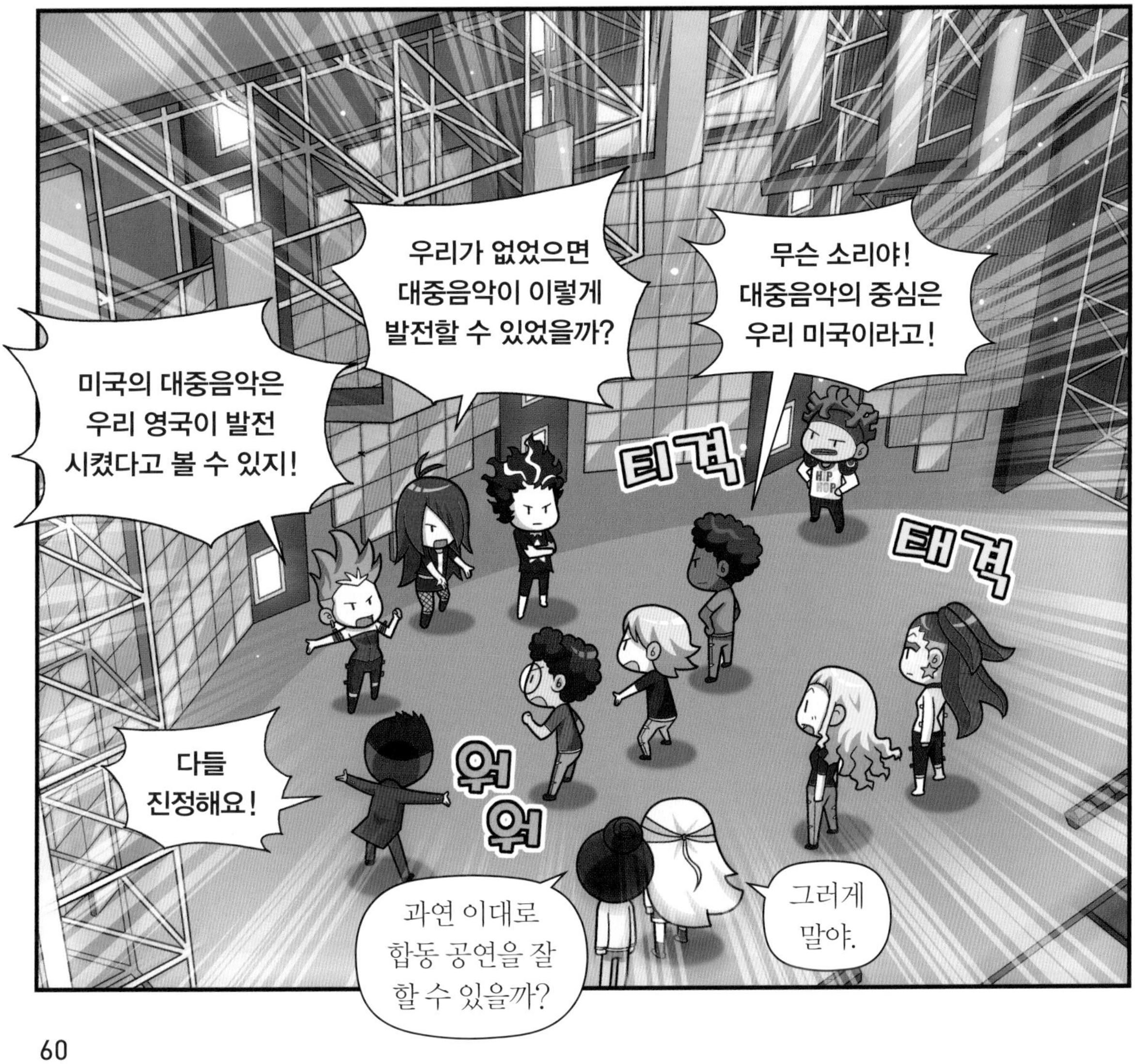
미국의 대중음악은 우리 영국이 발전 시켰다고 볼 수 있지!
우리가 없었으면 대중음악이 이렇게 발전할 수 있었을까?
무슨 소리야! 대중음악의 중심은 우리 미국이라고!
티격
태격
다들 진정해요!
워워
과연 이대로 합동 공연을 잘 할 수 있을까?
그러게 말야.

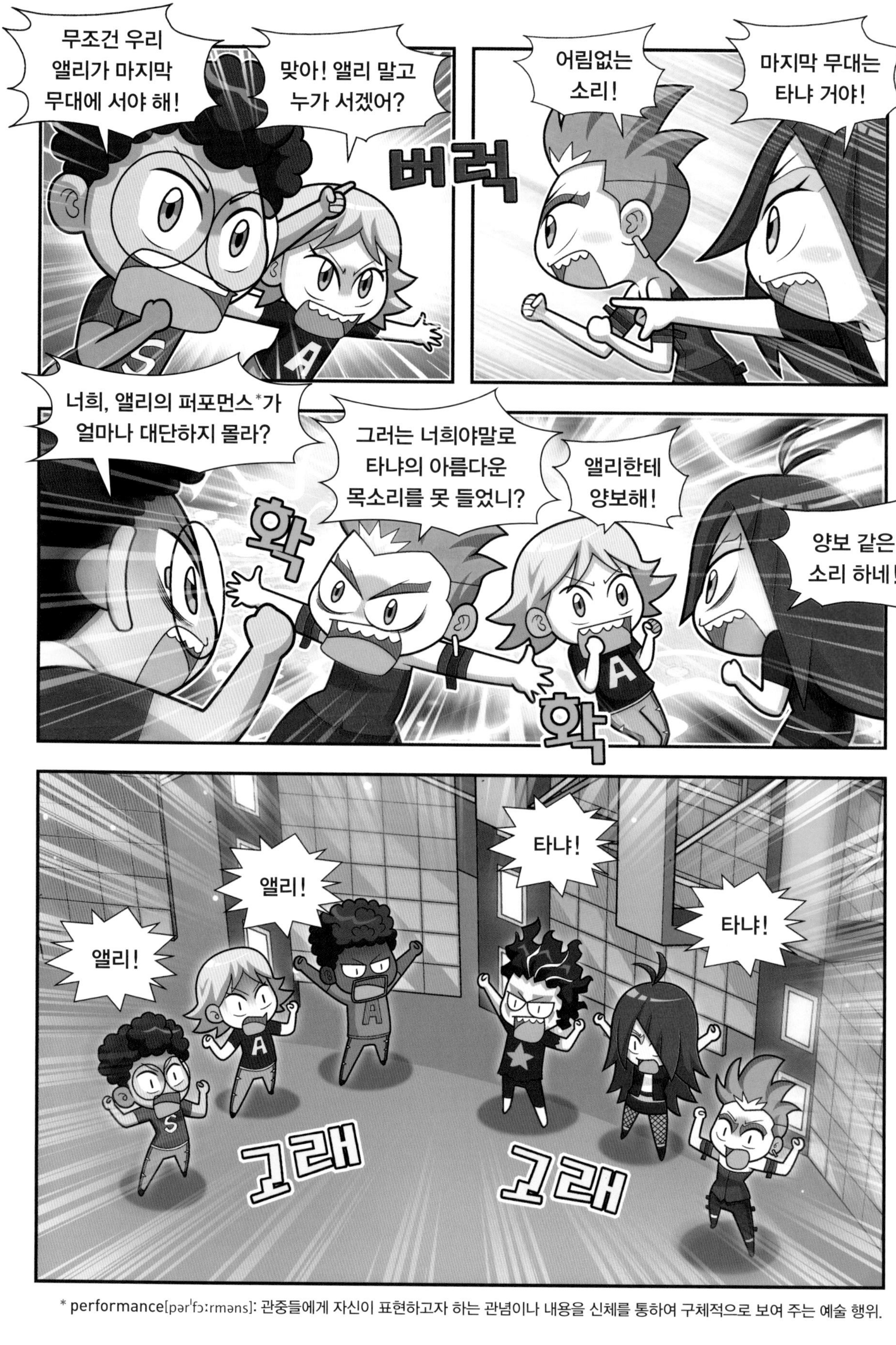

무조건 우리 앨리가 마지막 무대에 서야 해!
맞아! 앨리 말고 누가 서겠어?
버럭
어림없는 소리!
마지막 무대는 타냐 거야!
너희, 앨리의 퍼포먼스*가 얼마나 대단하지 몰라?
그러는 너희야말로 타냐의 아름다운 목소리를 못 들었니?
확
앨리한테 양보해!
확
양보 같은 소리 하네!
앨리!
앨리!
타냐!
타냐!
고래
고래

* performance[pərˈfɔːrməns]: 관중들에게 자신이 표현하고자 하는 관념이나 내용을 신체를 통하여 구체적으로 보여 주는 예술 행위.

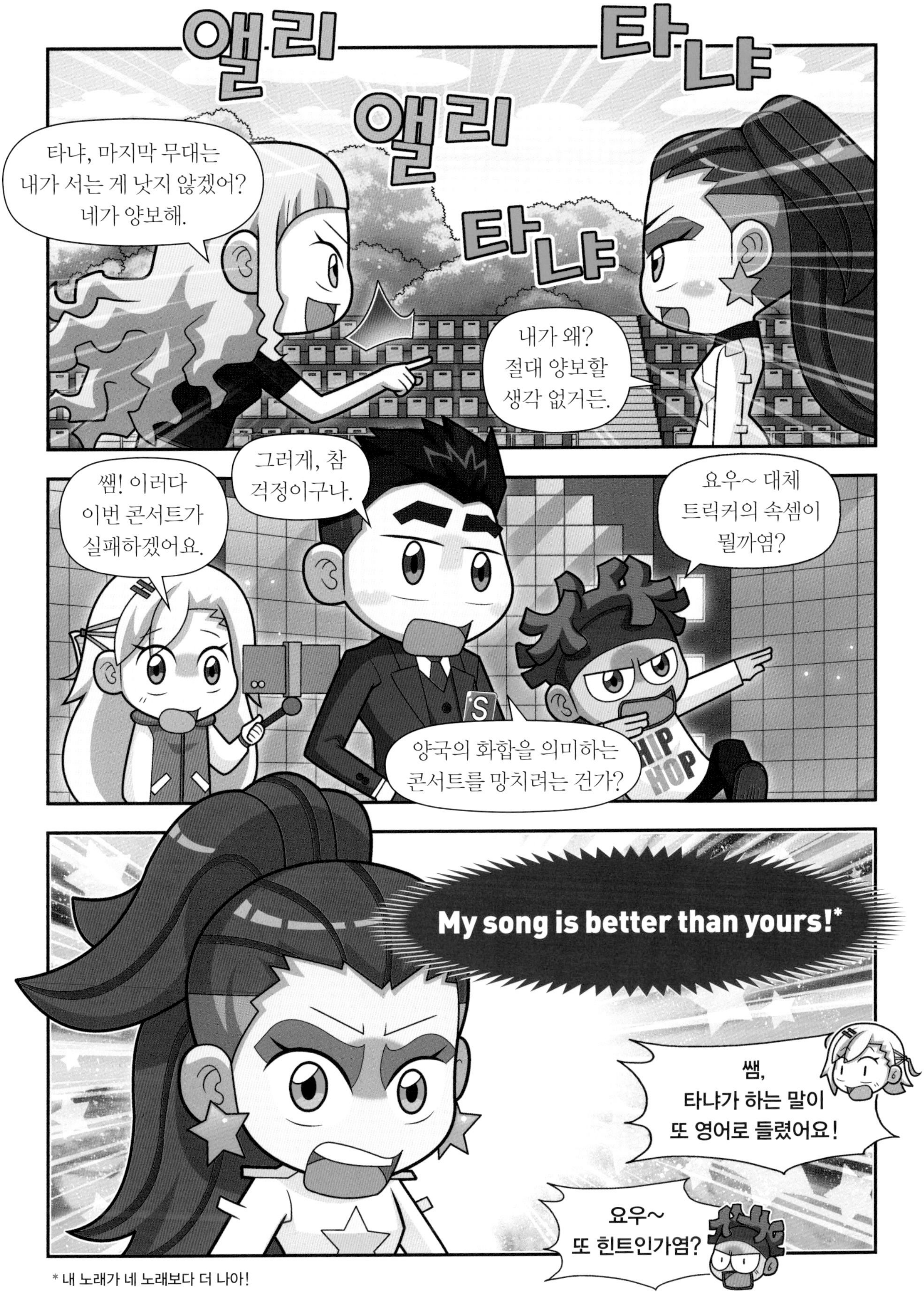
앨리
타냐
앨리
타냐
타냐, 마지막 무대는 내가 서는 게 낫지 않겠어? 네가 양보해.
내가 왜? 절대 양보할 생각 없거든.
쌤! 이러다 이번 콘서트가 실패하겠어요.
그러게, 참 걱정이구나.
요우~ 대체 트릭커의 속셈이 뭘까염?
양국의 화합을 의미하는 콘서트를 망치려는 건가?
HIP HOP
My song is better than yours!*
쌤, 타냐가 하는 말이 또 영어로 들렸어요!
요우~ 또 힌트인가염?

* 내 노래가 네 노래보다 더 나아!

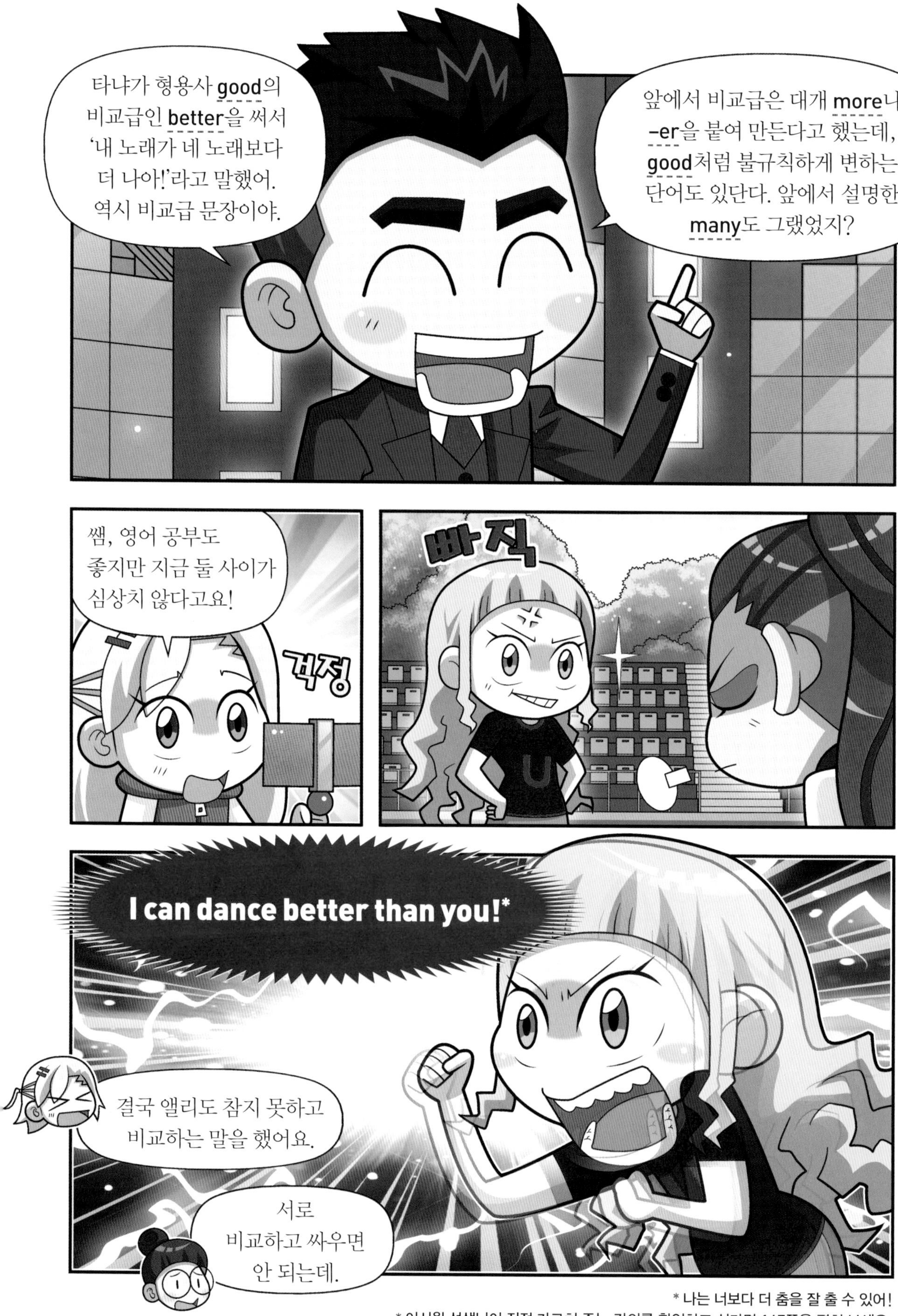

타냐가 형용사 good의 비교급인 better을 써서 '내 노래가 네 노래보다 더 나아!'라고 말했어. 역시 비교급 문장이야.
앞에서 비교급은 대개 more나 -er을 붙여 만든다고 했는데, good처럼 불규칙하게 변하는 단어도 있단다. 앞에서 설명한 many도 그랬었지?
쌤, 영어 공부도 좋지만 지금 둘 사이가 심상치 않다고요!
걱정
빠직
I can dance better than you!*
결국 앨리도 참지 못하고 비교하는 말을 했어요.
서로 비교하고 싸우면 안 되는데.

* 나는 너보다 더 춤을 잘 출 수 있어!

* 이시원 선생님이 직접 가르쳐 주는 강의를 확인하고 싶다면 147쪽을 펼쳐 보세요.

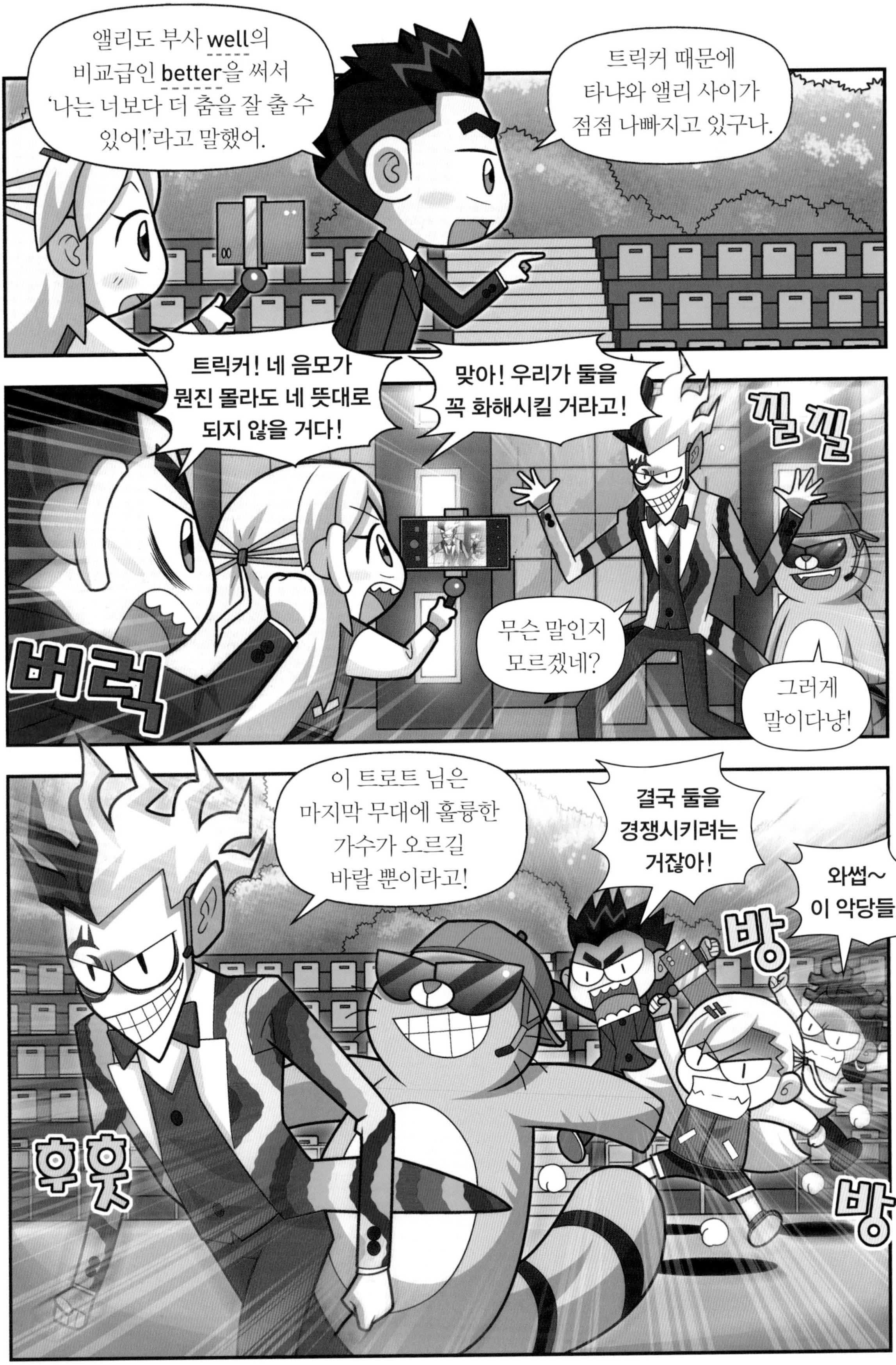
앨리도 부사 well의 비교급인 better을 써서 '나는 너보다 더 춤을 잘 출 수 있어!'라고 말했어.
트릭커 때문에 타냐와 앨리 사이가 점점 나빠지고 있구나.
트릭커! 네 음모가 뭔진 몰라도 네 뜻대로 되지 않을 거다!
맞아! 우리가 둘을 꼭 화해시킬 거라고!
찔끔
버럭
무슨 말인지 모르겠네?
그러게 말이다냥!
이 트로트 님은 마지막 무대에 훌륭한 가수가 오르길 바랄 뿐이라고!
결국 둘을 경쟁시키려는 거잖아!
와썹~ 이 악당들!
방
후훗
방

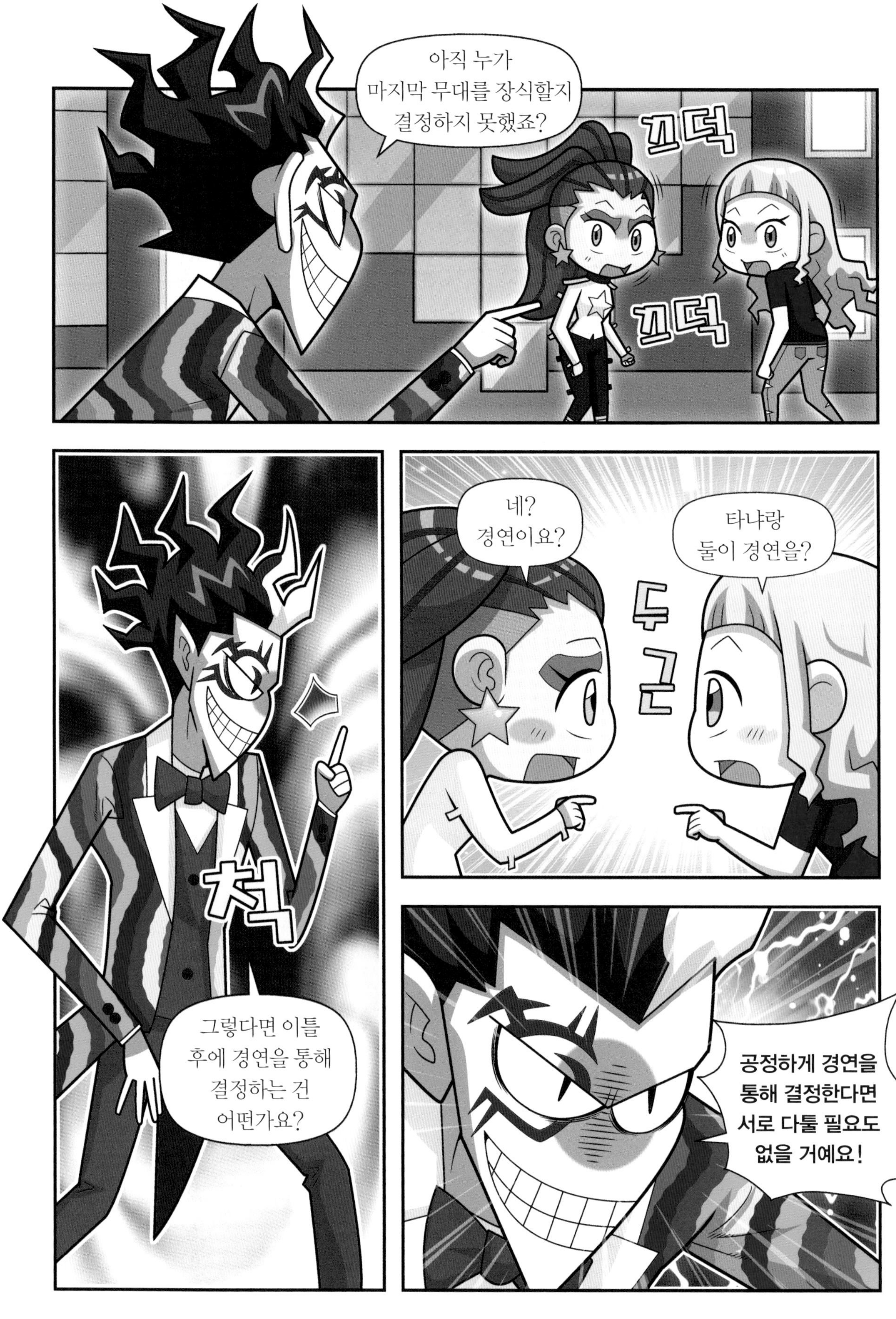
아직 누가
마지막 무대를 장식할지
결정하지 못했죠?
끄덕
끄덕
척
그렇다면 이틀
후에 경연을 통해
결정하는 건
어떤가요?
네?
경연이요?
타냐랑
둘이 경연을?
두근
공정하게 경연을
통해 결정한다면
서로 다툴 필요도
없을 거예요!

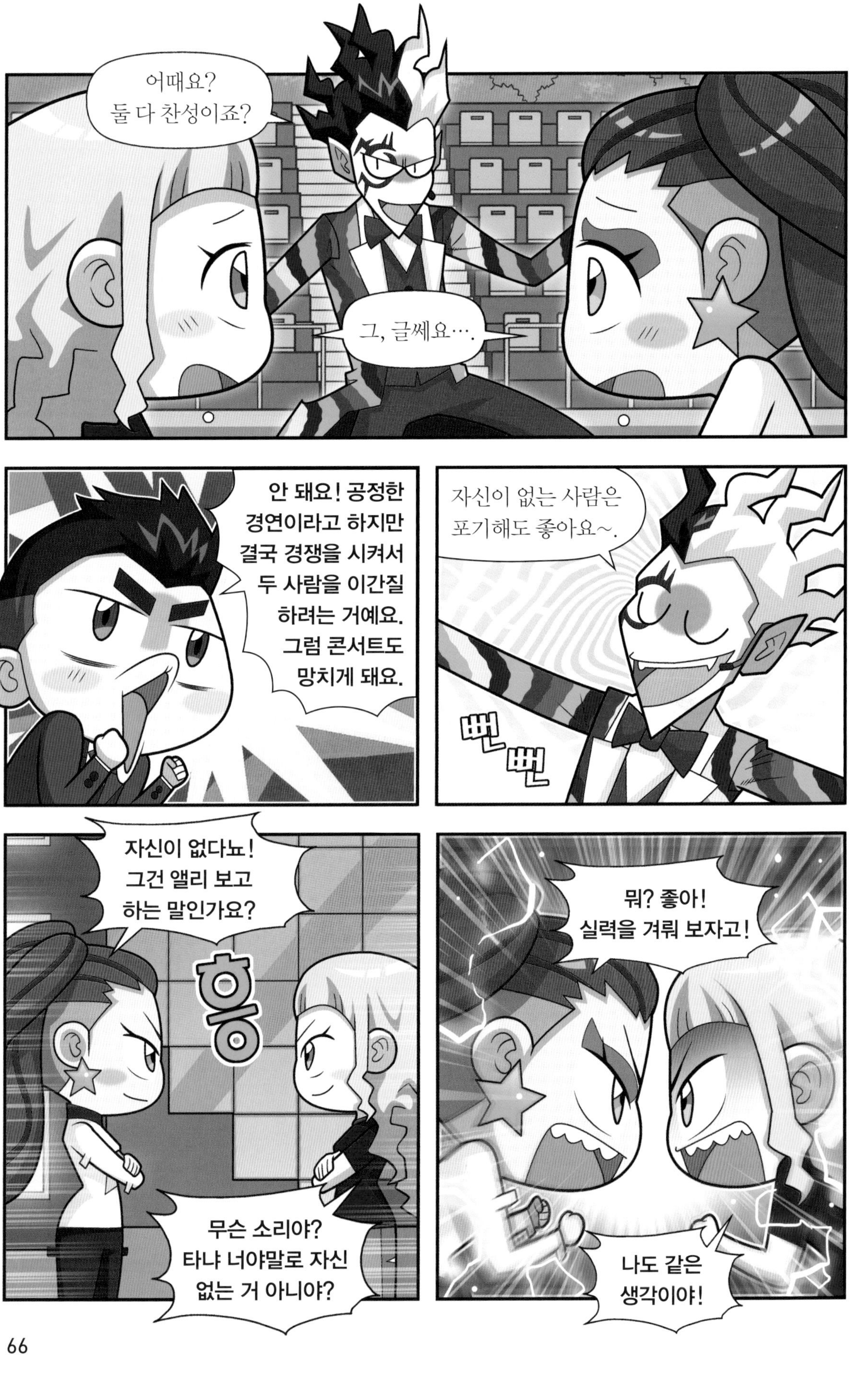

어때요? 둘 다 찬성이죠?
그, 글쎄요….
안 돼요! 공정한 경연이라고 하지만 결국 경쟁을 시켜서 두 사람을 이간질 하려는 거예요. 그럼 콘서트도 망치게 돼요.
자신이 없는 사람은 포기해도 좋아요~.
뻔뻔
자신이 없다뇨! 그건 앨리 보고 하는 말인가요?
흥
무슨 소리야? 타냐 너야말로 자신 없는 거 아니야?
뭐? 좋아! 실력을 겨뤄 보자고!
나도 같은 생각이야!

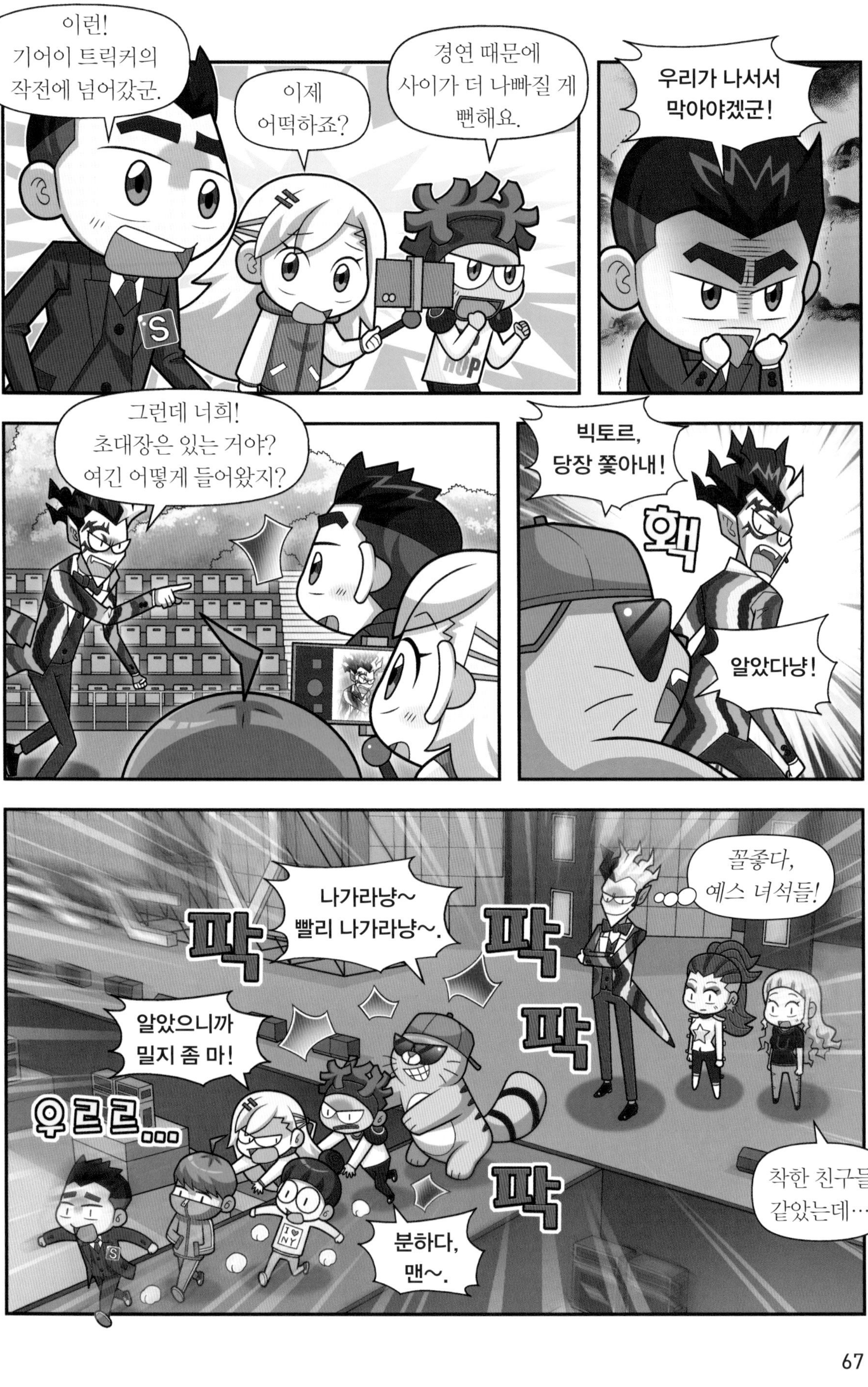
이런! 기어이 트릭커의 작전에 넘어갔군.
이제 어떡하죠?
경연 때문에 사이가 더 나빠질 게 뻔해요.
우리가 나서서 막아야겠군!
그런데 너희! 초대장은 있는 거야? 여긴 어떻게 들어왔지?
빅토르, 당장 쫓아내!
홱
알았다냥!
나가라냥~ 빨리 나가라냥~.
팍
팍
꼴좋다, 예스 녀석들!
알았으니까 밀지 좀 마!
팍
우르르...
팍
착한 친구들 같았는데….
분하다, 맨~.

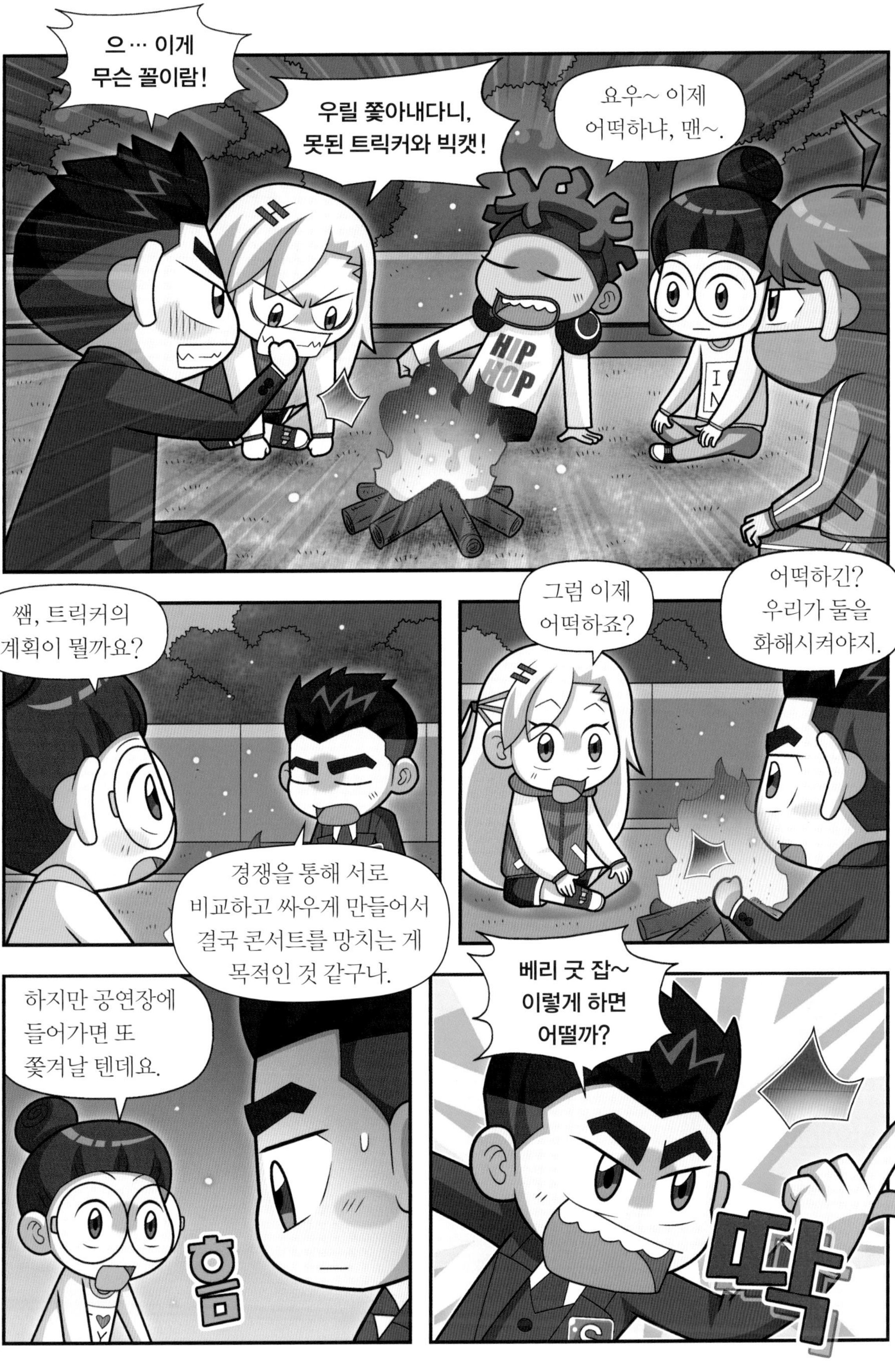
으… 이게 무슨 꼴이람!
우릴 쫓아내다니, 못된 트릭커와 빅캣!
요우~ 이제 어떡하냐, 맨~.
HIP HOP
쌤, 트릭커의 계획이 뭘까요?
경쟁을 통해 서로 비교하고 싸우게 만들어서 결국 콘서트를 망치는 게 목적인 것 같구나.
그럼 이제 어떡하죠?
어떡하긴? 우리가 둘을 화해시켜야지.
하지만 공연장에 들어가면 또 쫓겨날 텐데요.
흠
베리 굿 잡~ 이렇게 하면 어떨까?
딱

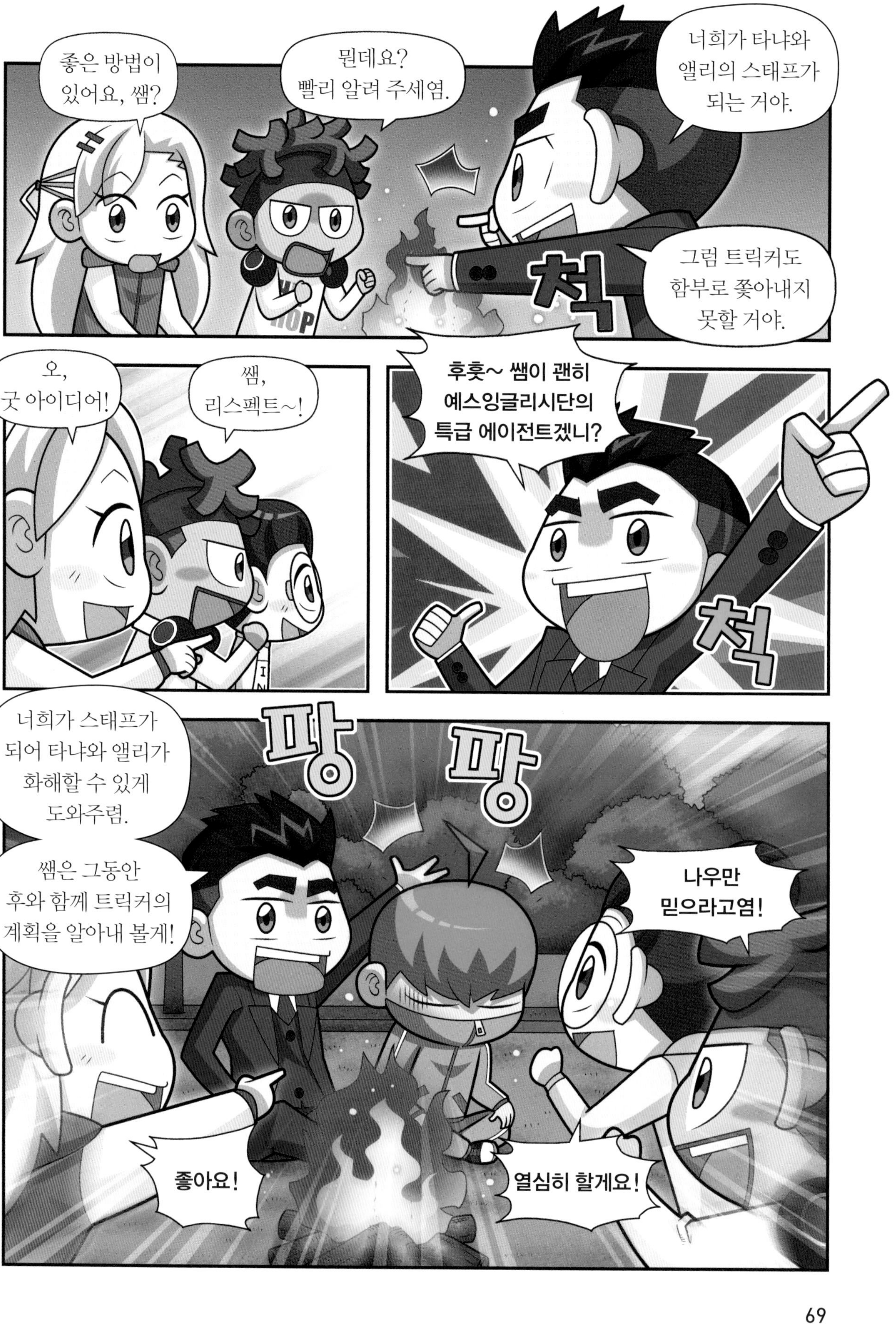
좋은 방법이 있어요, 쌤?
뭔데요? 빨리 알려 주세염.
너희가 타냐와 앨리의 스태프가 되는 거야.
그럼 트릭커도 함부로 쫓아내지 못할 거야.
척
오, 굿 아이디어!
쌤, 리스펙트~!
후훗~ 쌤이 괜히 예스잉글리시단의 특급 에이전트겠니?
척
팡
팡
너희가 스태프가 되어 타냐와 앨리가 화해할 수 있게 도와주렴.
쌤은 그동안 후와 함께 트릭커의 계획을 알아내 볼게!
나우만 믿으라고염!
좋아요!
열심히 할게요!

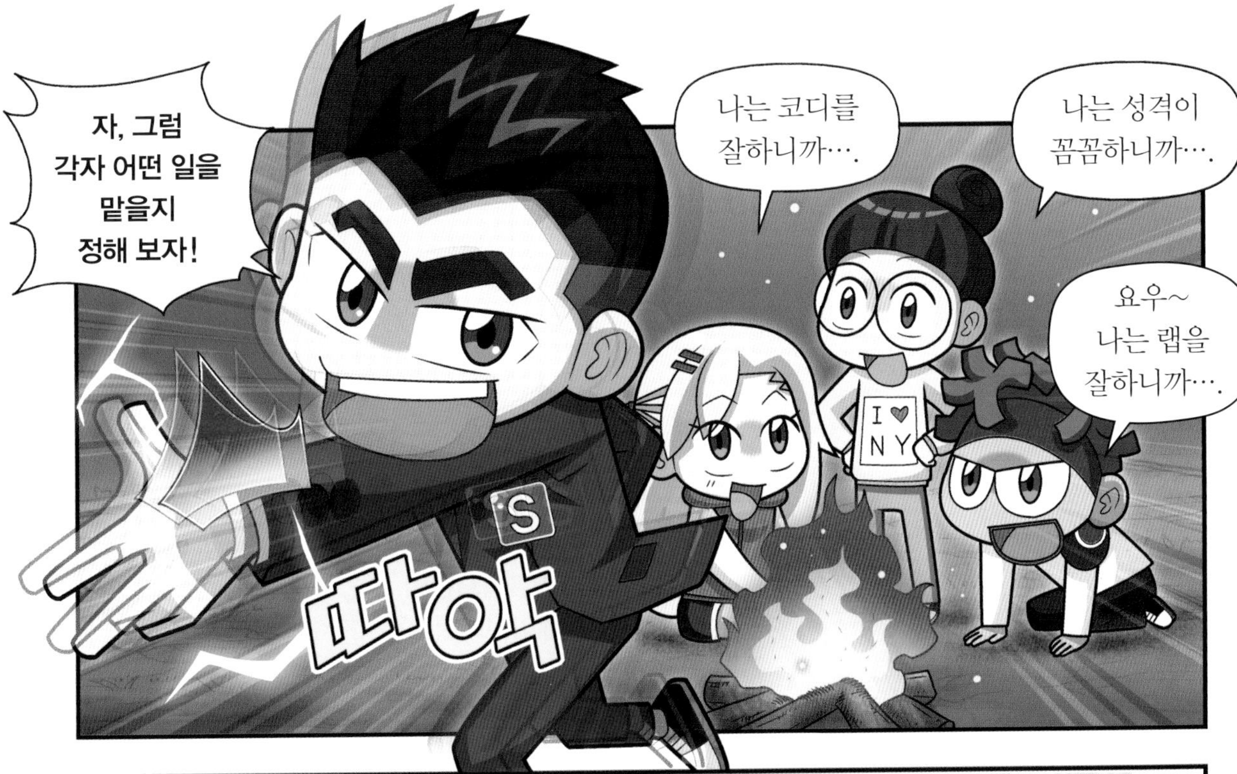
자, 그럼 각자 어떤 일을 맡을지 정해 보자!
따악
나는 코디를 잘하니까….
나는 성격이 꼼꼼하니까….
요우~ 나는 랩을 잘하니까….
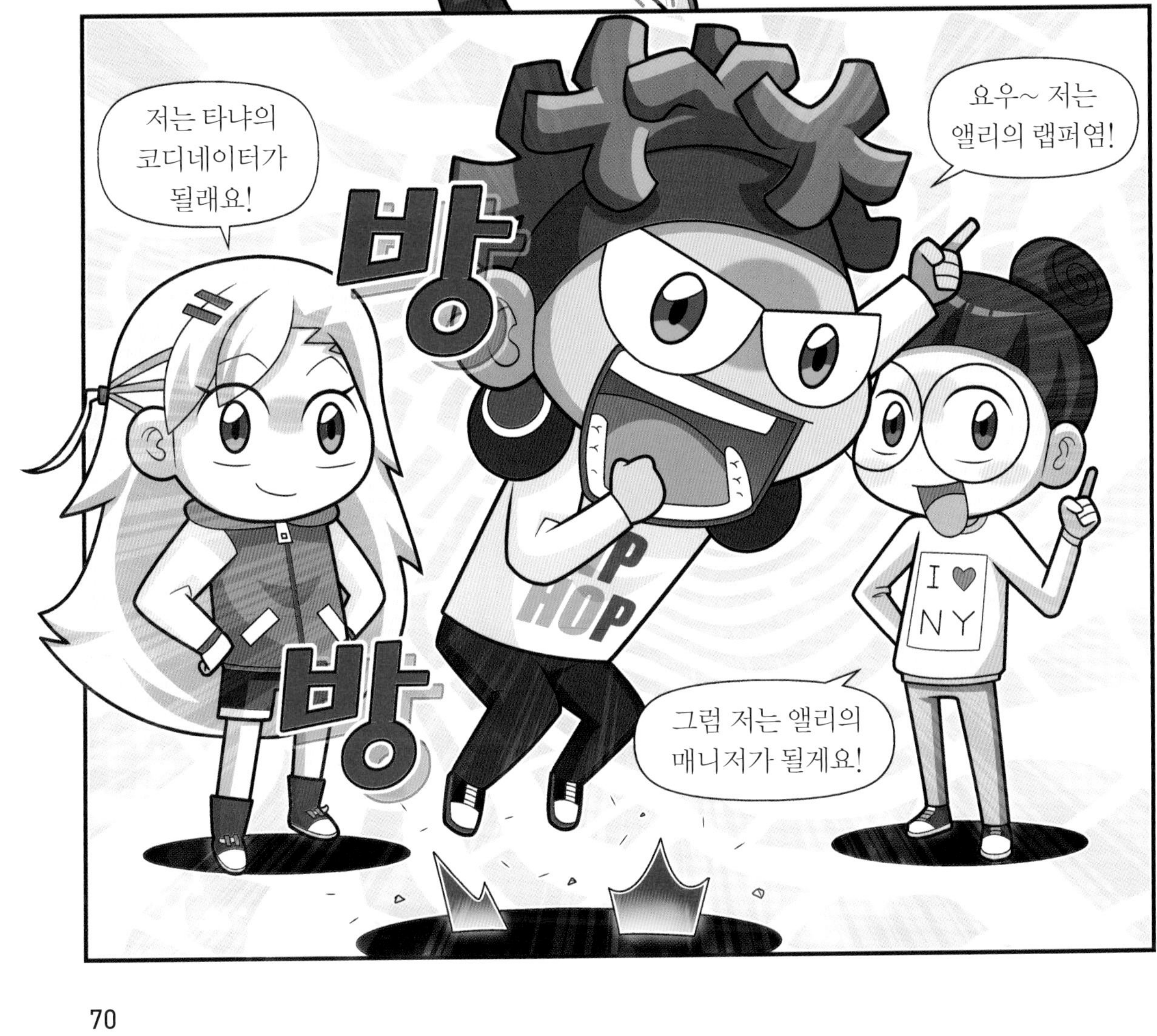
저는 타냐의 코디네이터가 될래요!
방
요우~ 저는 앨리의 랩퍼염!
방
그럼 저는 앨리의 매니저가 될게요!

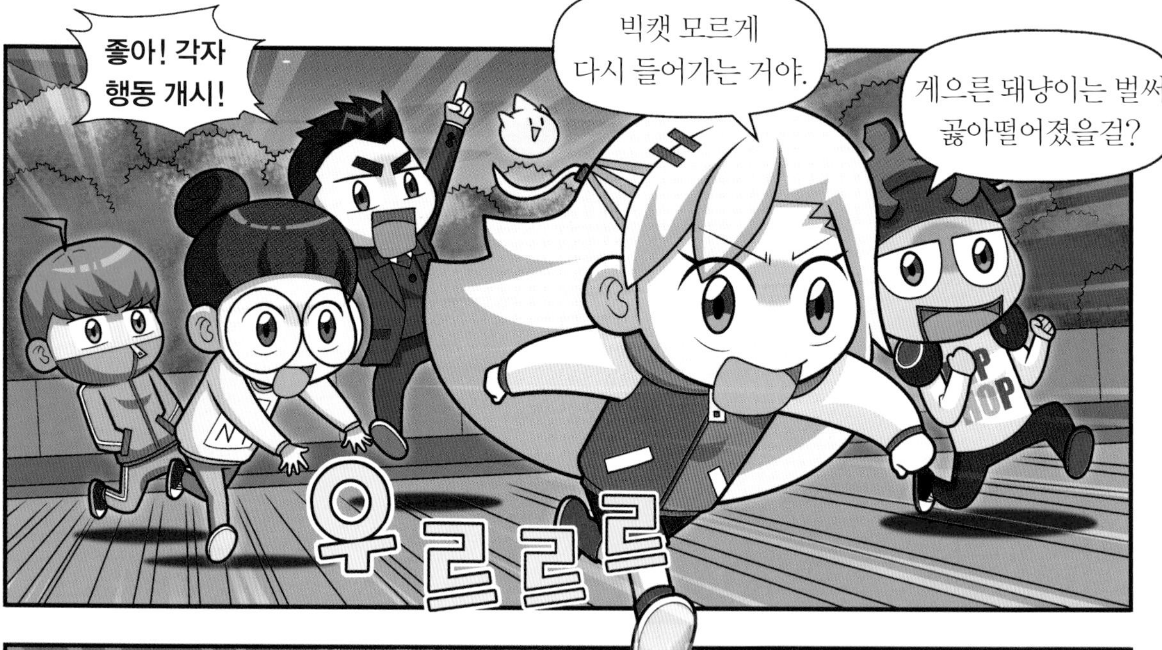
좋아! 각자 행동 개시!
빅캣 모르게 다시 들어가는 거야.
게으른 돼냥이는 벌써 곯아떨어졌을걸?
우르르르

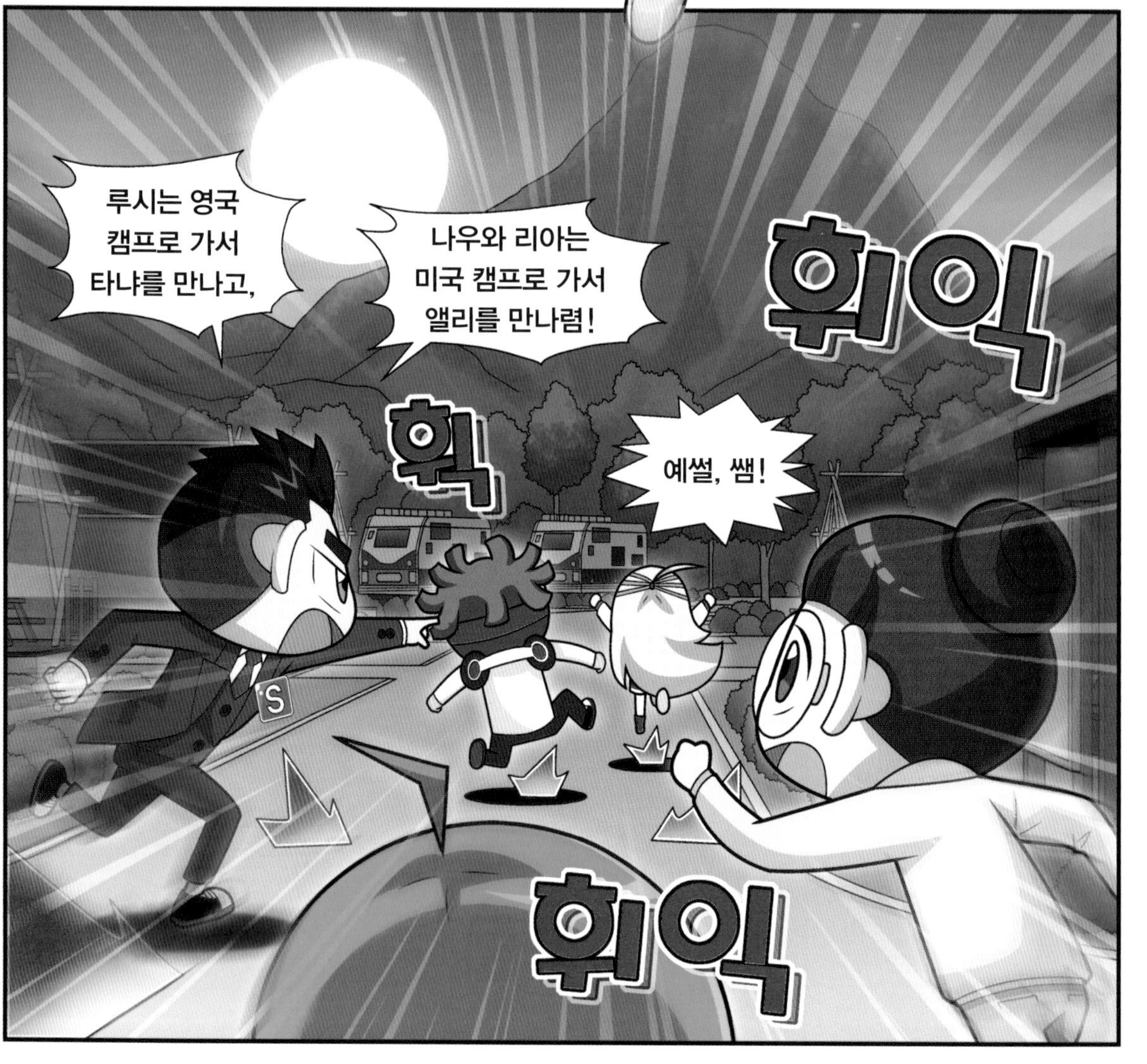
루시는 영국 캠프로 가서 타냐를 만나고,
나우와 리아는 미국 캠프로 가서 앨리를 만나렴!
휘익
휙
예썰, 쌤!
휘익

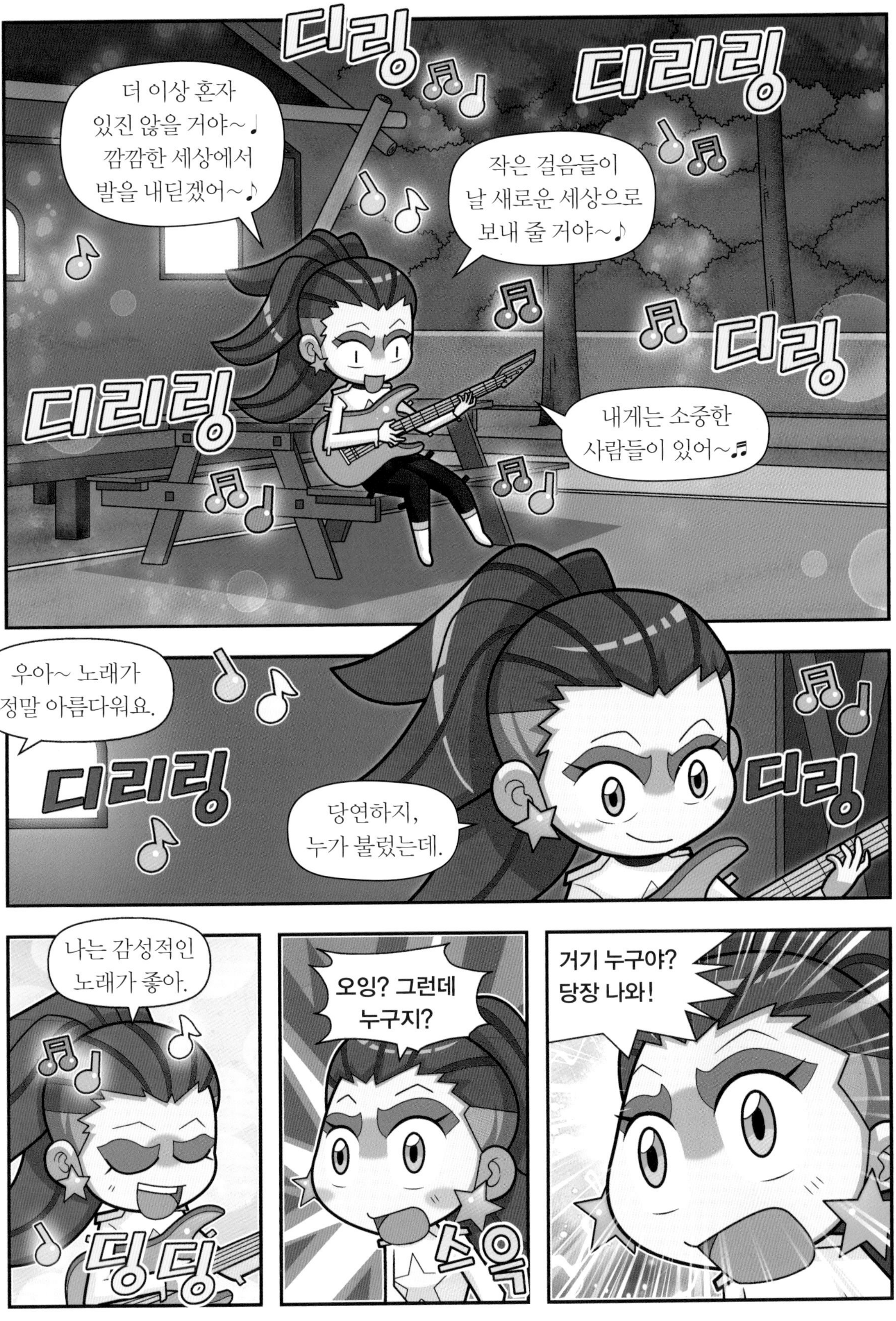
디링
디리링
더 이상 혼자 있진 않을 거야~♩ 깜깜한 세상에서 발을 내딛겠어~♪
작은 걸음들이 날 새로운 세상으로 보내 줄 거야~♪
디링
디리링
내게는 소중한 사람들이 있어~♬
우아~ 노래가 정말 아름다워요.
디리링
당연하지, 누가 불렀는데.
디링
나는 감성적인 노래가 좋아.
딩딩
오잉? 그런데 누구지?
스윽
거기 누구야? 당장 나와!

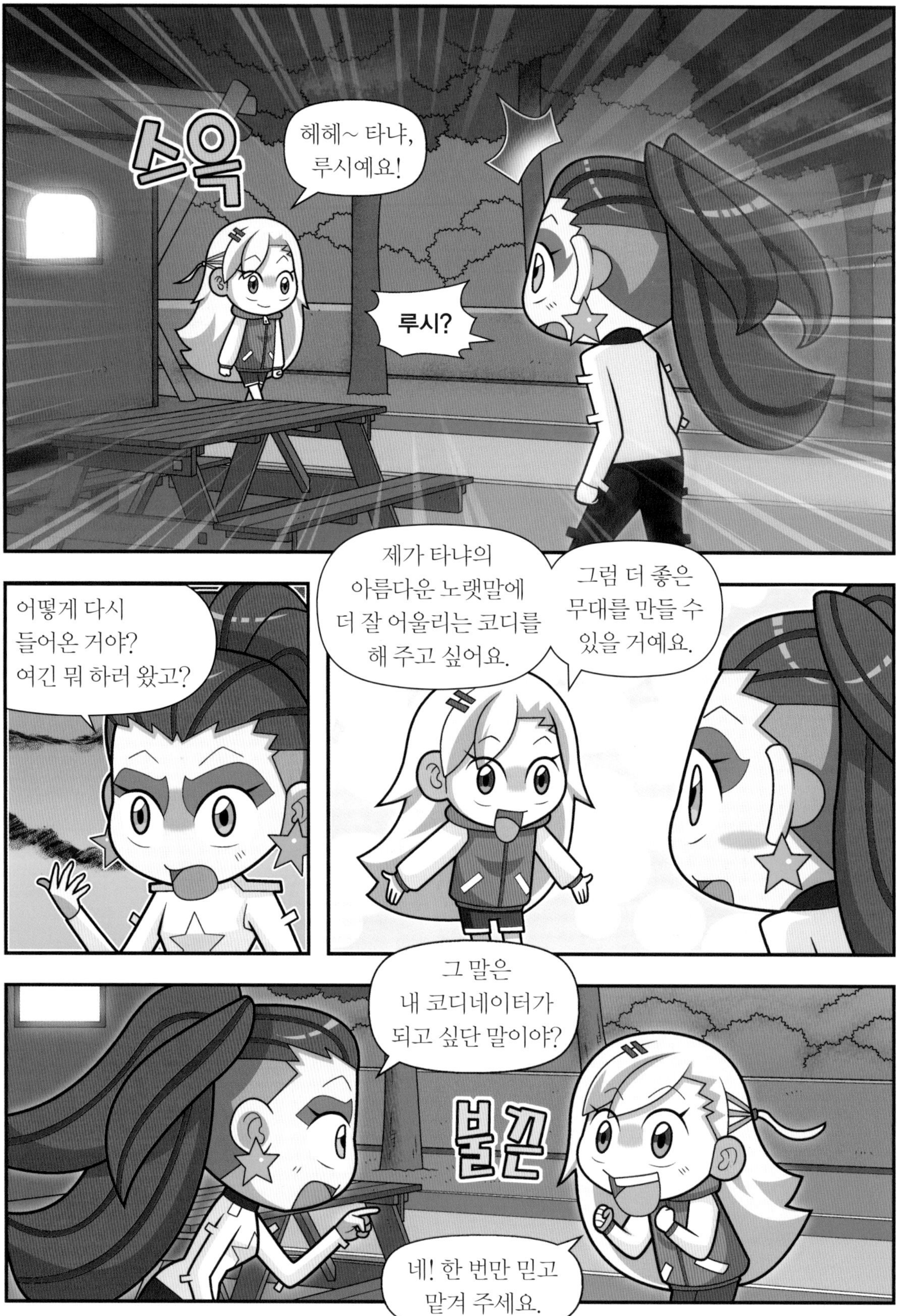
스윽
헤헤~ 타냐, 루시예요!
루시?
어떻게 다시 들어온 거야? 여긴 뭐 하러 왔고?
제가 타냐의 아름다운 노랫말에 더 잘 어울리는 코디를 해 주고 싶어요.
그럼 더 좋은 무대를 만들 수 있을 거예요.
그 말은 내 코디네이터가 되고 싶단 말이야?
불끈
네! 한 번만 믿고 맡겨 주세요.

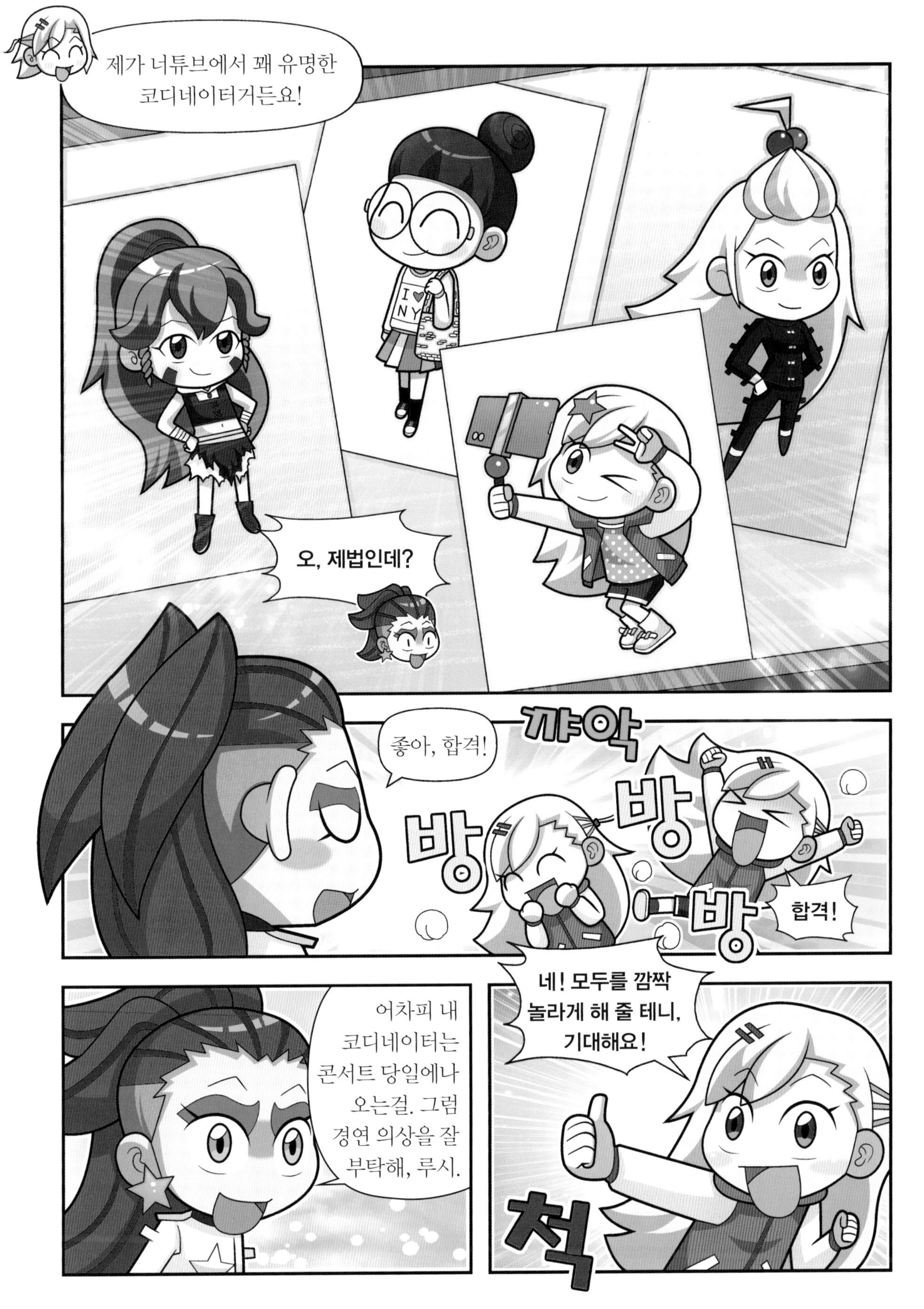
제가 너튜브에서 꽤 유명한 코디네이터거든요!
I ♥ NY
오, 제법인데?
좋아, 합격!
꺄악
방
방
방
합격!
어차피 내 코디네이터는 콘서트 당일에나 오는걸. 그럼 경연 의상을 잘 부탁해, 루시.
네! 모두를 깜짝 놀라게 해 줄 테니, 기대해요!
척

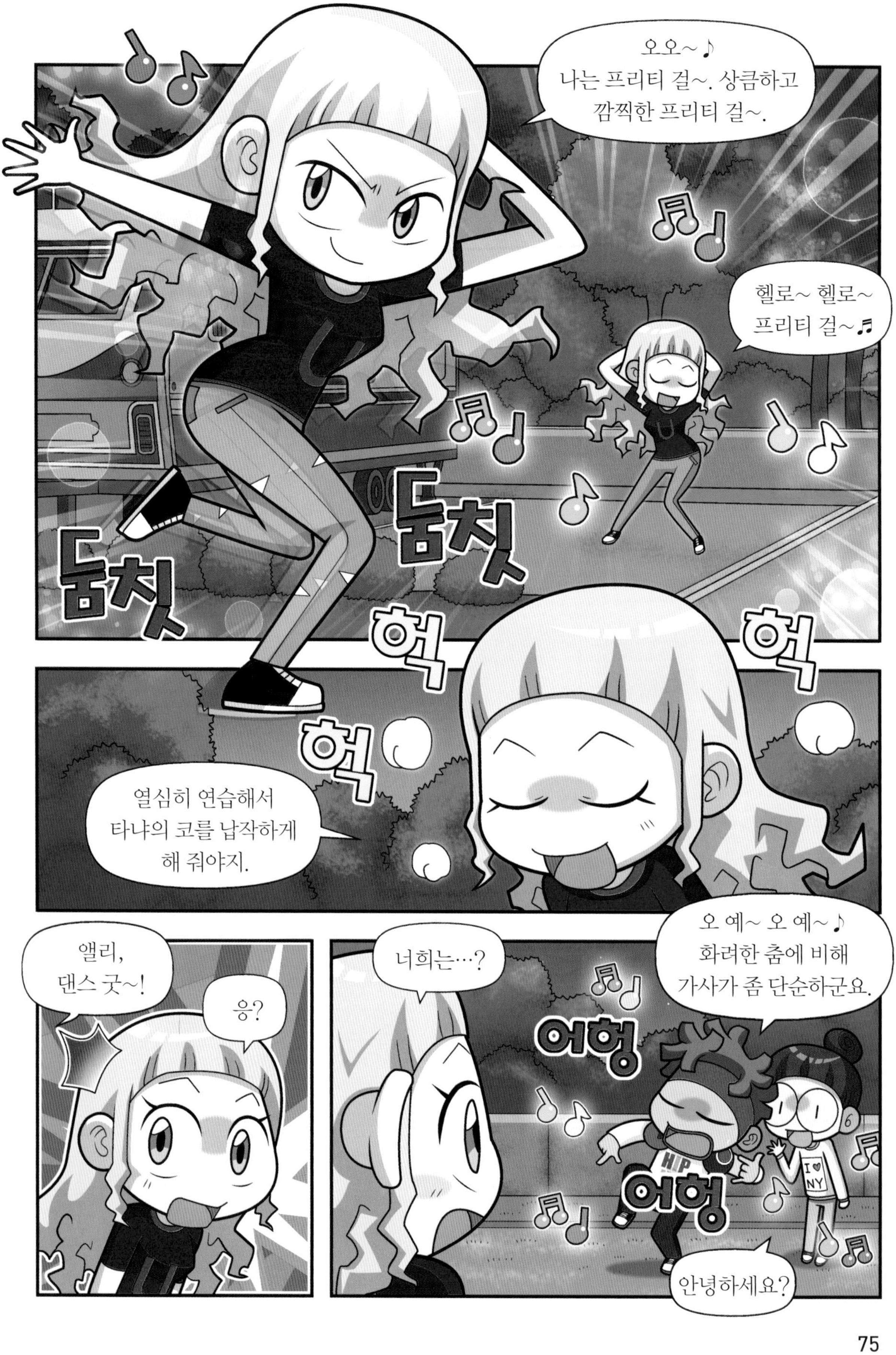
오오~♪
나는 프리티 걸~. 상큼하고 깜찍한 프리티 걸~.
헬로~ 헬로~ 프리티 걸~♬
둠칫
둠칫
헉
헉
헉
열심히 연습해서 타냐의 코를 납작하게 해 줘야지.
앨리, 댄스 굿~!
응?
너희는…?
오 예~ 오 예~♪ 화려한 춤에 비해 가사가 좀 단순하군요.
어헝
어헝
안녕하세요?

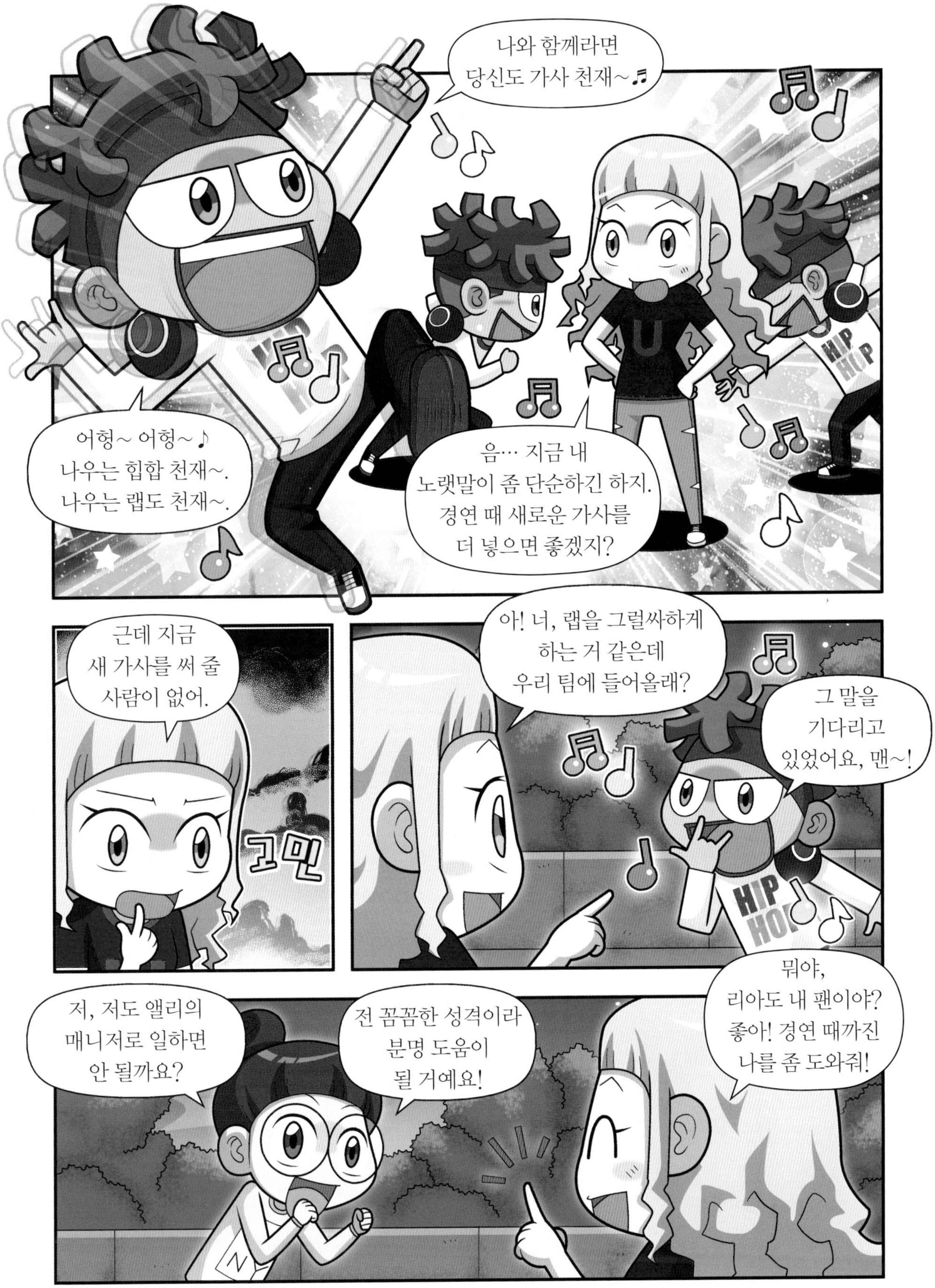
나와 함께라면 당신도 가사 천재~♬
어헝~ 어헝~♪ 나우는 힙합 천재~. 나우는 랩도 천재~.
음… 지금 내 노랫말이 좀 단순하긴 하지. 경연 때 새로운 가사를 더 넣으면 좋겠지?
HIP HOP
근데 지금 새 가사를 써 줄 사람이 없어.
고민
아! 너, 랩을 그럴싸하게 하는 거 같은데 우리 팀에 들어올래?
그 말을 기다리고 있었어요, 맨~!
저, 저도 앨리의 매니저로 일하면 안 될까요?
전 꼼꼼한 성격이라 분명 도움이 될 거예요!
뭐야, 리아도 내 팬이야? 좋아! 경연 때까진 나를 좀 도와줘!

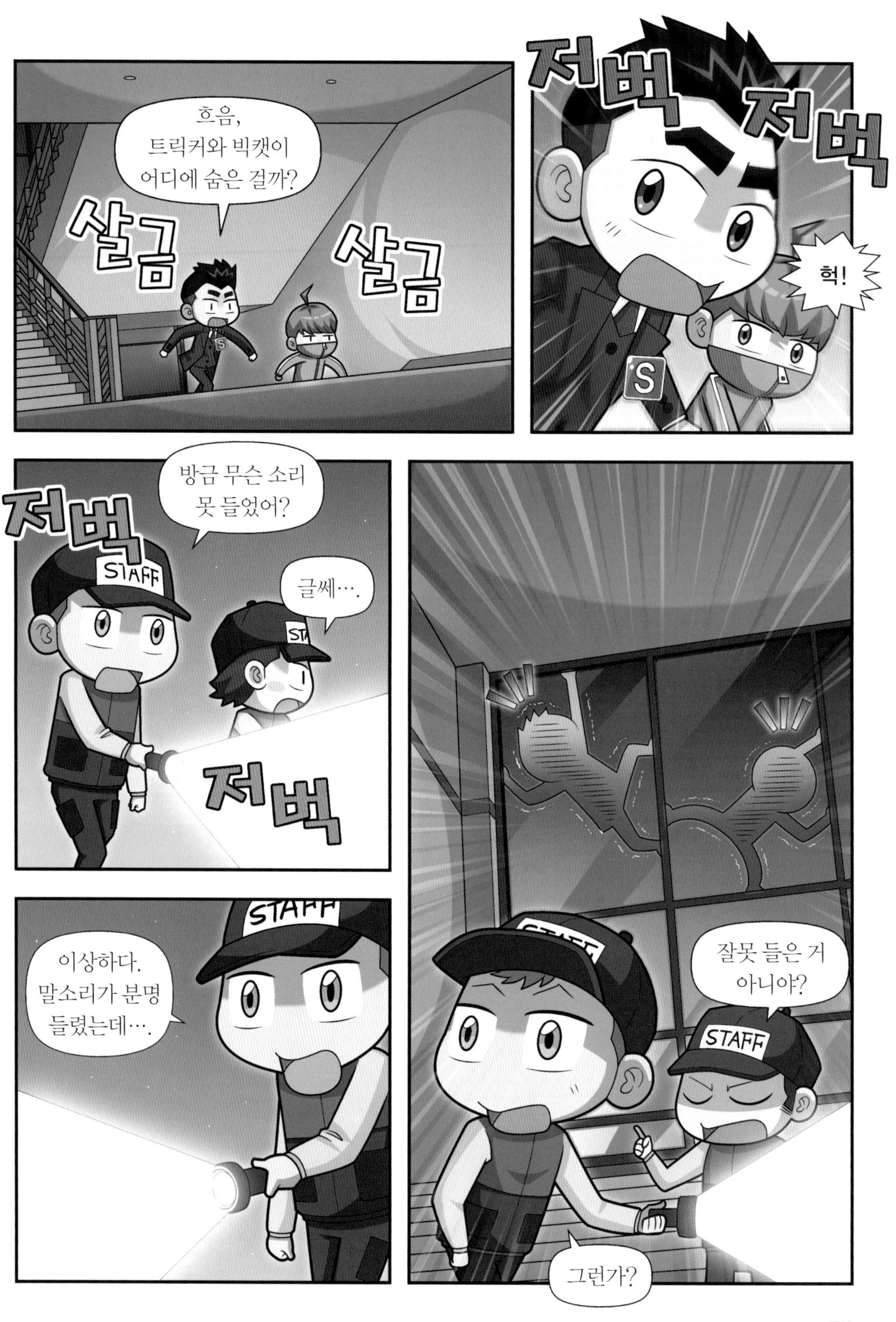
흐음,
트릭커와 빅캣이
어디에 숨은 걸까?
살금
살금
저벅
저벅
헉!
저벅
방금 무슨 소리
못 들었어?
글쎄….
STAFF
저벅
STAFF
이상하다.
말소리가 분명
들렸는데….
잘못 들은 거
아니야?
STAFF
그런가?

Chapter 4

끝나지 않는 비교 전쟁

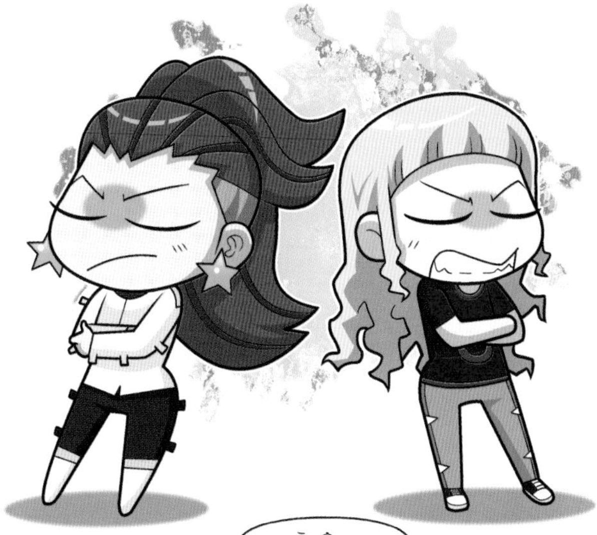

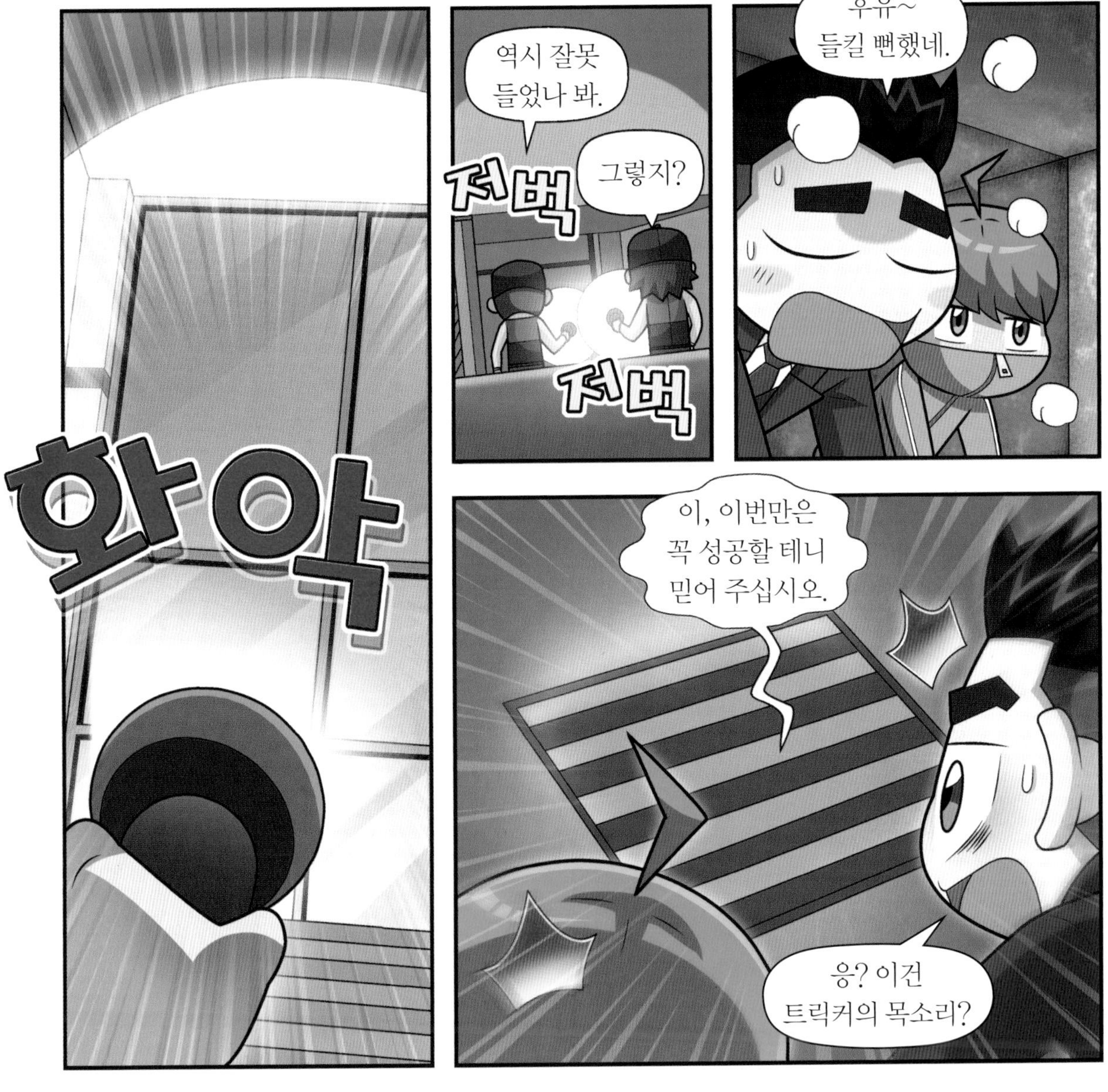
화악
역시 잘못 들었나 봐.
저벅
그렇지?
저벅
후유~ 들킬 뻔했네.
이, 이번만은 꼭 성공할 테니 믿어 주십시오.
응? 이건 트릭커의 목소리?

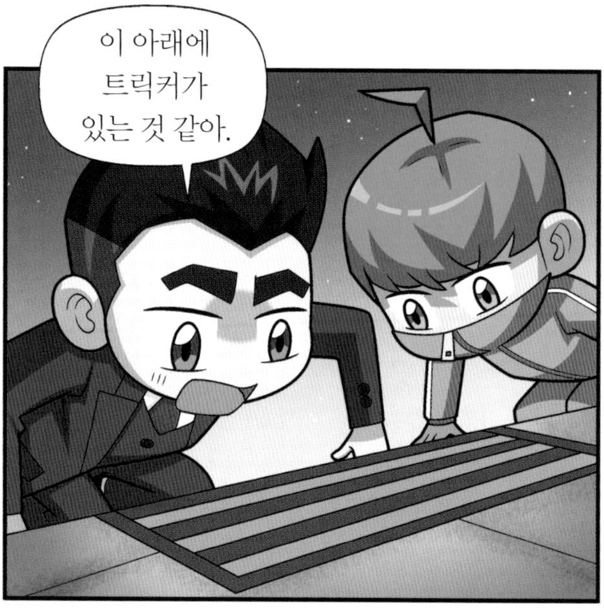
이 아래에
트릭커가
있는 것 같아.
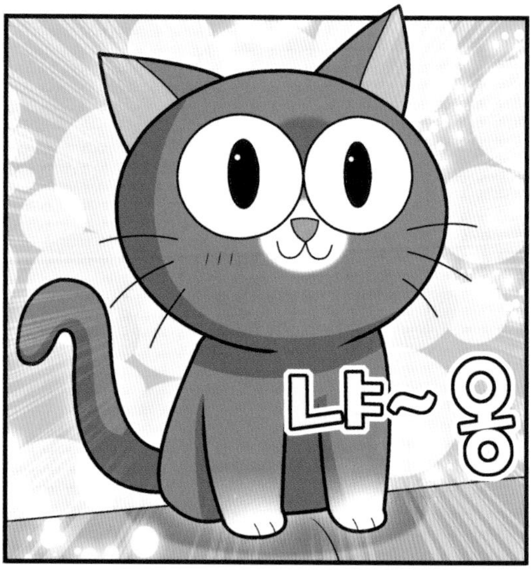
냐~옹
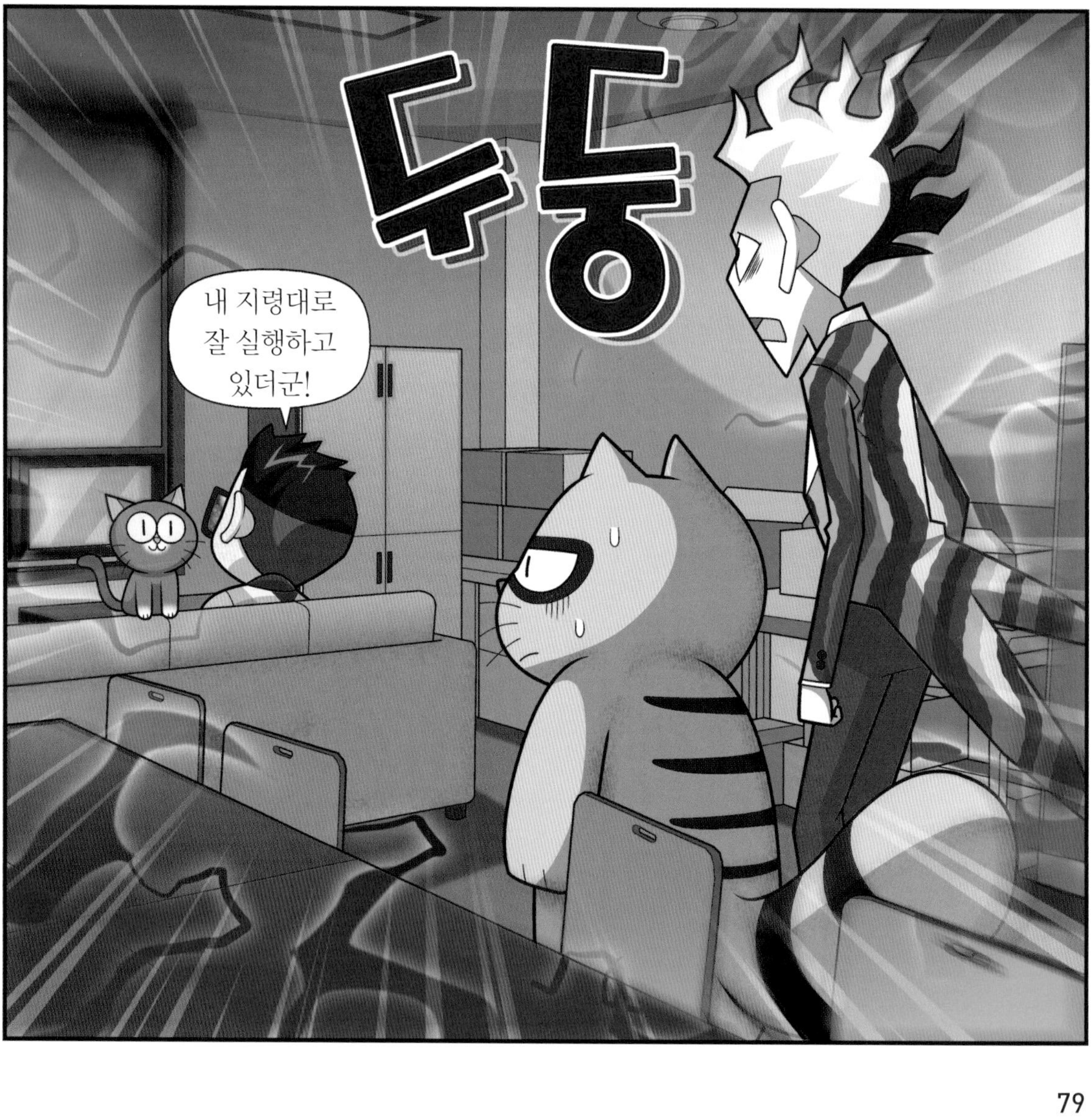
두둥
내 지령대로
잘 실행하고
있더군!

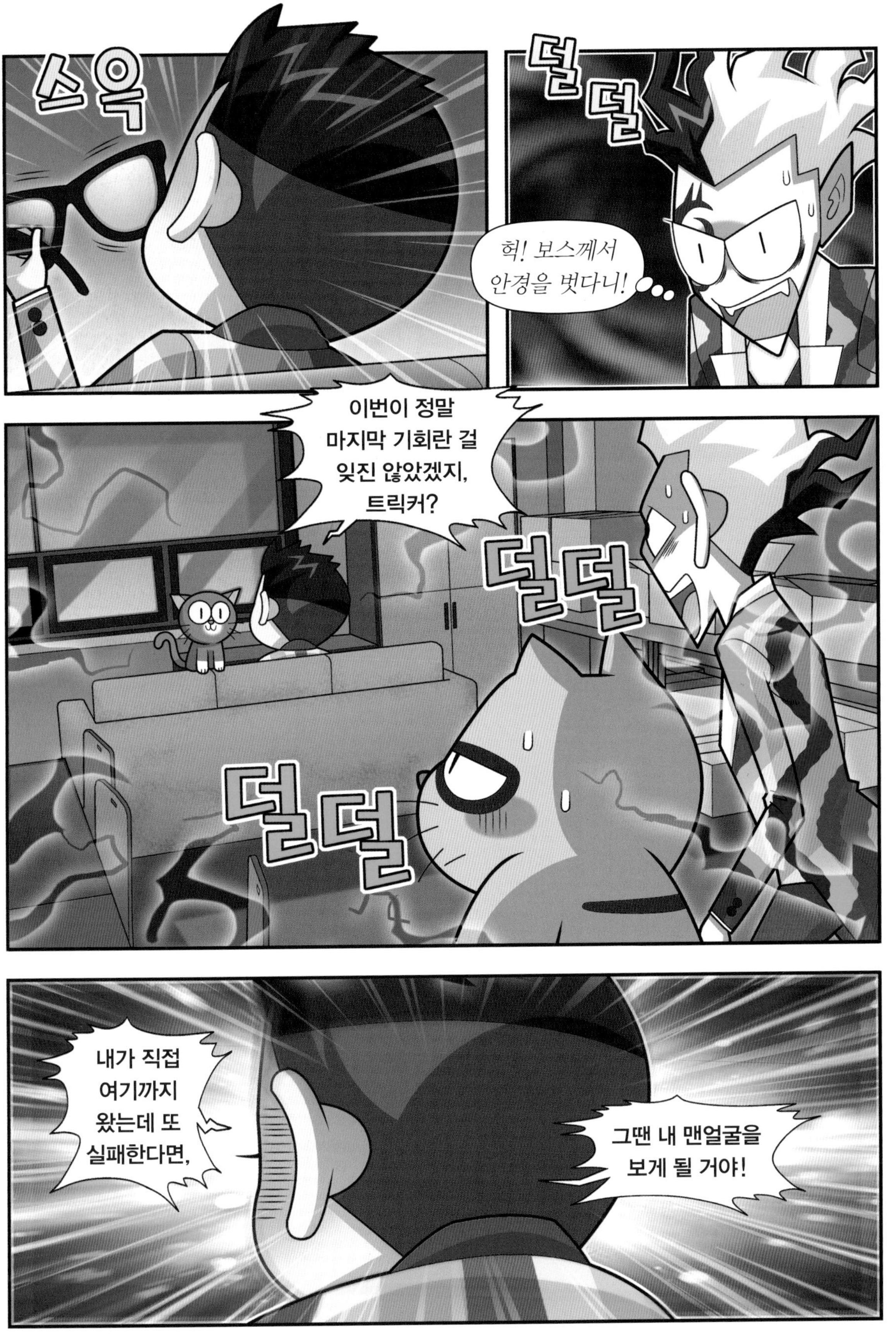
스윽
덜덜
헉! 보스께서 안경을 벗다니!
이번이 정말 마지막 기회란 걸 잊진 않았겠지, 트릭커?
덜덜
덜덜
내가 직접 여기까지 왔는데 또 실패한다면,
그땐 내 맨얼굴을 보게 될 거야!

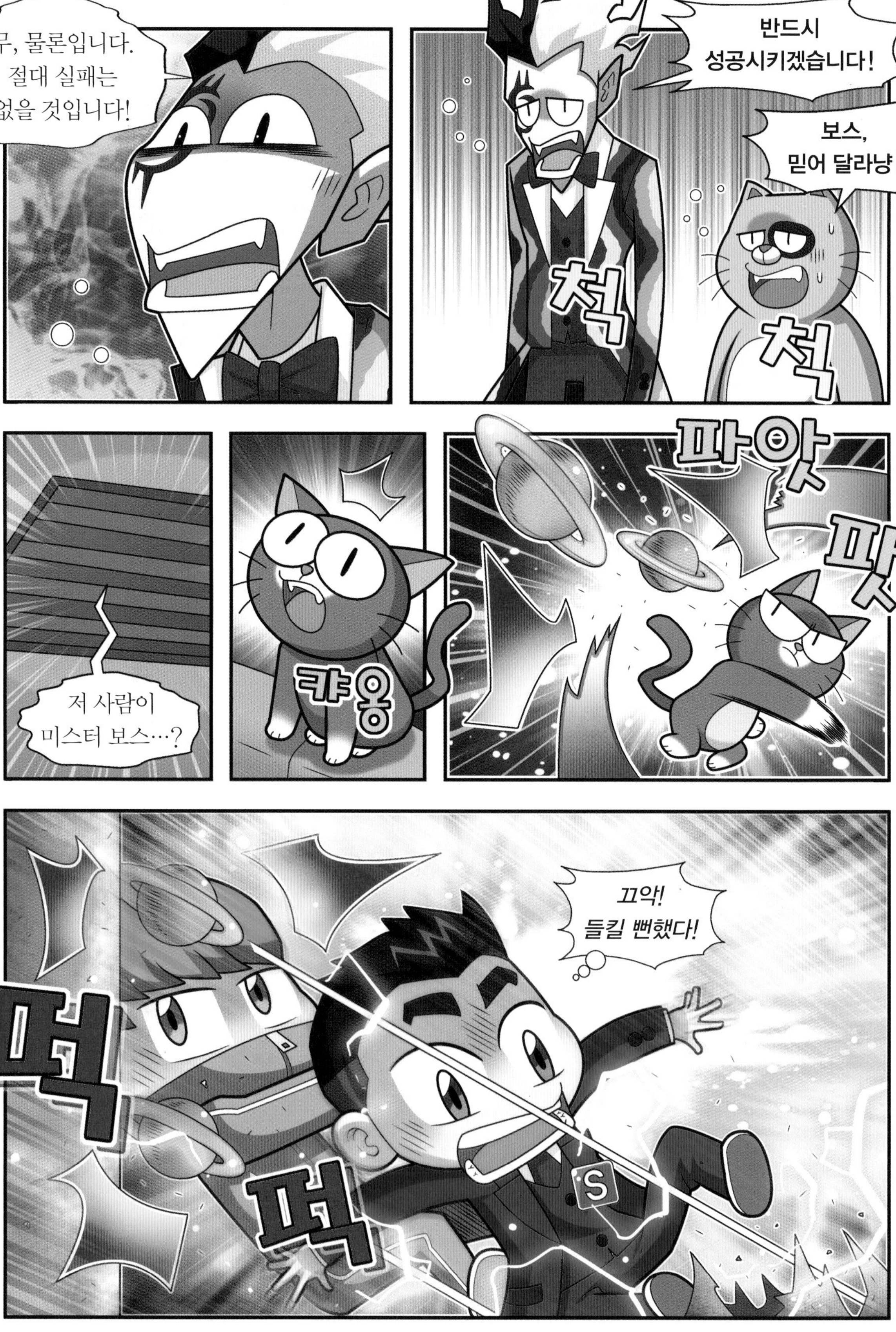

무, 물론입니다.
절대 실패는
없을 것입니다!
반드시
성공시키겠습니다!
척
보스,
믿어 달라냥!
척
저 사람이
미스터 보스…?
캬옹
파앗
팟
끄악!
들킬 뻔했다!
퍽
퍽

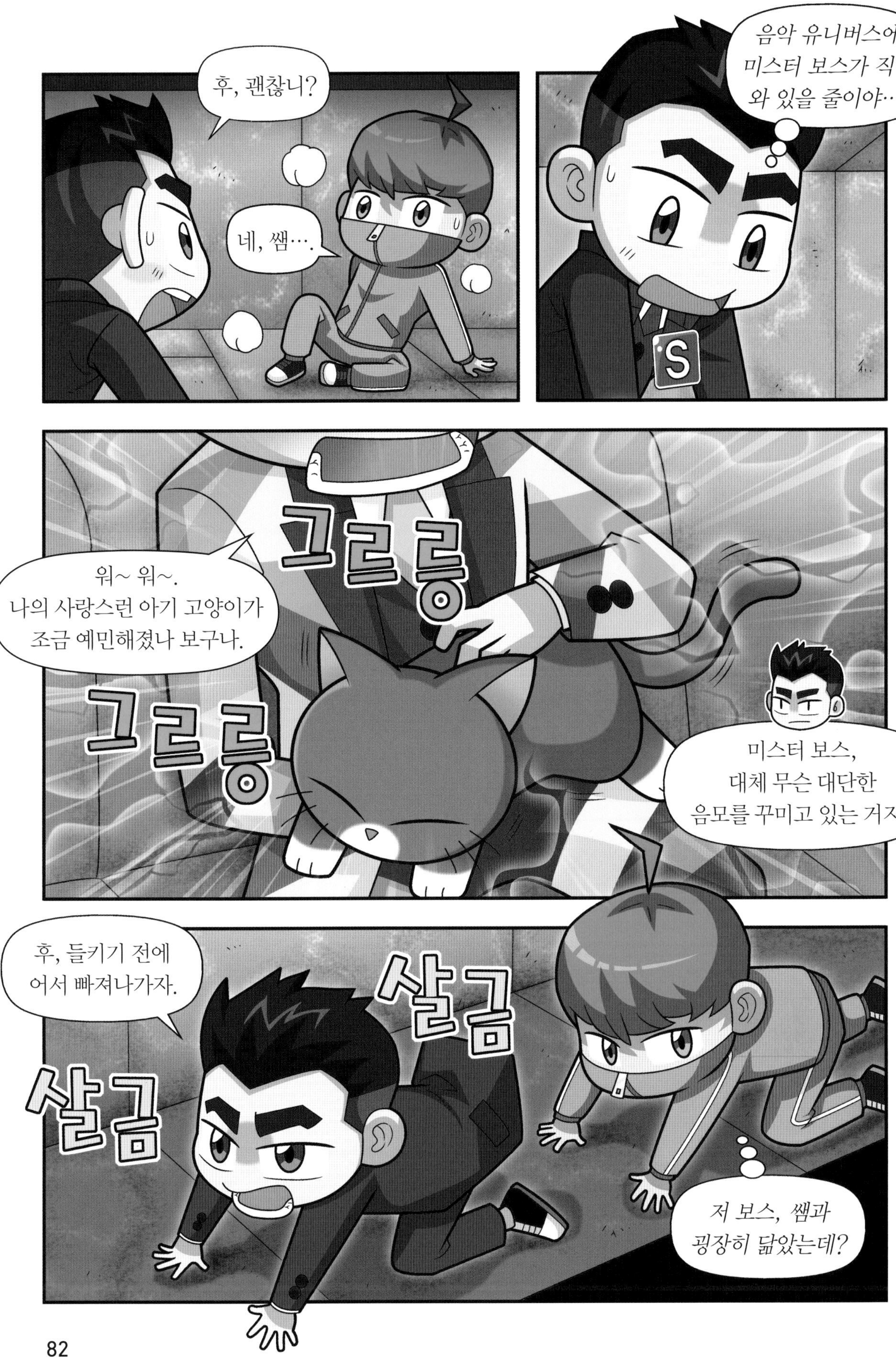
후, 괜찮니?
네, 쌤….
음악 유니버스에 미스터 보스가 직접 와 있을 줄이야…!
그르릉
워~ 워~. 나의 사랑스런 아기 고양이가 조금 예민해졌나 보구나.
그르릉
미스터 보스, 대체 무슨 대단한 음모를 꾸미고 있는 거지?
후, 들키기 전에 어서 빠져나가자.
살금
살금
저 보스, 쌤과 굉장히 닮았는데?

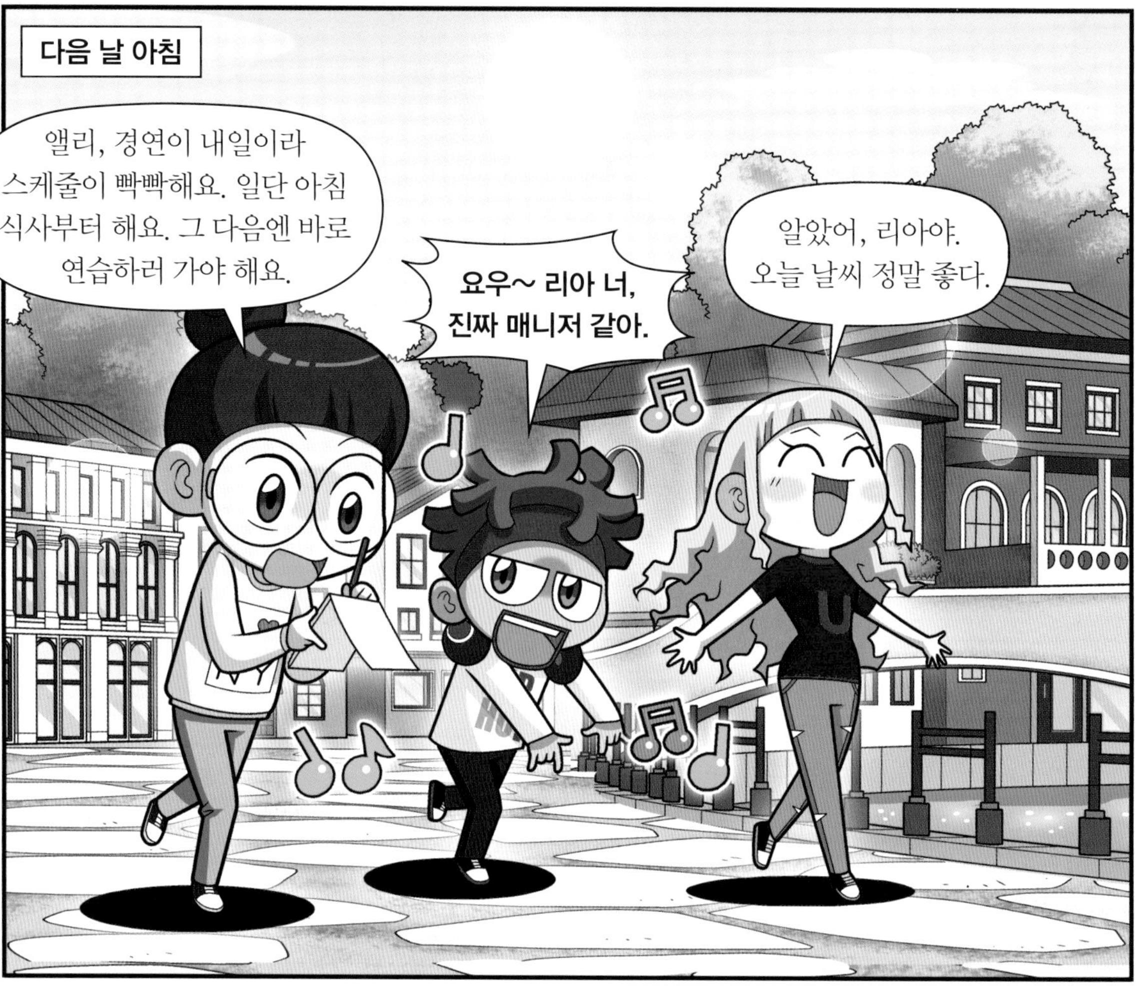
다음 날 아침
앨리, 경연이 내일이라 스케줄이 빡빡해요. 일단 아침 식사부터 해요. 그 다음엔 바로 연습하러 가야 해요.
요우~ 리아 너, 진짜 매니저 같아.
알았어, 리아야. 오늘 날씨 정말 좋다.

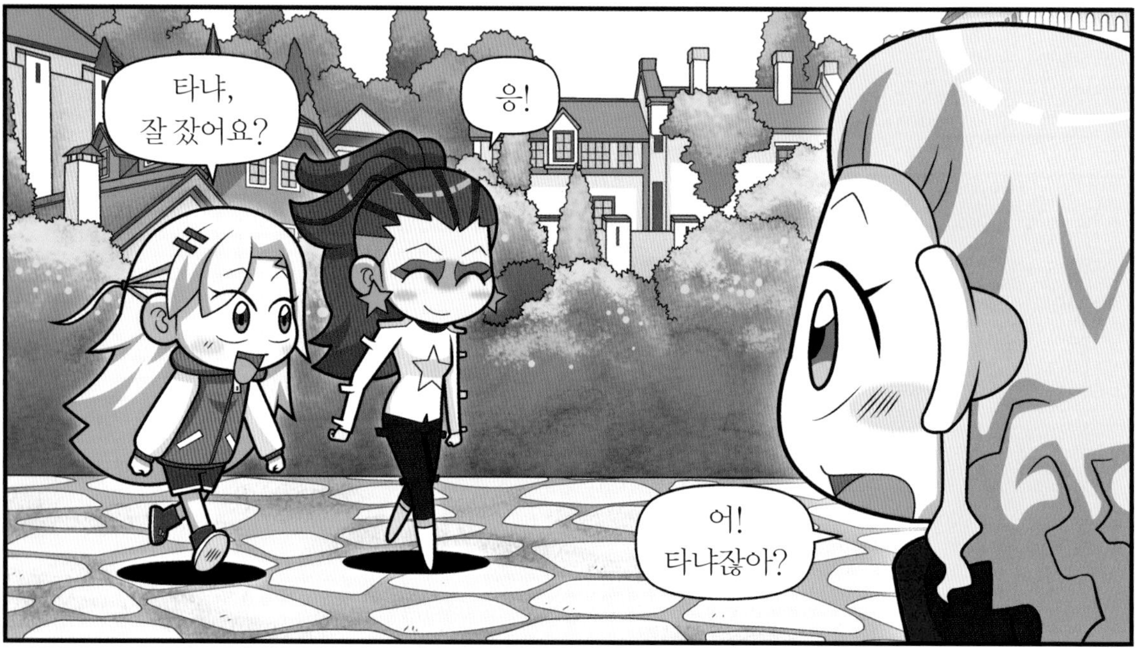
타냐, 잘 잤어요?
응!
어! 타냐잖아?

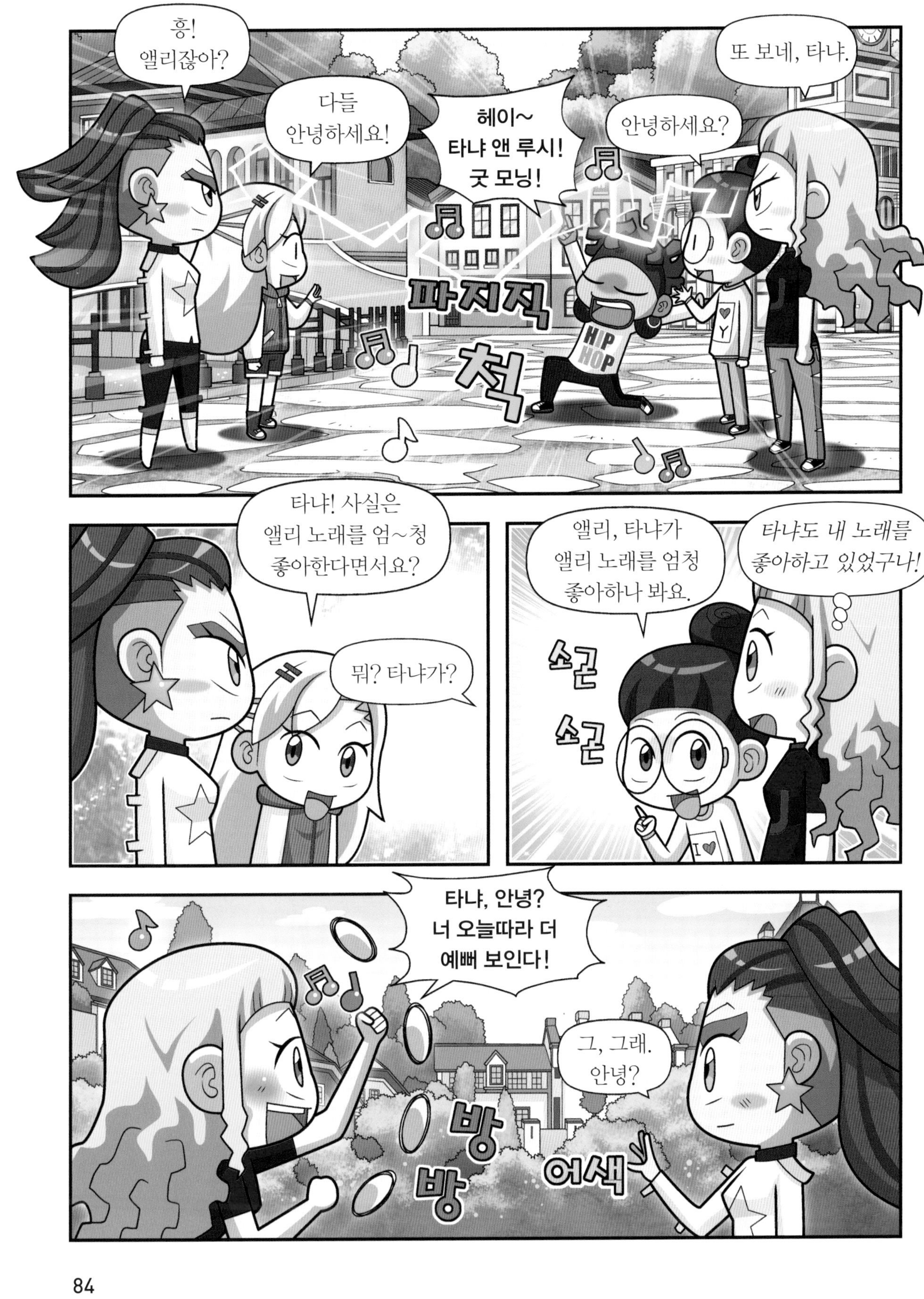
흥!
앨리잖아?
다들
안녕하세요!
헤이~
타냐 앤 루시!
굿 모닝!
안녕하세요?
또 보네, 타냐.
파지직
척
타냐! 사실은
앨리 노래를 엄~청
좋아한다면서요?
뭐? 타냐가?
앨리, 타냐가
앨리 노래를 엄청
좋아하나 봐요.
타냐도 내 노래를
좋아하고 있었구나!
소곤
소곤
타냐, 안녕?
너 오늘따라 더
예뻐 보인다!
그, 그래.
안녕?
방
방
어색

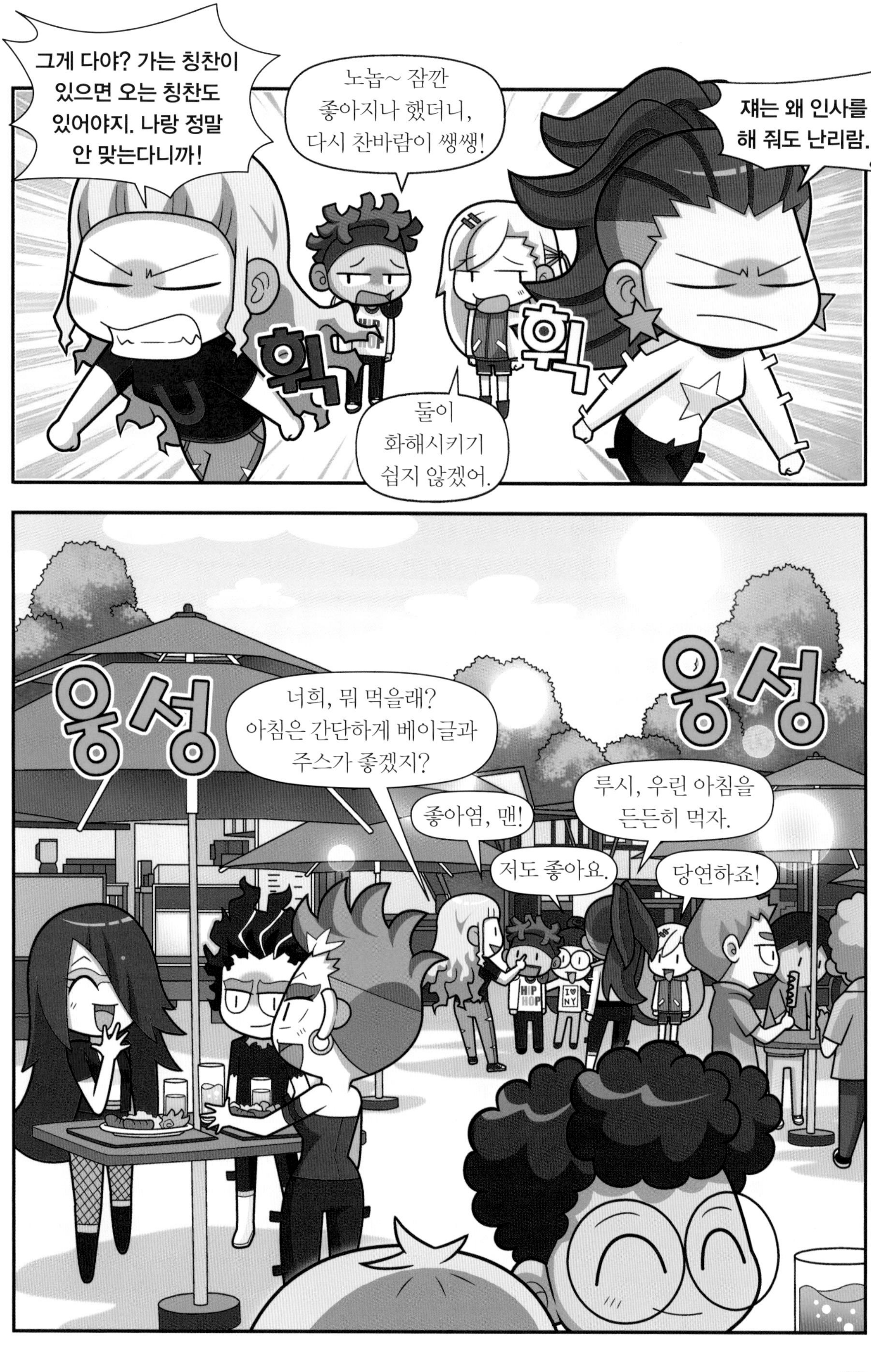
그게 다야? 가는 칭찬이 있으면 오는 칭찬도 있어야지. 나랑 정말 안 맞는다니까!
노놉~ 잠깐 좋아지나 했더니, 다시 찬바람이 쌩쌩!
쟤는 왜 인사를 해 줘도 난리람.
휙
휙
둘이 화해시키기 쉽지 않겠어.
웅성
너희, 뭐 먹을래? 아침은 간단하게 베이글과 주스가 좋겠지?
좋아염, 맨!
저도 좋아요.
루시, 우린 아침을 든든히 먹자.
당연하죠!
웅성

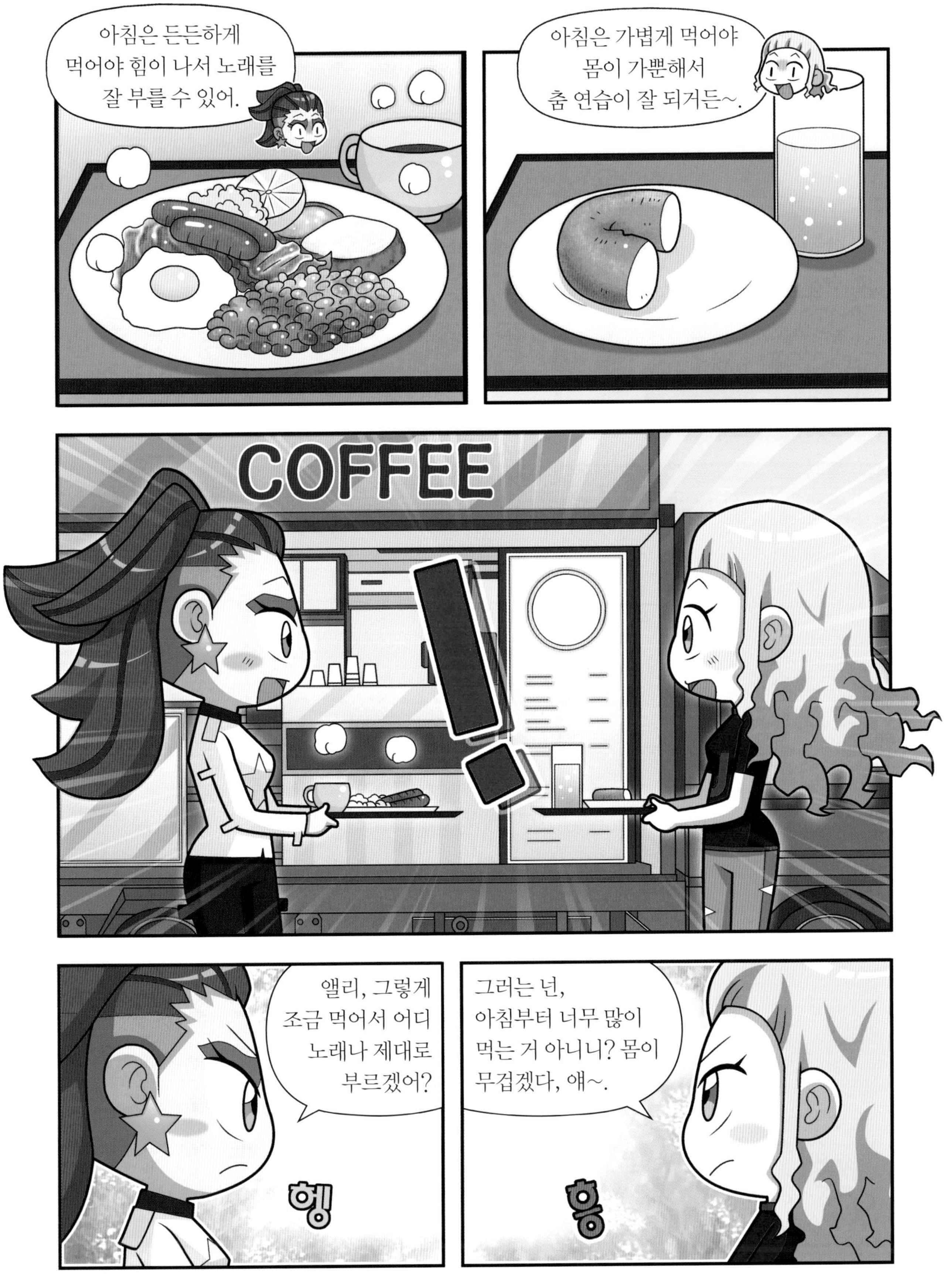
아침은 든든하게 먹어야 힘이 나서 노래를 잘 부를 수 있어.
아침은 가볍게 먹어야 몸이 가뿐해서 춤 연습이 잘 되거든~.
COFFEE
앨리, 그렇게 조금 먹어서 어디 노래나 제대로 부르겠어?
그러는 넌, 아침부터 너무 많이 먹는 거 아니니? 몸이 무겁겠다, 얘~.
헹
흥

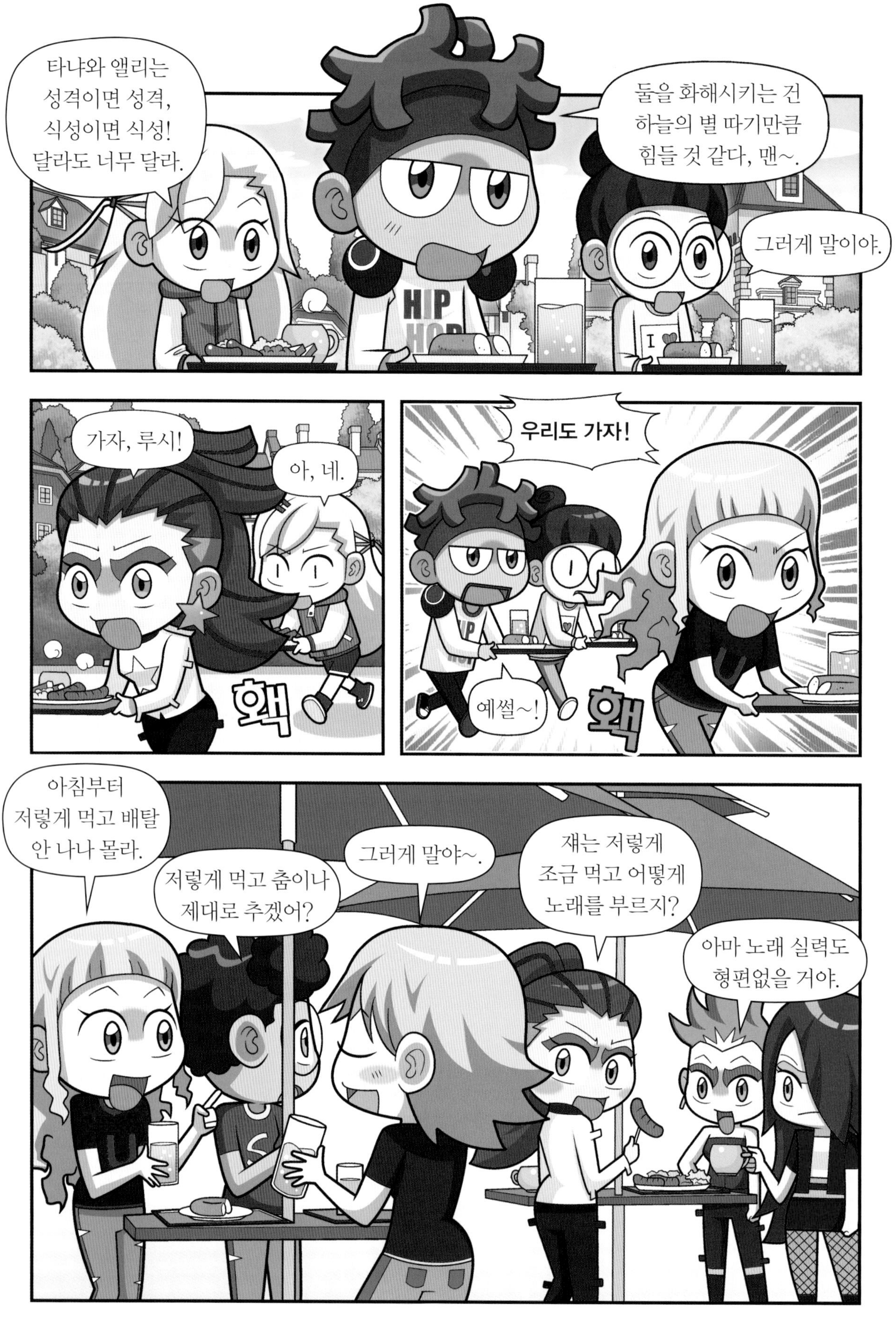
타냐와 앨리는 성격이면 성격, 식성이면 식성! 달라도 너무 달라.
둘을 화해시키는 건 하늘의 별 따기만큼 힘들 것 같다, 맨~.
그러게 말이야.
HIP HOP
가자, 루시!
아, 네.
홱
우리도 가자!
예썰~!
홱
아침부터 저렇게 먹고 배탈 안 나나 몰라.
저렇게 먹고 춤이나 제대로 추겠어?
그러게 말야~.
재는 저렇게 조금 먹고 어떻게 노래를 부르지?
아마 노래 실력도 형편없을 거야.

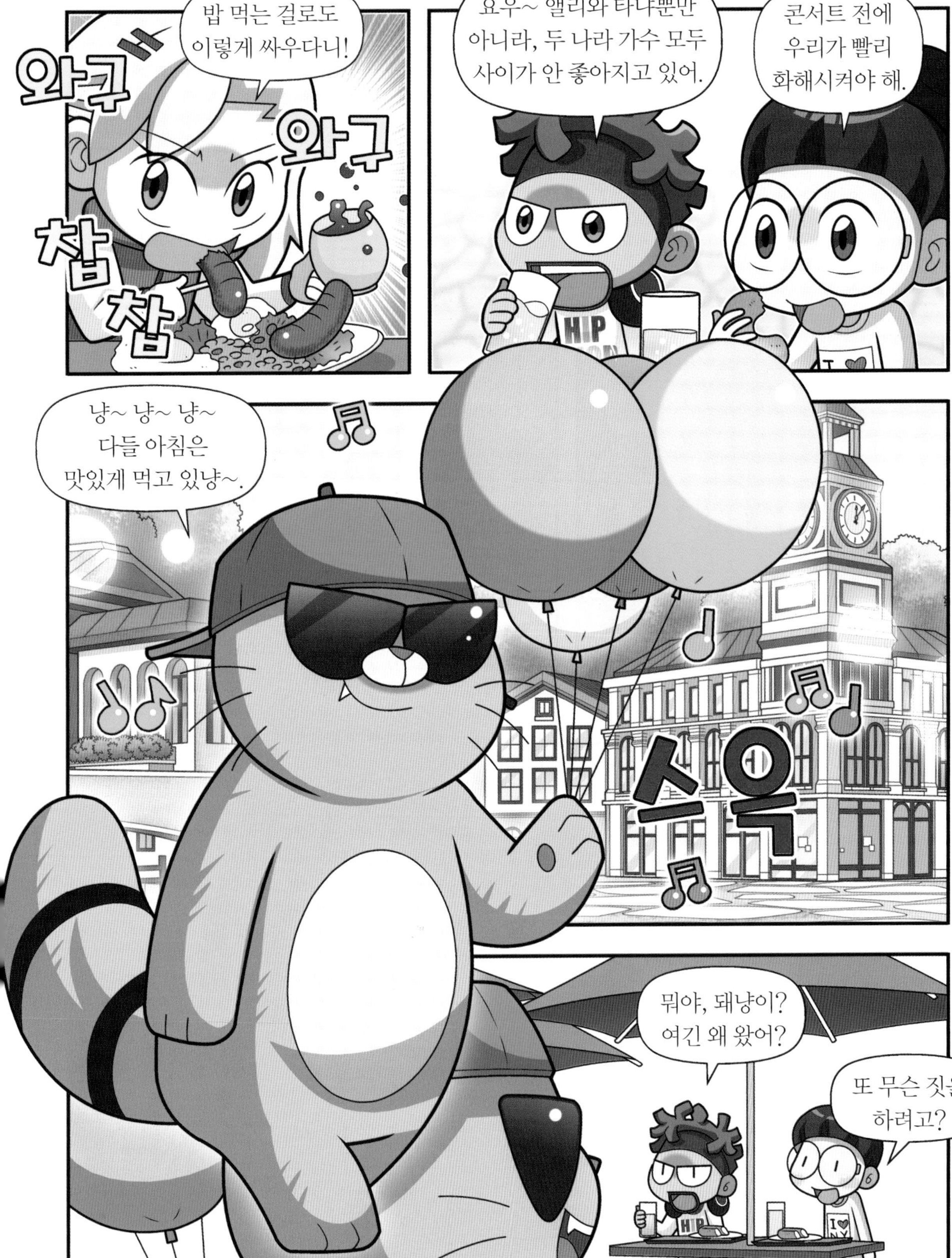
와구
와구
찹
찹
밥 먹는 걸로도 이렇게 싸우다니!
요우~ 앨리와 타냐뿐만 아니라, 두 나라 가수 모두 사이가 안 좋아지고 있어.
콘서트 전에 우리가 빨리 화해시켜야 해.
냥~ 냥~ 냥~ 다들 아침은 맛있게 먹고 있냥~.
스윽
뭐야, 돼냥이? 여긴 왜 왔어?
또 무슨 짓을 하려고?

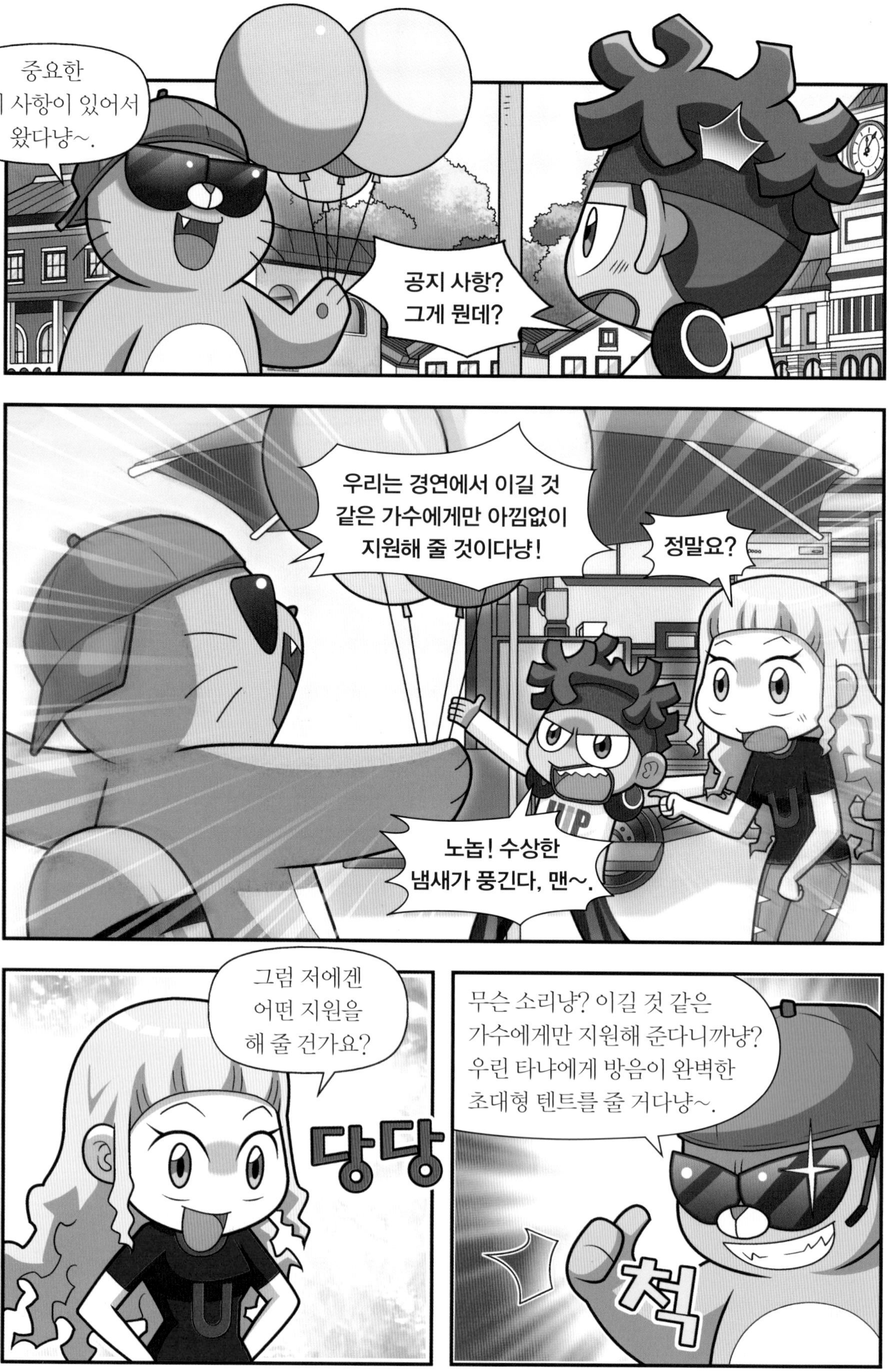
중요한 공지 사항이 있어서 왔다냥~.
공지 사항? 그게 뭔데?
우리는 경연에서 이길 것 같은 가수에게만 아낌없이 지원해 줄 것이다냥!
정말요?
노놉! 수상한 냄새가 풍긴다, 맨~.
그럼 저에겐 어떤 지원을 해 줄 건가요?
당당
무슨 소리냥? 이길 것 같은 가수에게만 지원해 준다니까냥? 우린 타냐에게 방음이 완벽한 초대형 텐트를 줄 거다냥~.
척

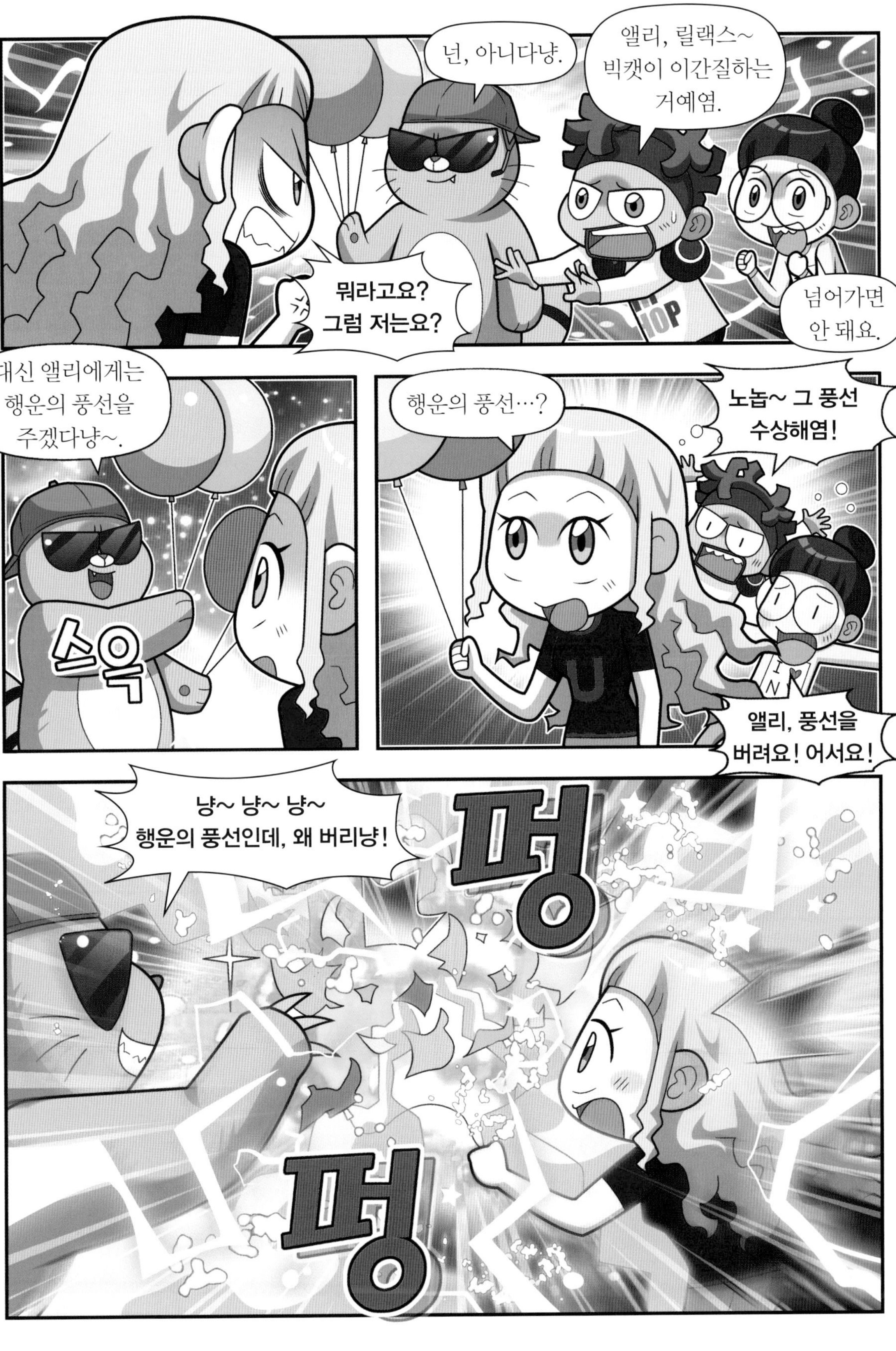
넌, 아니다냥.
앨리, 릴랙스~ 빅캣이 이간질하는 거예염.
뭐라고요? 그럼 저는요?
넘어가면 안 돼요.
대신 앨리에게는 행운의 풍선을 주겠다냥~.
스윽
행운의 풍선…?
노놉~ 그 풍선 수상해염!
앨리, 풍선을 버려요! 어서요!
냥~ 냥~ 냥~ 행운의 풍선인데, 왜 버리냥!
펑
펑

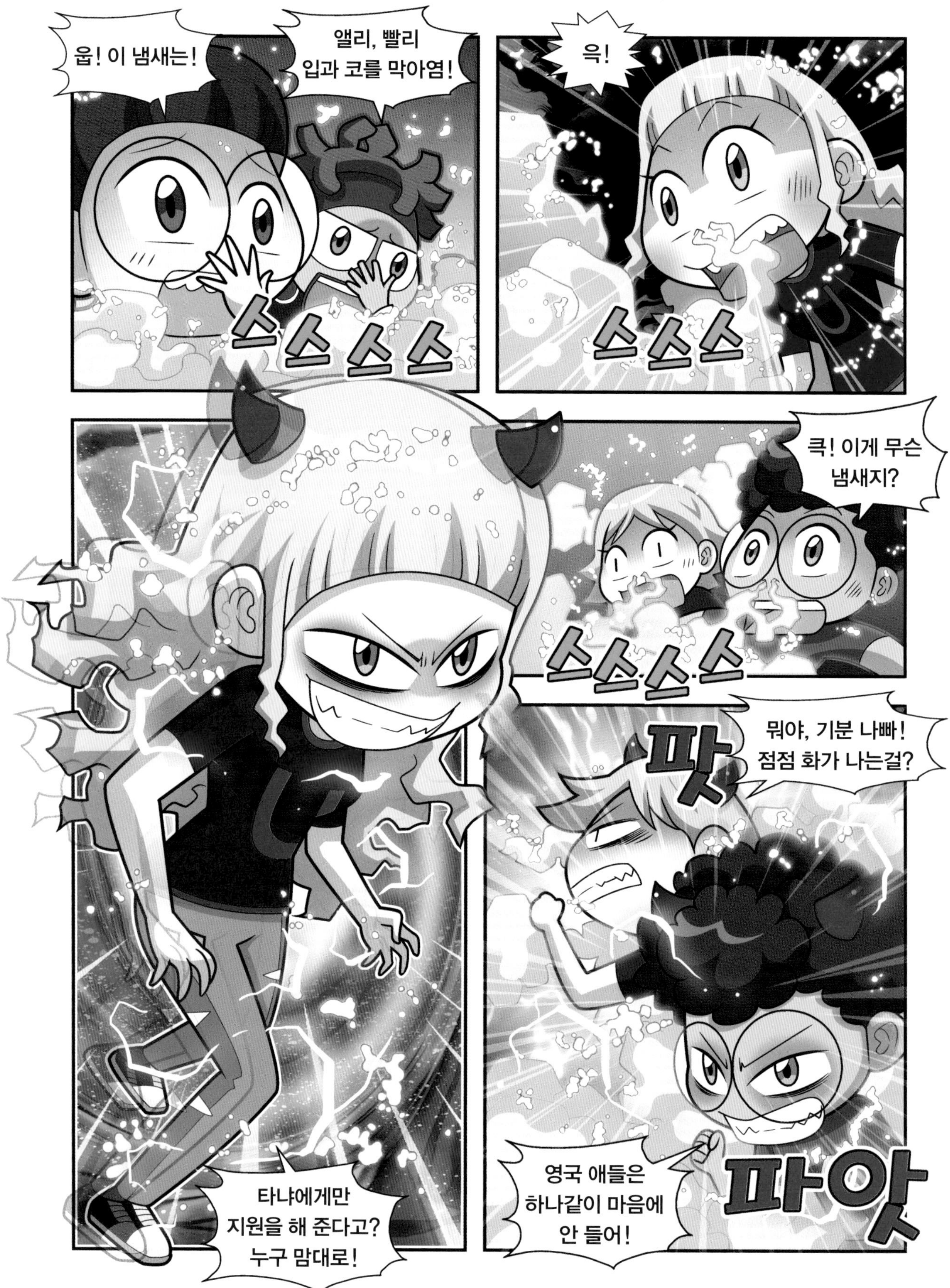

읍! 이 냄새는!
앨리, 빨리 입과 코를 막아염!
스스스스
윽!
스스스
크! 이게 무슨 냄새지?
스스스스
팟
뭐야, 기분 나빠! 점점 화가 나는걸?
타냐에게만 지원을 해 준다고? 누구 맘대로!
영국 애들은 하나같이 마음에 안 들어!
파앗

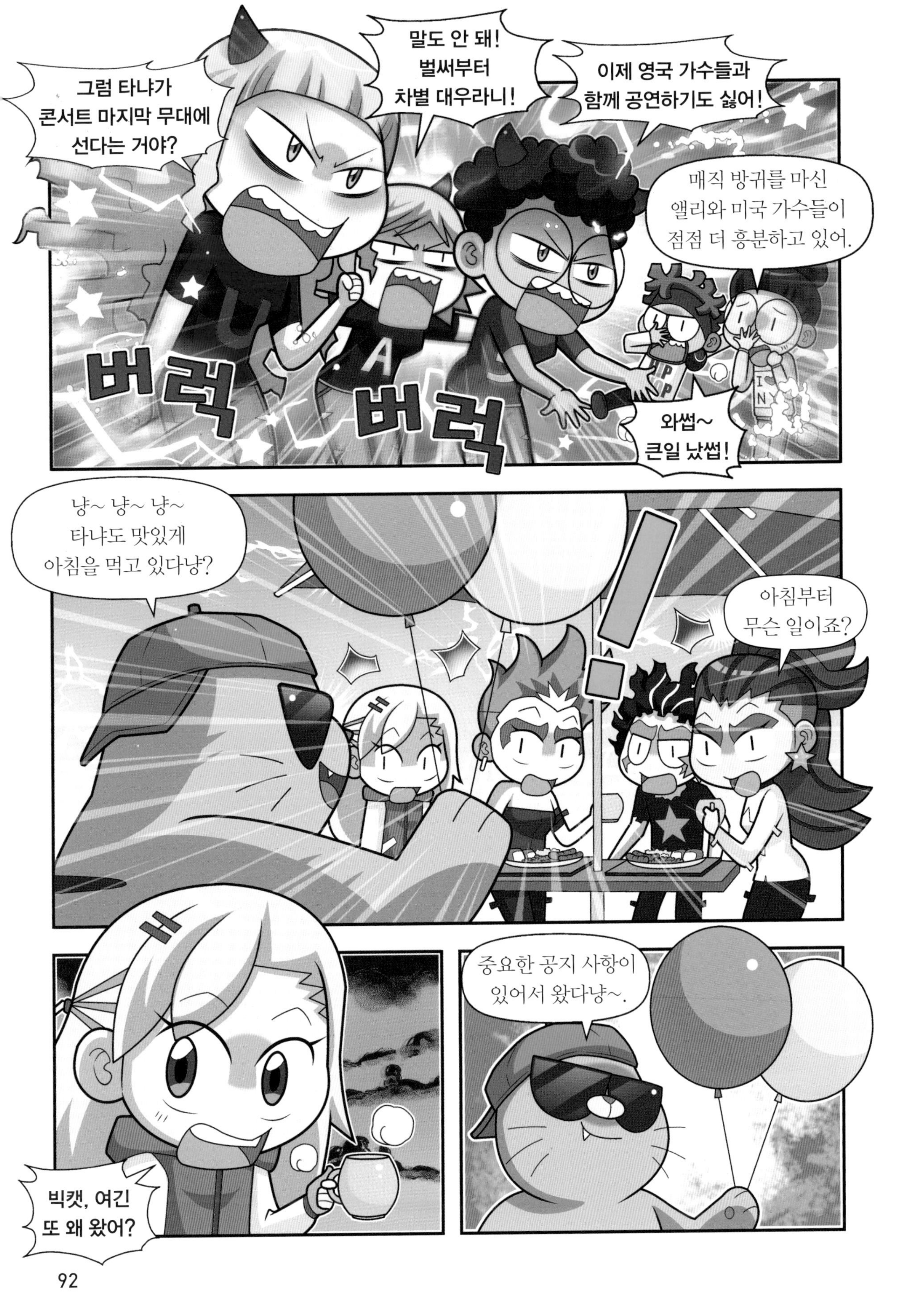
그럼 타냐가 콘서트 마지막 무대에 선다는 거야?
말도 안 돼! 벌써부터 차별 대우라니!
이제 영국 가수들과 함께 공연하기도 싫어!
매직 방귀를 마신 앨리와 미국 가수들이 점점 더 흥분하고 있어.
버럭
버럭
와썹~ 큰일 났썹!
냥~ 냥~ 냥~ 타냐도 맛있게 아침을 먹고 있다냥?
아침부터 무슨 일이죠?
빅캣, 여긴 또 왜 왔어?
중요한 공지 사항이 있어서 왔다냥~.

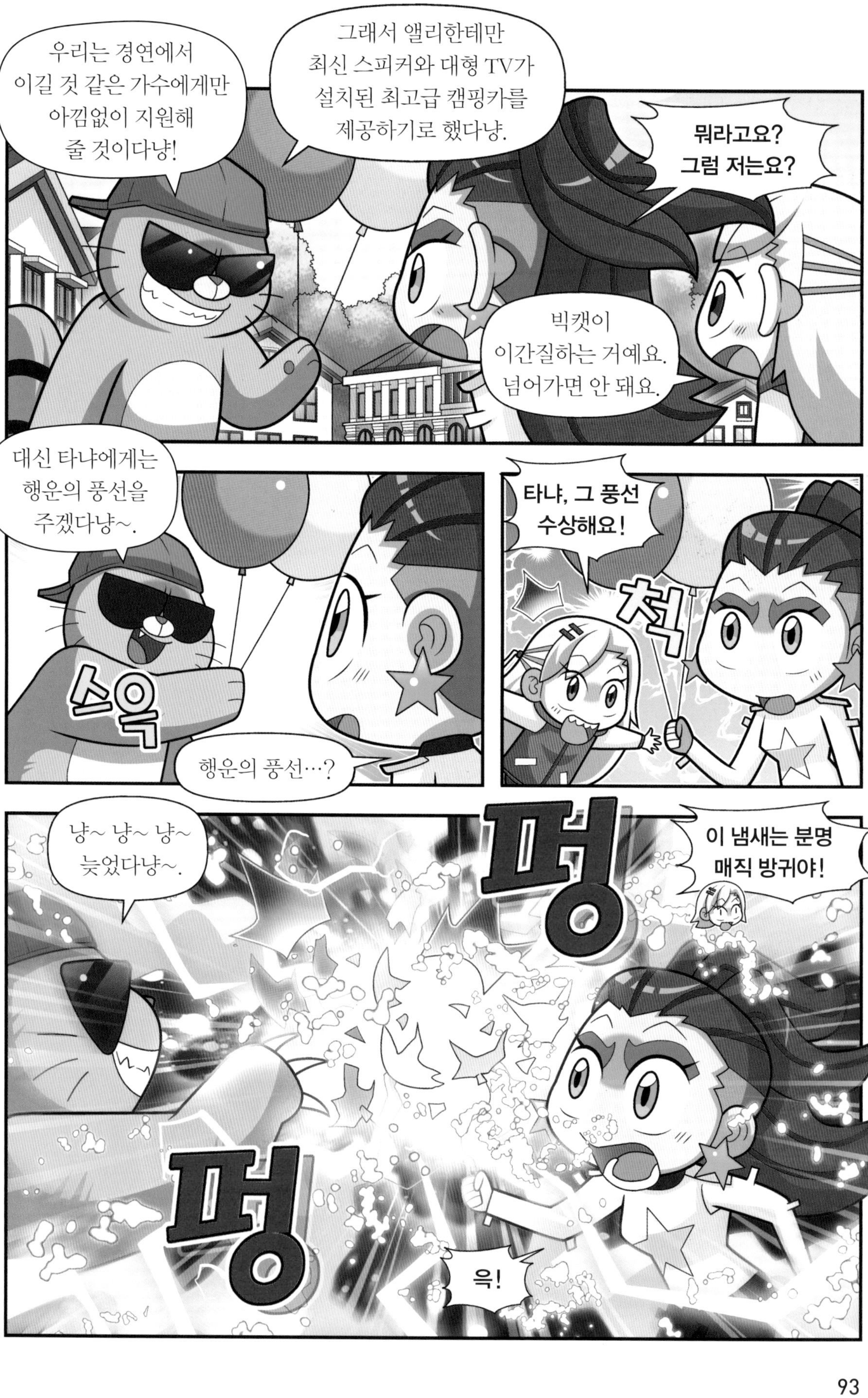
우리는 경연에서 이길 것 같은 가수에게만 아낌없이 지원해 줄 것이다냥!
그래서 앨리한테만 최신 스피커와 대형 TV가 설치된 최고급 캠핑카를 제공하기로 했다냥.
뭐라고요? 그럼 저는요?
빅캣이 이간질하는 거예요. 넘어가면 안 돼요.
대신 타냐에게는 행운의 풍선을 주겠다냥~.
스윽
행운의 풍선…?
타냐, 그 풍선 수상해요!
척
냥~ 냥~ 냥~ 늦었다냥~.
펑
이 냄새는 분명 매직 방귀야!
펑
윽!

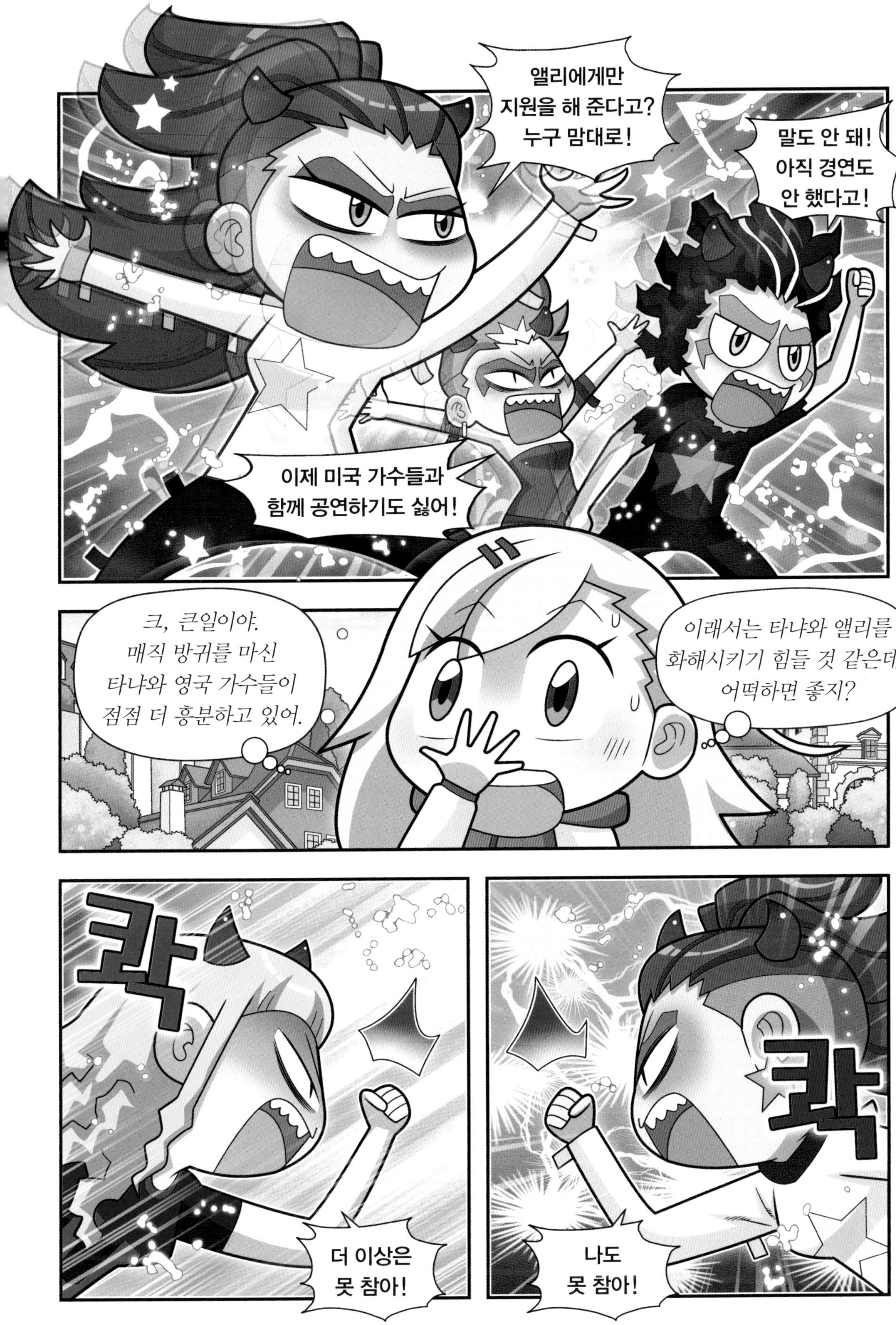
앨리에게만 지원을 해 준다고? 누구 맘대로!
말도 안 돼! 아직 경연도 안 했다고!
이제 미국 가수들과 함께 공연하기도 싫어!
크, 큰일이야. 매직 방귀를 마신 타냐와 영국 가수들이 점점 더 흥분하고 있어.
이래서는 타냐와 앨리를 화해시키기 힘들 것 같은데, 어떡하면 좋지?
콱
더 이상은 못 참아!
콱
나도 못 참아!

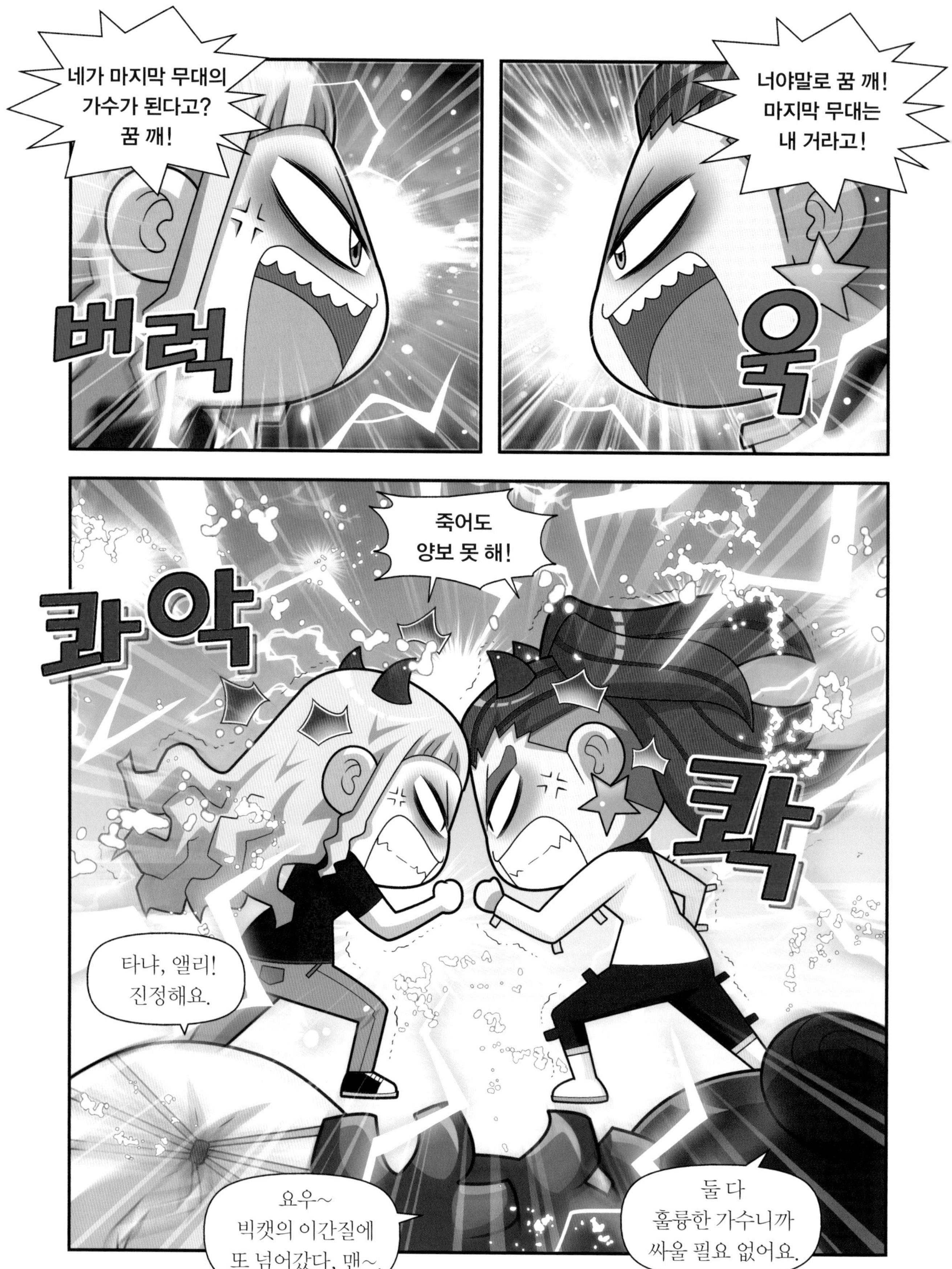

네가 마지막 무대의
가수가 된다고?
꿈 깨!
버럭
너야말로 꿈 깨!
마지막 무대는
내 거라고!
욱
콰악
죽어도
양보 못 해!
콱
타냐, 앨리!
진정해요.
요우~
빅캣의 이간질에
또 넘어갔다, 맨~.
둘 다
훌륭한 가수니까
싸울 필요 없어요.

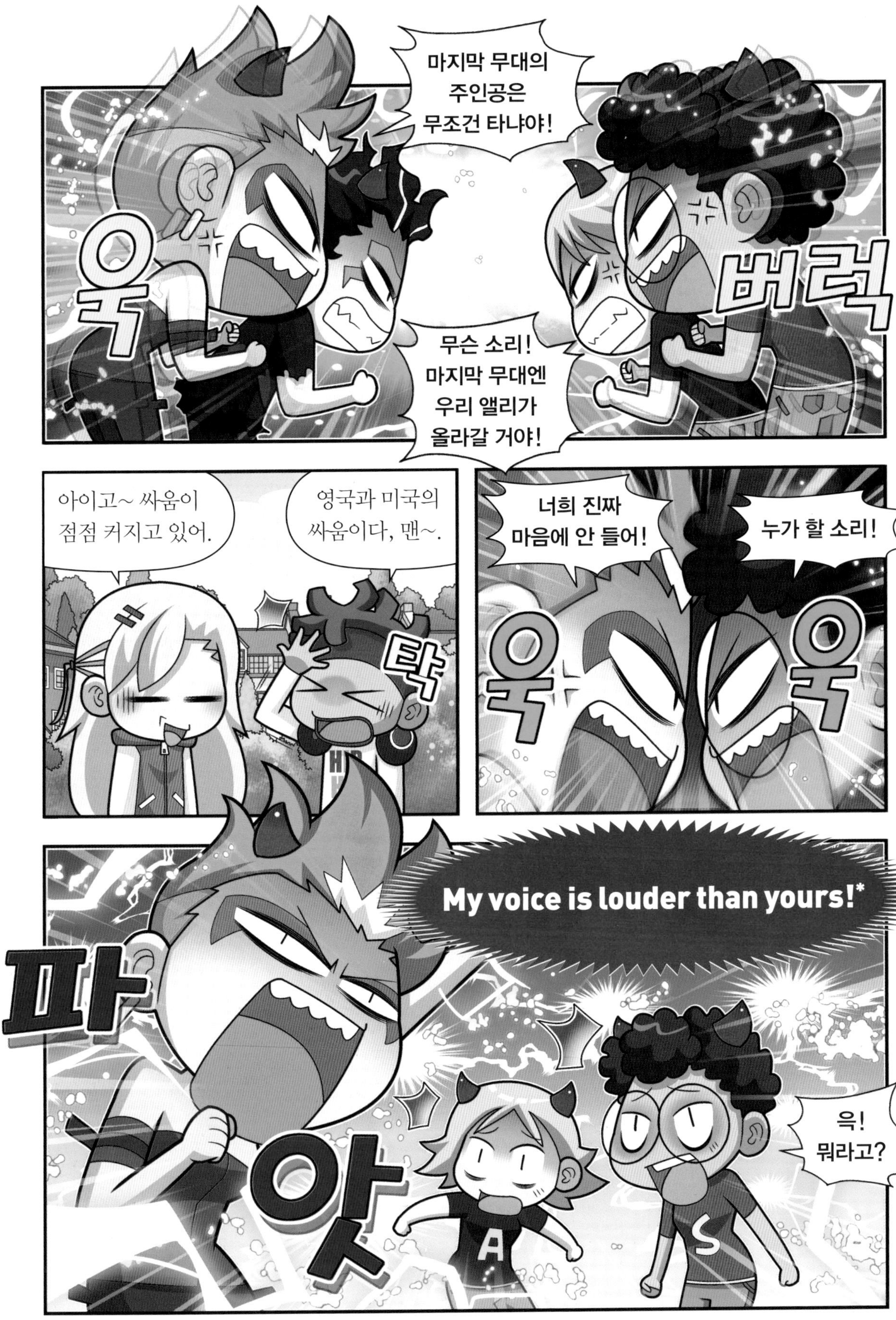
마지막 무대의 주인공은 무조건 타냐야!
욱
버럭
무슨 소리! 마지막 무대엔 우리 앨리가 올라갈 거야!
아이고~ 싸움이 점점 커지고 있어.
영국과 미국의 싸움이다, 맨~.
탁
너희 진짜 마음에 안 들어!
누가 할 소리!
욱
욱
파
My voice is louder than yours!*
앗
윽! 뭐라고?

* 내 목소리가 네 목소리보다 더 커!

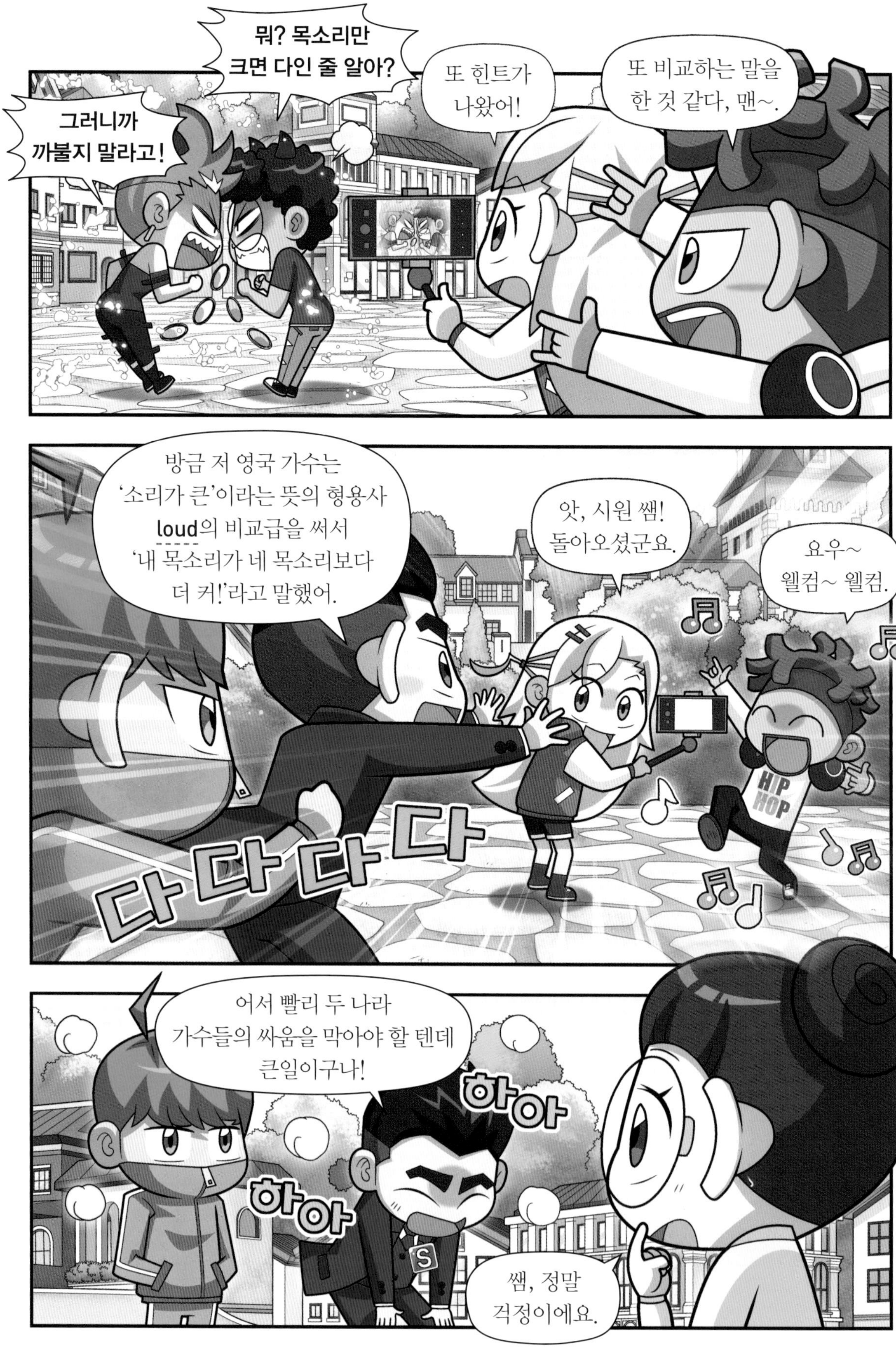
그러니까 까불지 말라고!
뭐? 목소리만 크면 다인 줄 알아?
또 힌트가 나왔어!
또 비교하는 말을 한 것 같다, 맨~.
방금 저 영국 가수는 '소리가 큰'이라는 뜻의 형용사 loud의 비교급을 써서 '내 목소리가 네 목소리보다 더 커!'라고 말했어.
다다다다
앗, 시원 쌤! 돌아오셨군요.
요우~ 웰컴~ 웰컴.
HIP HOP
어서 빨리 두 나라 가수들의 싸움을 막아야 할 텐데 큰일이구나!
하아
하아
쌤, 정말 걱정이에요.

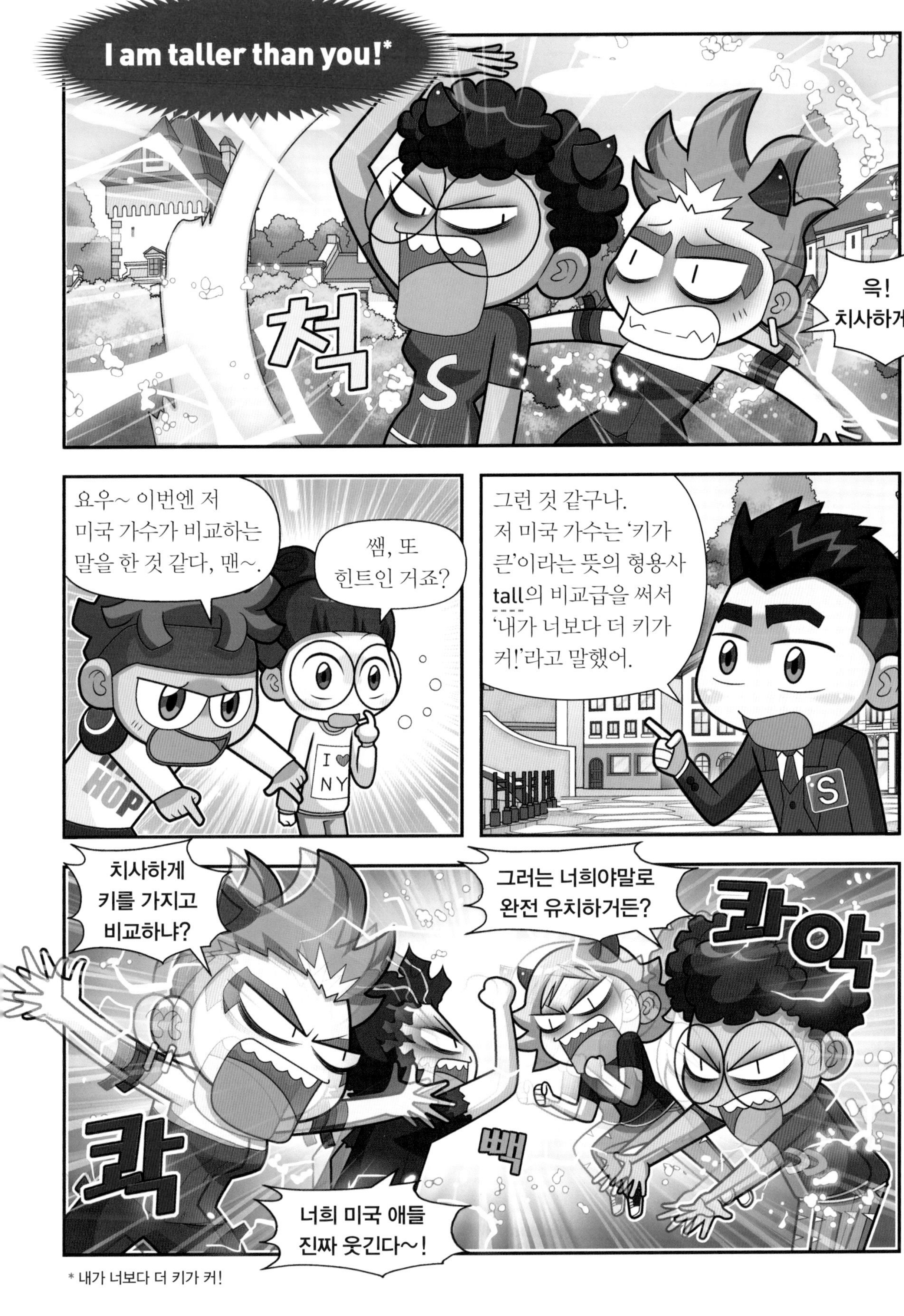
I am taller than you!*
척
윽!
치사하게!
요우~ 이번엔 저
미국 가수가 비교하는
말을 한 것 같다, 맨~.
쌤, 또
힌트인 거죠?
그런 것 같구나.
저 미국 가수는 '키가
큰'이라는 뜻의 형용사
tall의 비교급을 써서
'내가 너보다 더 키가
커!'라고 말했어.
치사하게
키를 가지고
비교하냐?
그러는 너희야말로
완전 유치하거든?
콰악
콱
빽
너희 미국 애들
진짜 웃긴다~!

* 내가 너보다 더 키가 커!

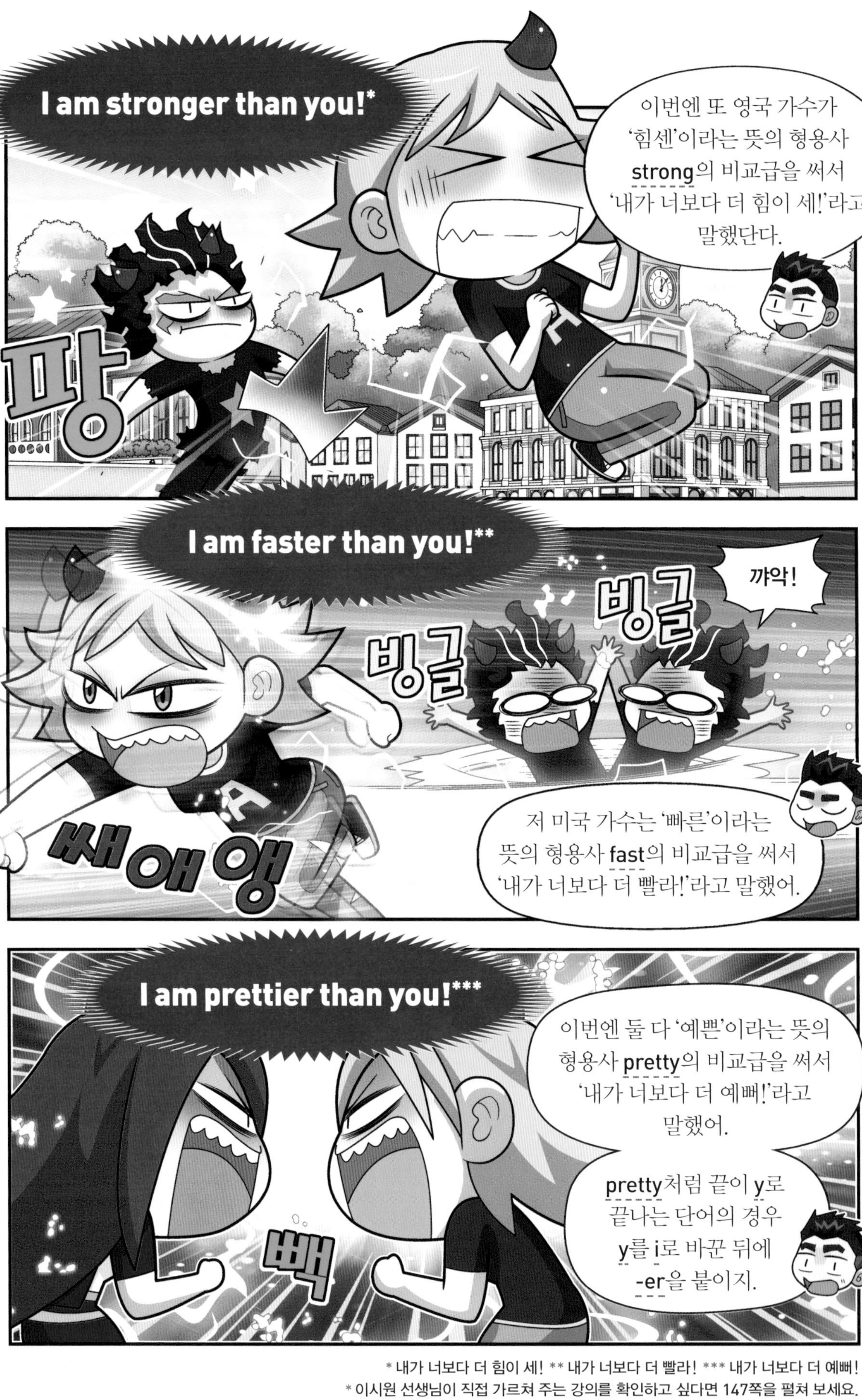
I am stronger than you!*
이번엔 또 영국 가수가 '힘센'이라는 뜻의 형용사 strong의 비교급을 써서 '내가 너보다 더 힘이 세!'라고 말했단다.
팡
I am faster than you!**
까악!
빙글 빙글
저 미국 가수는 '빠른'이라는 뜻의 형용사 fast의 비교급을 써서 '내가 너보다 더 빨라!'라고 말했어.
쌔애앵
I am prettier than you!***
이번엔 둘 다 '예쁜'이라는 뜻의 형용사 pretty의 비교급을 써서 '내가 너보다 더 예뻐!'라고 말했어.
pretty처럼 끝이 y로 끝나는 단어의 경우 y를 i로 바꾼 뒤에 -er을 붙이지.
빽

* 내가 너보다 더 힘이 세! ** 내가 너보다 더 빨라! *** 내가 너보다 더 예뻐!

* 이시원 선생님이 직접 가르쳐 주는 강의를 확인하고 싶다면 147쪽을 펼쳐 보세요.

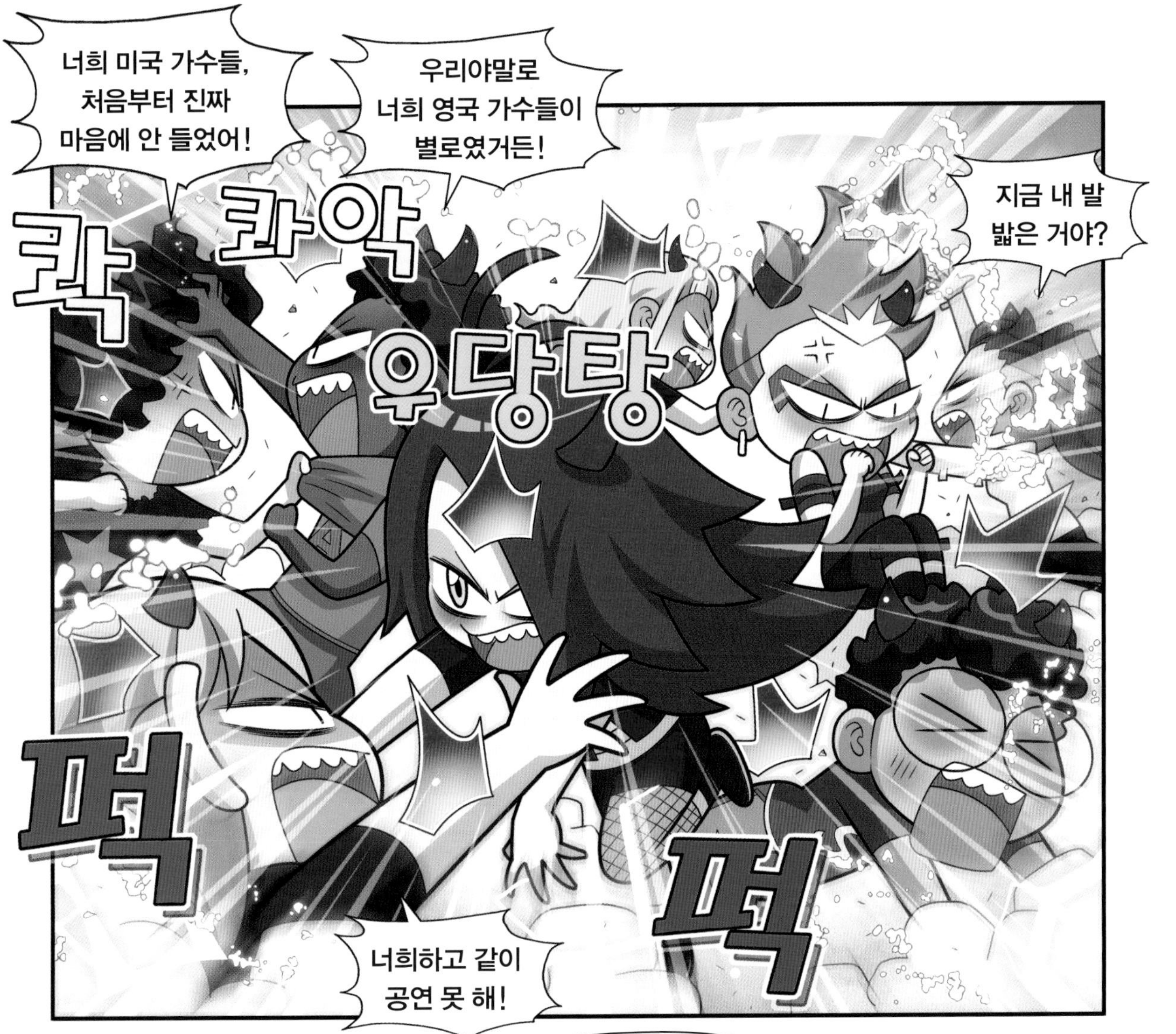
너희 미국 가수들,
처음부터 진짜
마음에 안 들었어!
우리야말로
너희 영국 가수들이
별로였거든!
콰
콰악
지금 내 발
밟은 거야?
우당탕
퍽
퍽
너희하고 같이
공연 못 해!

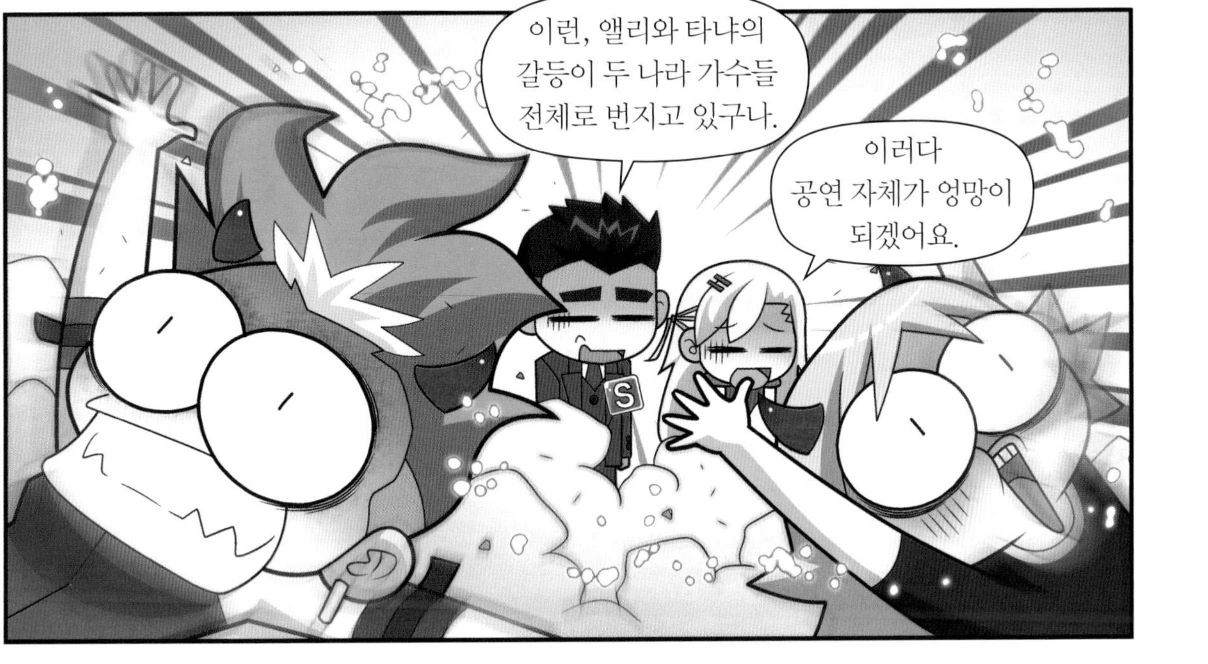
이런, 앨리와 타냐의
갈등이 두 나라 가수들
전체로 번지고 있구나.
이러다
공연 자체가 엉망이
되겠어요.

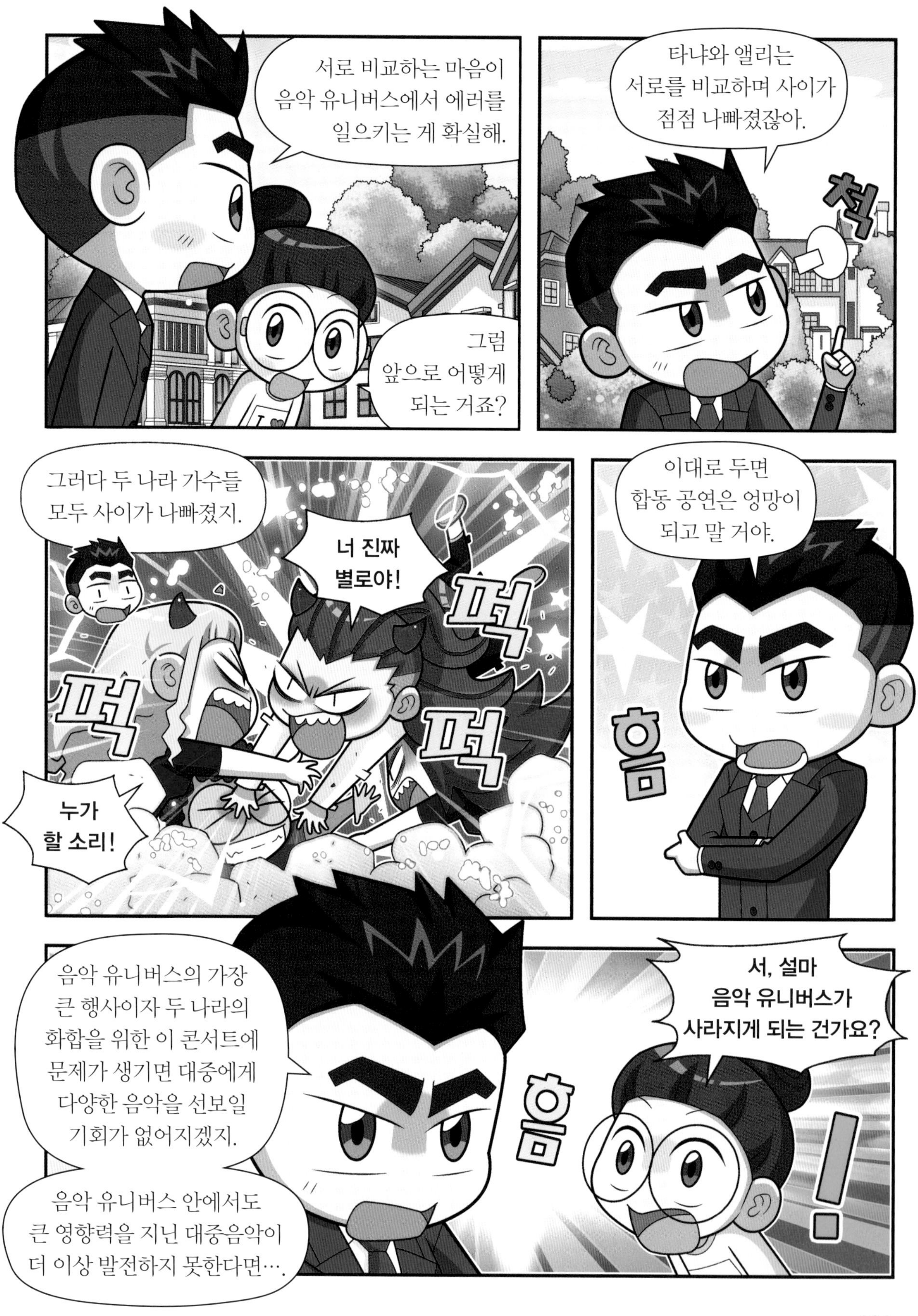
서로 비교하는 마음이 음악 유니버스에서 에러를 일으키는 게 확실해.
그럼 앞으로 어떻게 되는 거죠?
타냐와 앨리는 서로를 비교하며 사이가 점점 나빠졌잖아.
척
그러다 두 나라 가수들 모두 사이가 나빠졌지.
너 진짜 별로야!
퍽
퍽
퍽
누가 할 소리!
이대로 두면 합동 공연은 엉망이 되고 말 거야.
흠
음악 유니버스의 가장 큰 행사이자 두 나라의 화합을 위한 이 콘서트에 문제가 생기면 대중에게 다양한 음악을 선보일 기회가 없어지겠지.
음악 유니버스 안에서도 큰 영향력을 지닌 대중음악이 더 이상 발전하지 못한다면….
흠
서, 설마 음악 유니버스가 사라지게 되는 건가요?
!

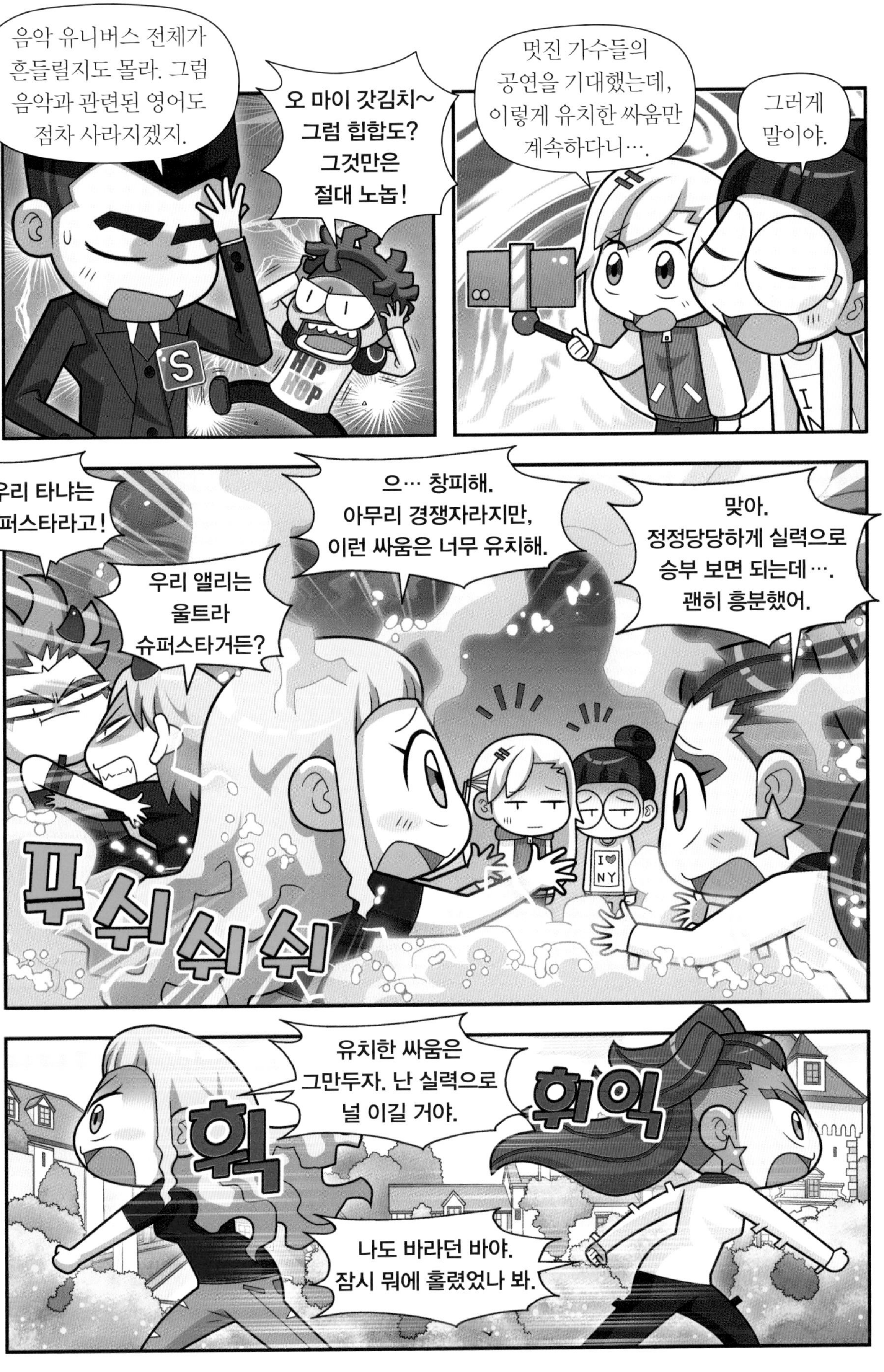
음악 유니버스 전체가 흔들릴지도 몰라. 그럼 음악과 관련된 영어도 점차 사라지겠지.
오 마이 갓김치~ 그럼 힙합도? 그것만은 절대 노놉!
HIP HOP
멋진 가수들의 공연을 기대했는데, 이렇게 유치한 싸움만 계속하다니….
그러게 말이야.
우리 타냐는 슈퍼스타라고!
우리 앨리는 울트라 슈퍼스타거든?
으… 창피해. 아무리 경쟁자라지만, 이런 싸움은 너무 유치해.
맞아. 정정당당하게 실력으로 승부 보면 되는데…. 괜히 흥분했어.
I ♥ NY
푸쉬쉬쉬
유치한 싸움은 그만두자. 난 실력으로 널 이길 거야.
휙
휘익
나도 바라던 바야. 잠시 뭐에 홀렸었나 봐.

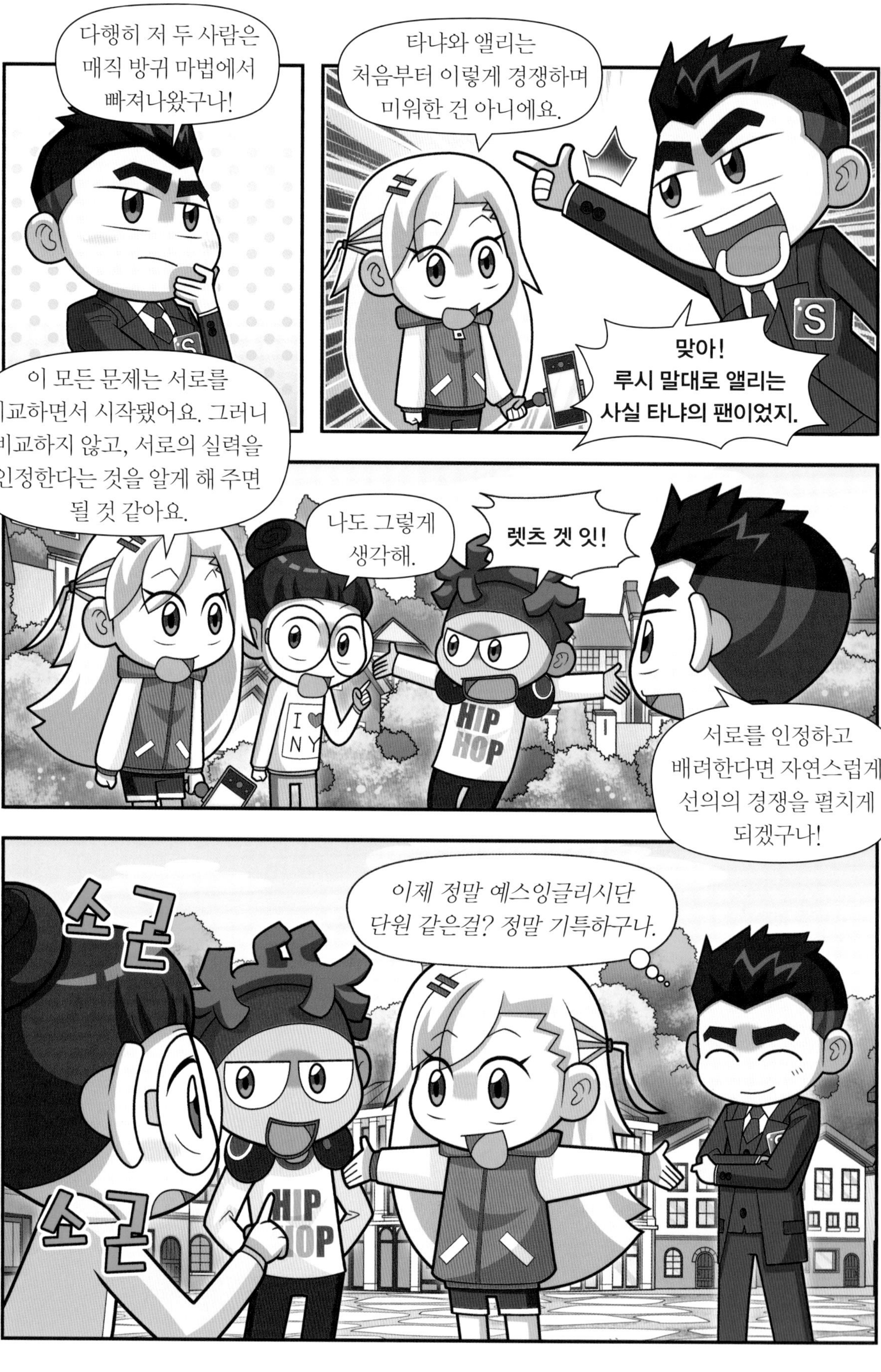
다행히 저 두 사람은 매직 방귀 마법에서 빠져나왔구나!
타냐와 앨리는 처음부터 이렇게 경쟁하며 미워한 건 아니에요.
맞아! 루시 말대로 앨리는 사실 타냐의 팬이었지.
이 모든 문제는 서로를 비교하면서 시작됐어요. 그러니 비교하지 않고, 서로의 실력을 인정한다는 것을 알게 해 주면 될 것 같아요.
나도 그렇게 생각해.
렛츠 겟 잇!
서로를 인정하고 배려한다면 자연스럽게 선의의 경쟁을 펼치게 되겠구나!
소곤
소곤
이제 정말 예스잉글리시단 단원 같은걸? 정말 기특하구나.

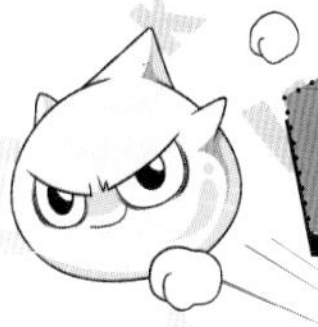

Chapter 5

남을 인정하는 용기

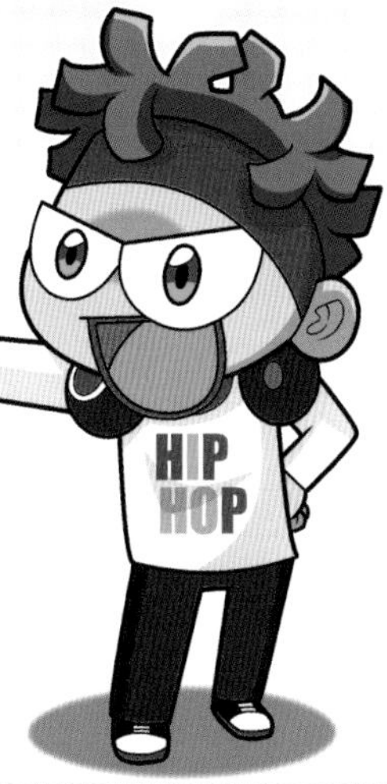

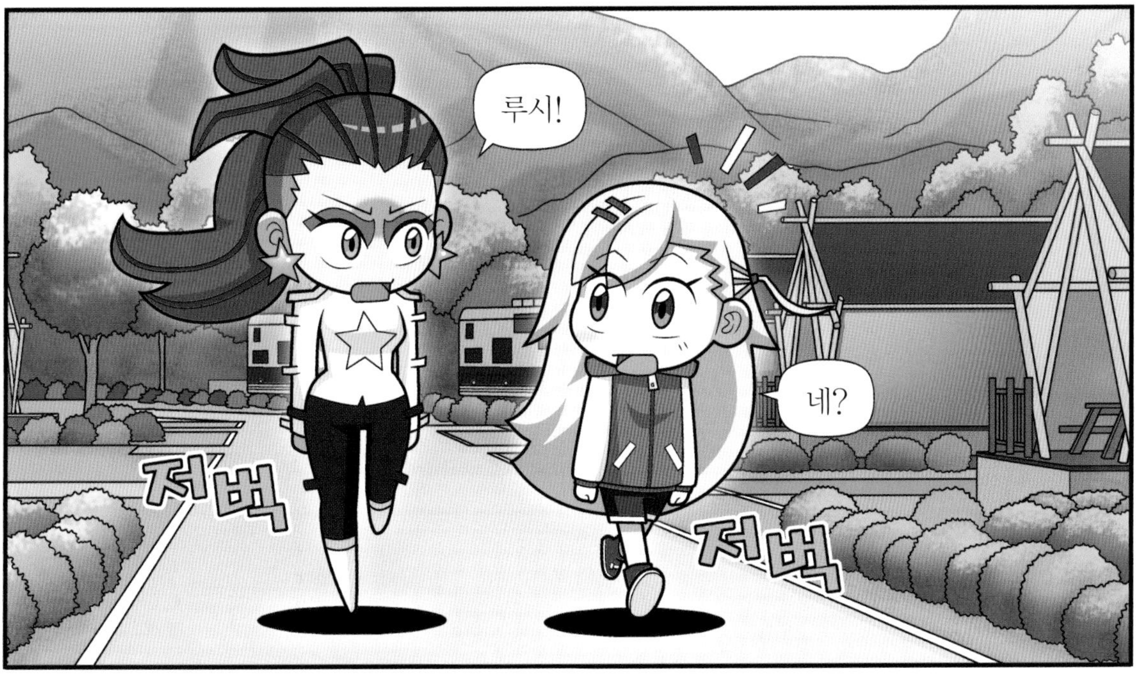
루시!
네?
저벅
저벅

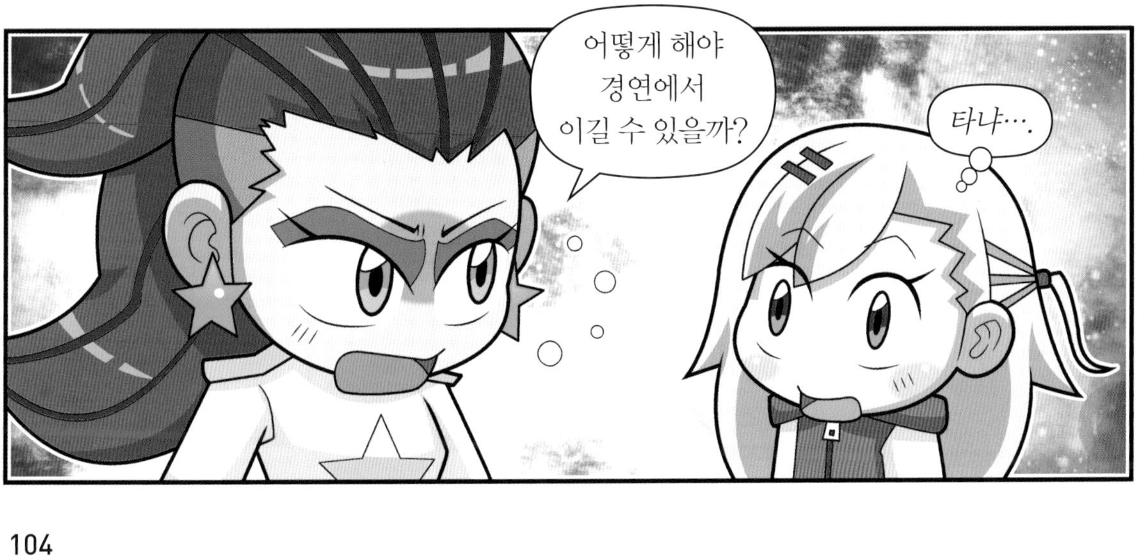
어떻게 해야
경연에서
이길 수 있을까?
타냐….

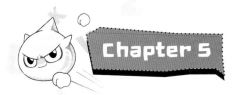

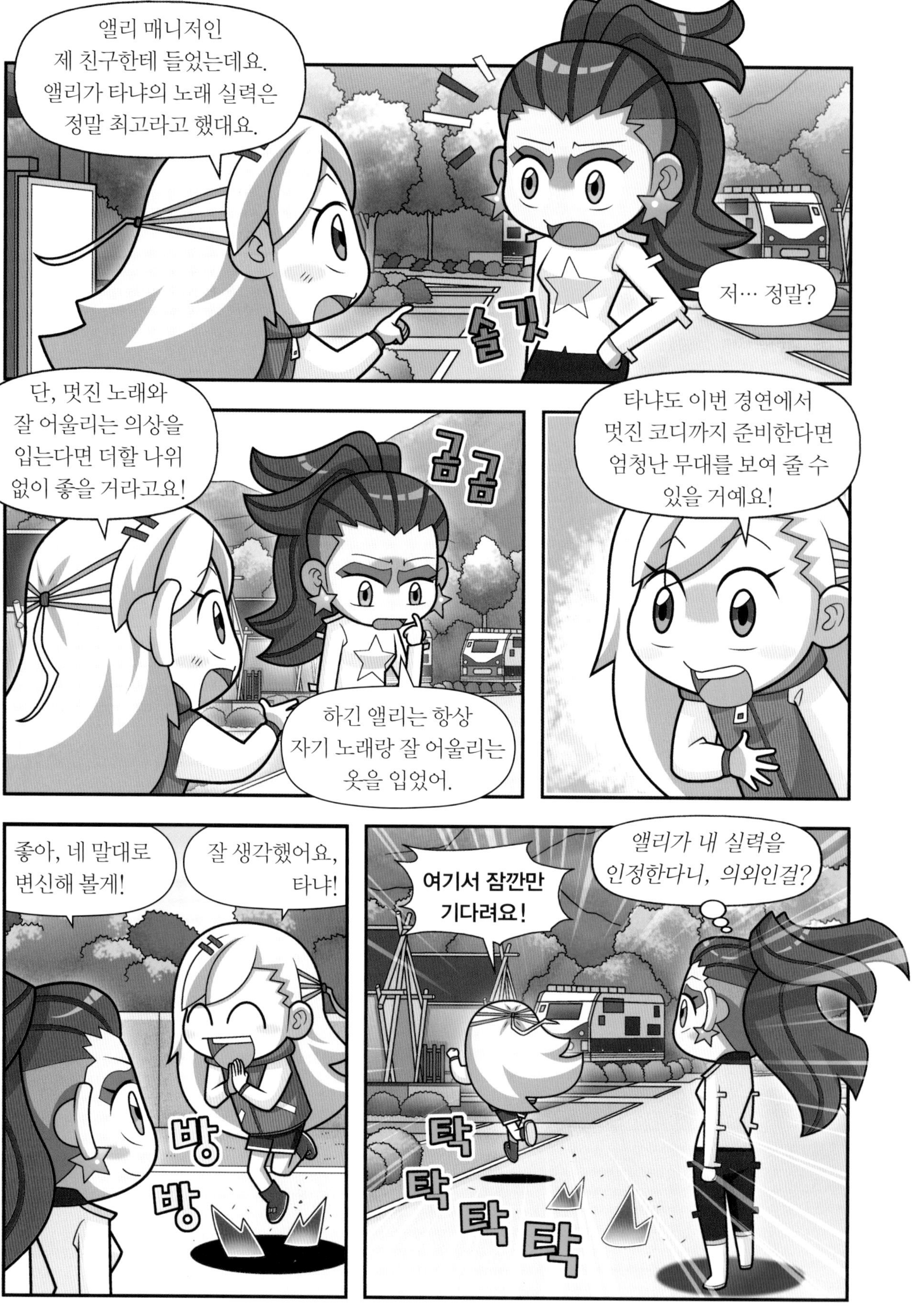
앨리 매니저인 제 친구한테 들었는데요. 앨리가 타냐의 노래 실력은 정말 최고라고 했대요.
솔깃
저… 정말?
단, 멋진 노래와 잘 어울리는 의상을 입는다면 더할 나위 없이 좋을 거라고요!
곰곰
하긴 앨리는 항상 자기 노래랑 잘 어울리는 옷을 입었어.
타냐도 이번 경연에서 멋진 코디까지 준비한다면 엄청난 무대를 보여 줄 수 있을 거예요!
좋아, 네 말대로 변신해 볼게!
잘 생각했어요, 타냐!
방
방
여기서 잠깐만 기다려요!
앨리가 내 실력을 인정한다니, 의외인걸?
탁
탁
탁
탁

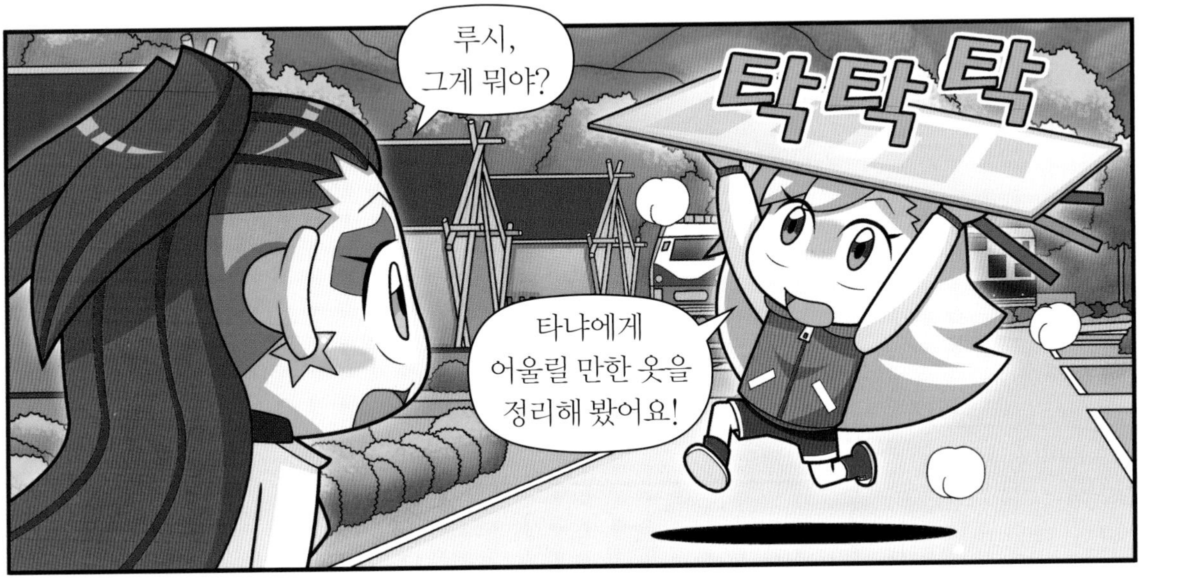
루시,
그게 뭐야?
탁탁탁
타냐에게
어울릴 만한 옷을
정리해 봤어요!
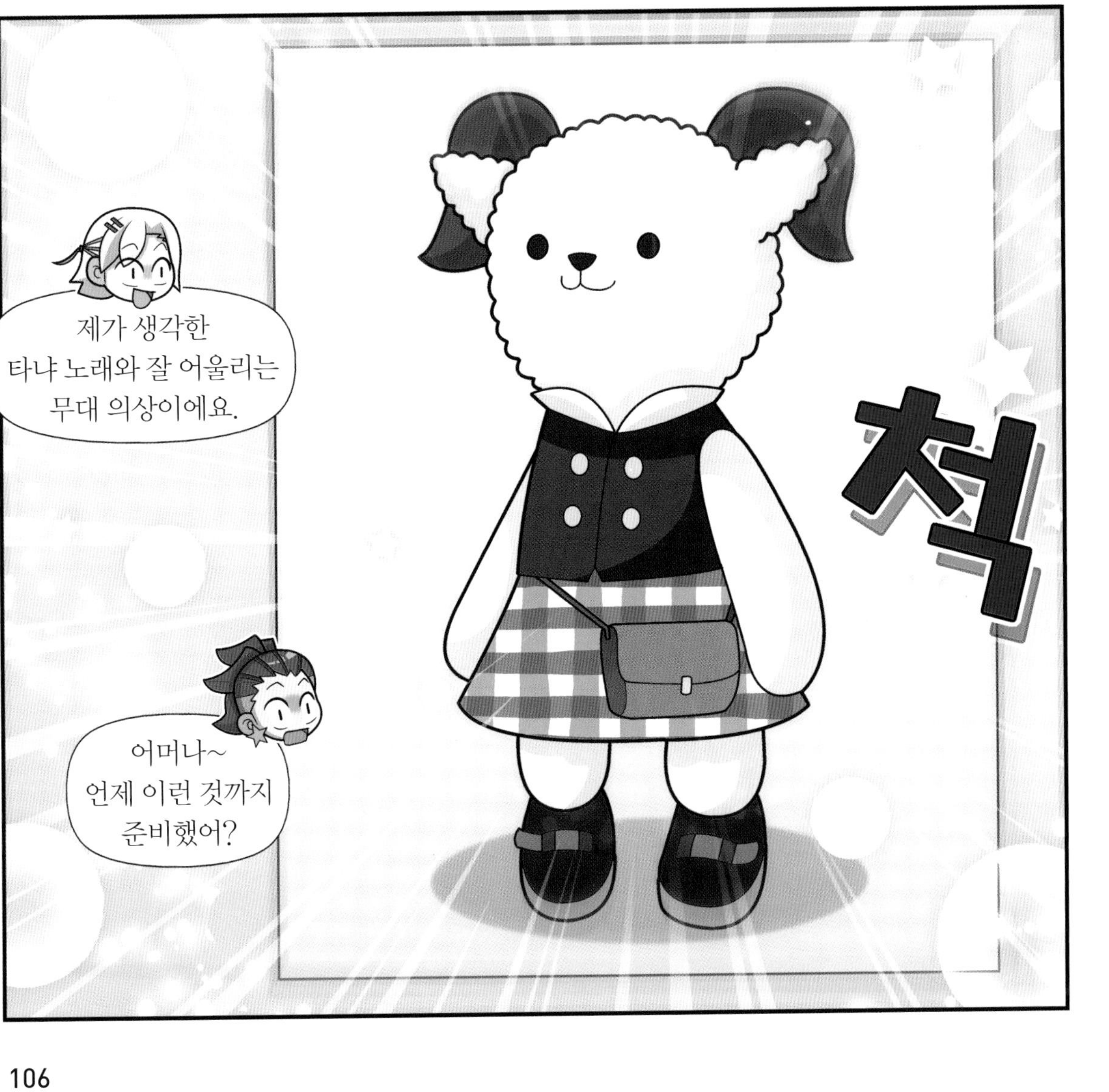
제가 생각한
타냐 노래와 잘 어울리는
무대 의상이에요.
척
어머나~
언제 이런 것까지
준비했어?

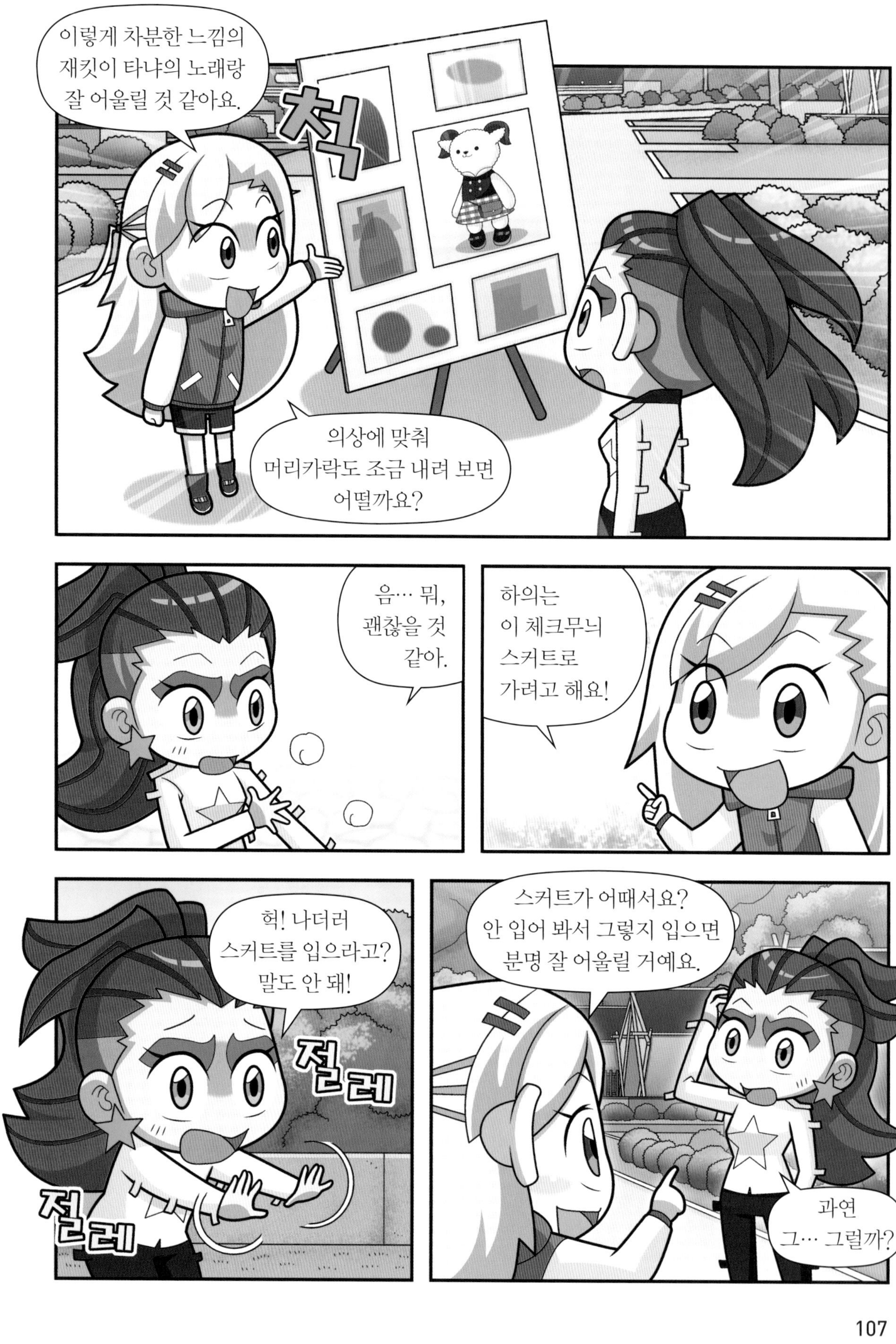
이렇게 차분한 느낌의 재킷이 타냐의 노래랑 잘 어울릴 것 같아요.
척
의상에 맞춰 머리카락도 조금 내려 보면 어떨까요?
음… 뭐, 괜찮을 것 같아.
하의는 이 체크무늬 스커트로 가려고 해요!
헉! 나더러 스커트를 입으라고? 말도 안 돼!
절레
절레
스커트가 어때서요? 안 입어 봐서 그렇지 입으면 분명 잘 어울릴 거예요.
과연 그… 그럴까?

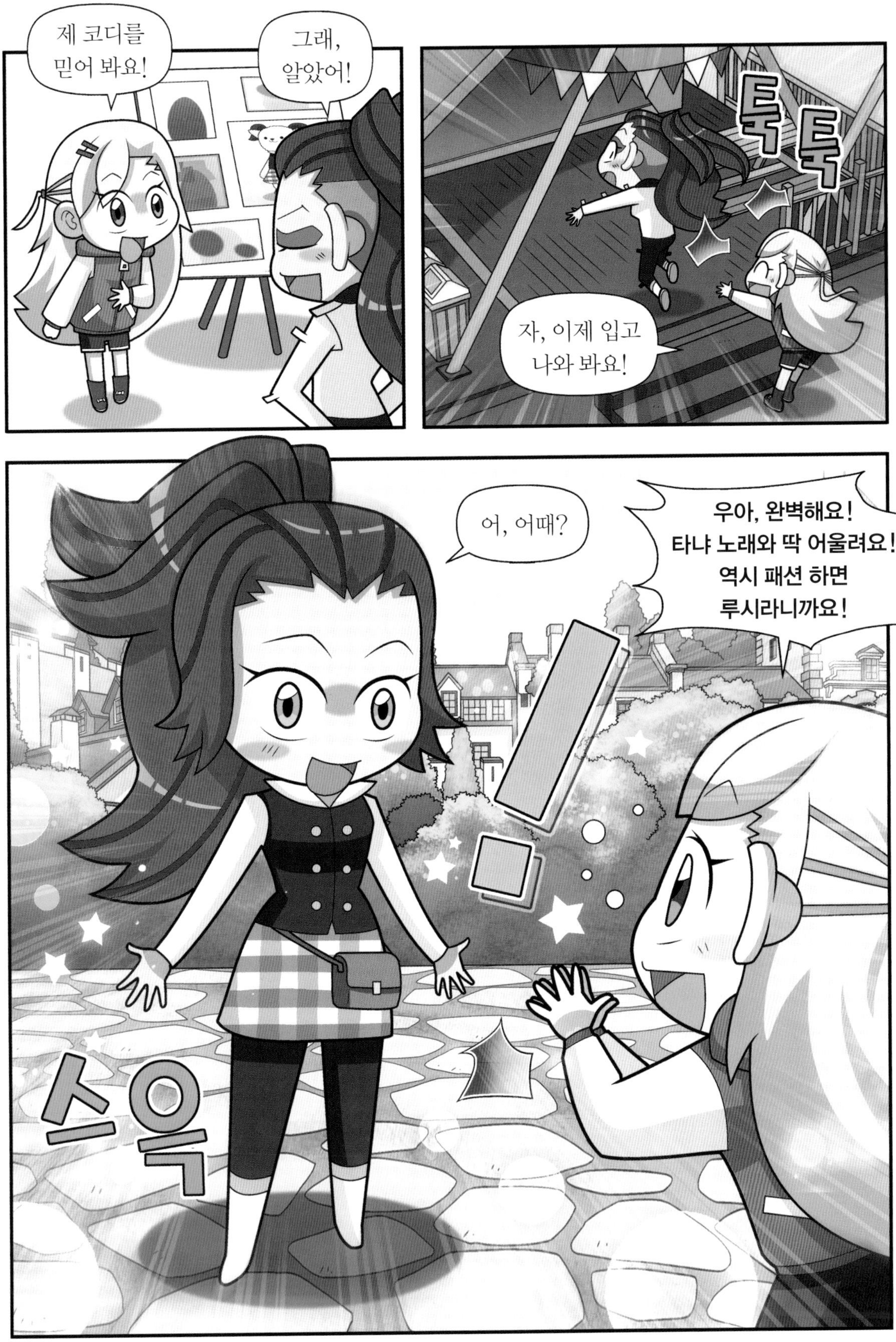
제 코디를 믿어 봐요!
그래, 알았어!
톡 톡
자, 이제 입고 나와 봐요!
어, 어때?
우아, 완벽해요! 타냐 노래와 딱 어울려요! 역시 패션 하면 루시라니까요!
스윽

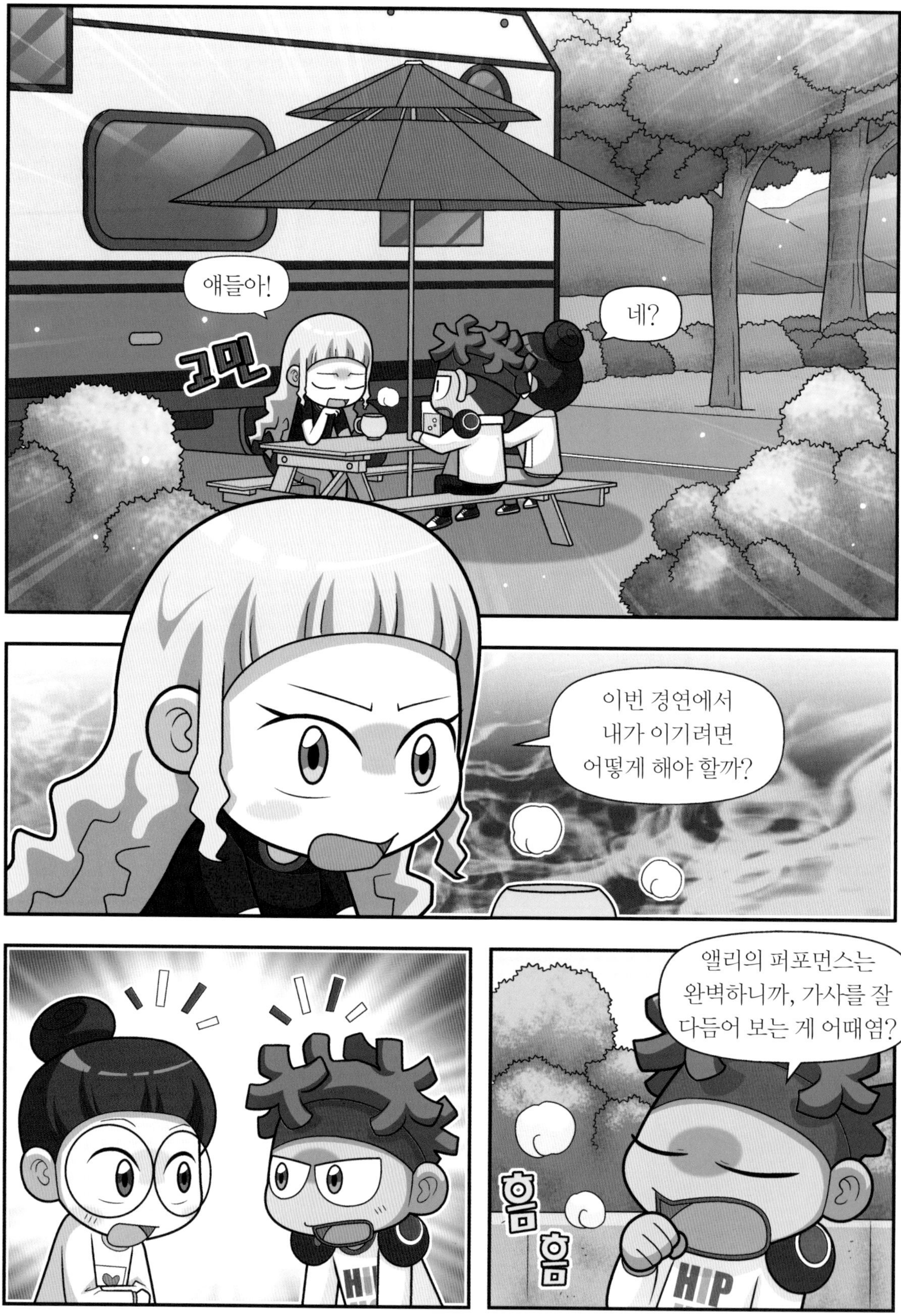

애들아!
꼬민
네?
이번 경연에서
내가 이기려면
어떻게 해야 할까?
앨리의 퍼포먼스는
완벽하니까, 가사를 잘
다듬어 보는 게 어때염?
흠
흠
HIP

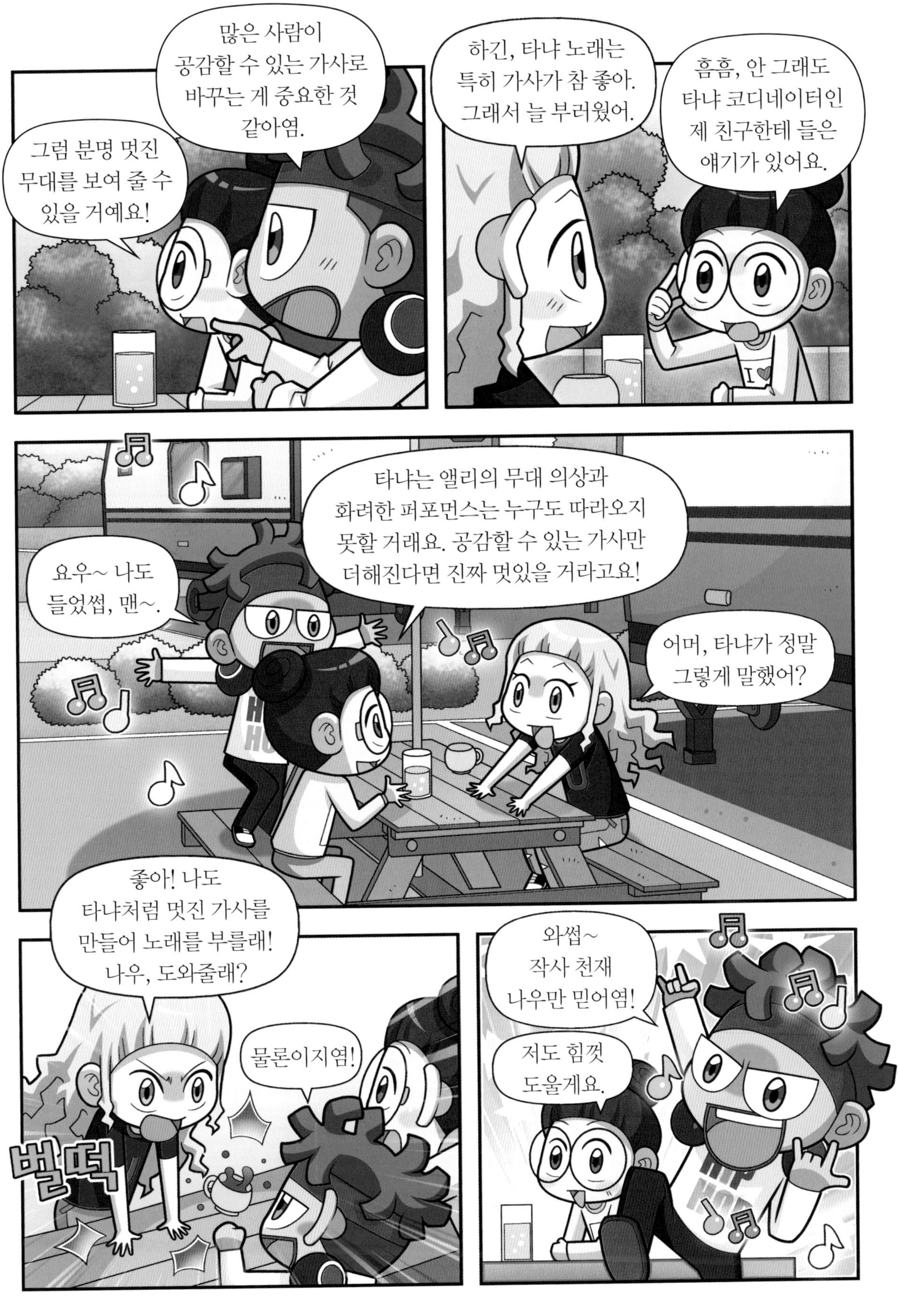
많은 사람이 공감할 수 있는 가사로 바꾸는 게 중요한 것 같아염.
그럼 분명 멋진 무대를 보여 줄 수 있을 거예요!
하긴, 타냐 노래는 특히 가사가 참 좋아. 그래서 늘 부러웠어.
흠흠, 안 그래도 타냐 코디네이터인 제 친구한테 들은 얘기가 있어요.
요우~ 나도 들었썹, 맨~.
타냐는 앨리의 무대 의상과 화려한 퍼포먼스는 누구도 따라오지 못할 거래요. 공감할 수 있는 가사만 더해진다면 진짜 멋있을 거라고요!
어머, 타냐가 정말 그렇게 말했어?
좋아! 나도 타냐처럼 멋진 가사를 만들어 노래를 부를래! 나우, 도와줄래?
물론이지염!
벌떡
와썹~ 작사 천재 나우만 믿어염!
저도 힘껏 도울게요.

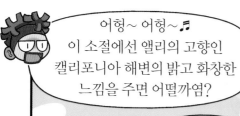

어형~ 어헝~ ♬
이 소절에선 앨리의 고향인
캘리포니아 해변의 밝고 화창한
느낌을 주면 어떨까염?

어머~
정말 좋다.

댓츠 그레잇~
그리고 이 소절에선
나 자신이 가장 소중하다는
것을 강조하는 거예염!

어쩜~ 나우 너,
혹시 천재 아니니?

우아~ 너 진짜
대단하구나.

나우야, 이런
모습 처음이야.

후유~
드디어 완성!

앨리, 한번
불러 볼래염?

좋아!

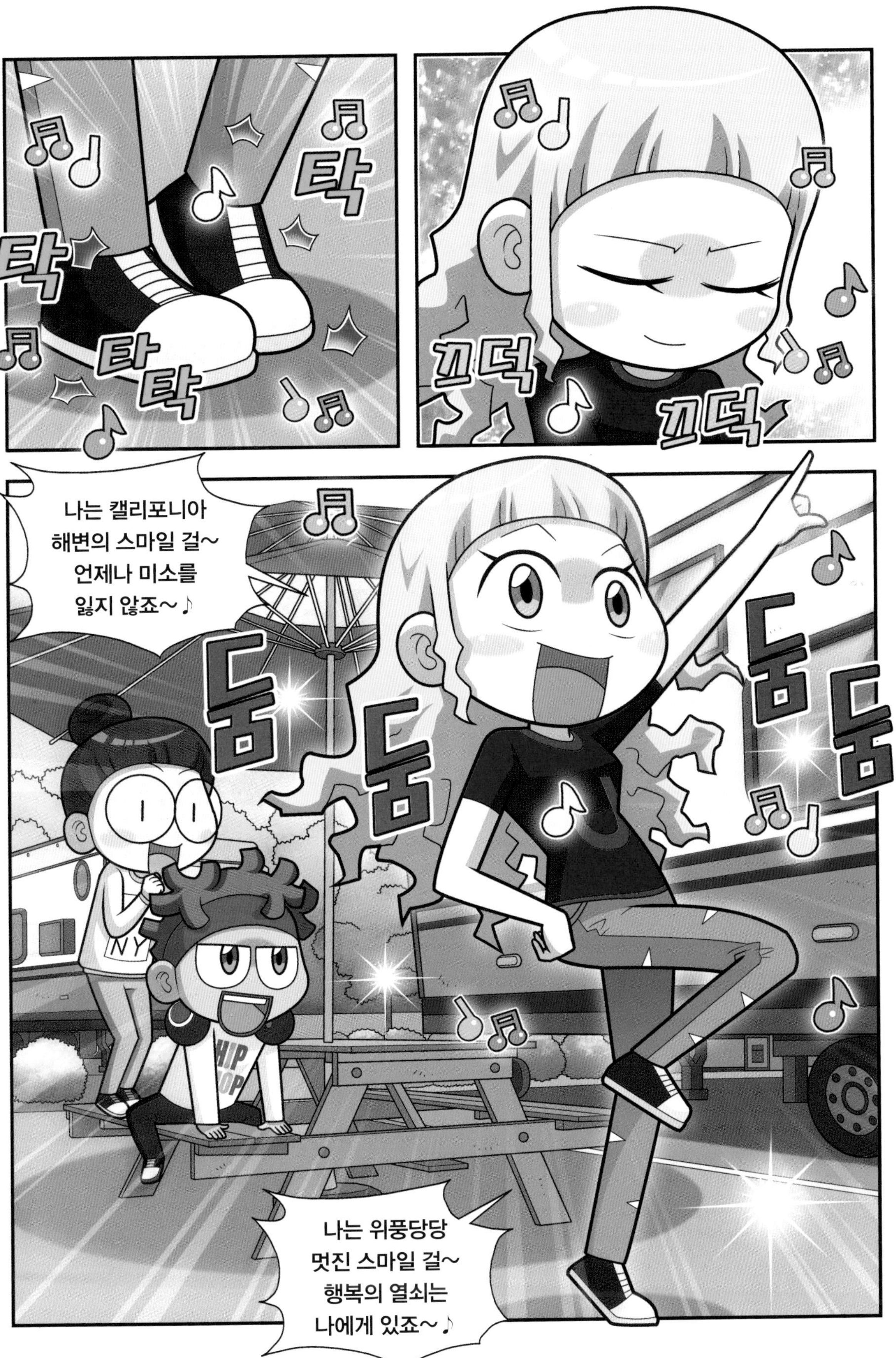

탁
탁
타탁
끄덕
끄덕
나는 캘리포니아 해변의 스마일 걸~ 언제나 미소를 잃지 않죠~♪
둠
둠
둠
둠
나는 위풍당당 멋진 스마일 걸~ 행복의 열쇠는 나에게 있죠~♪

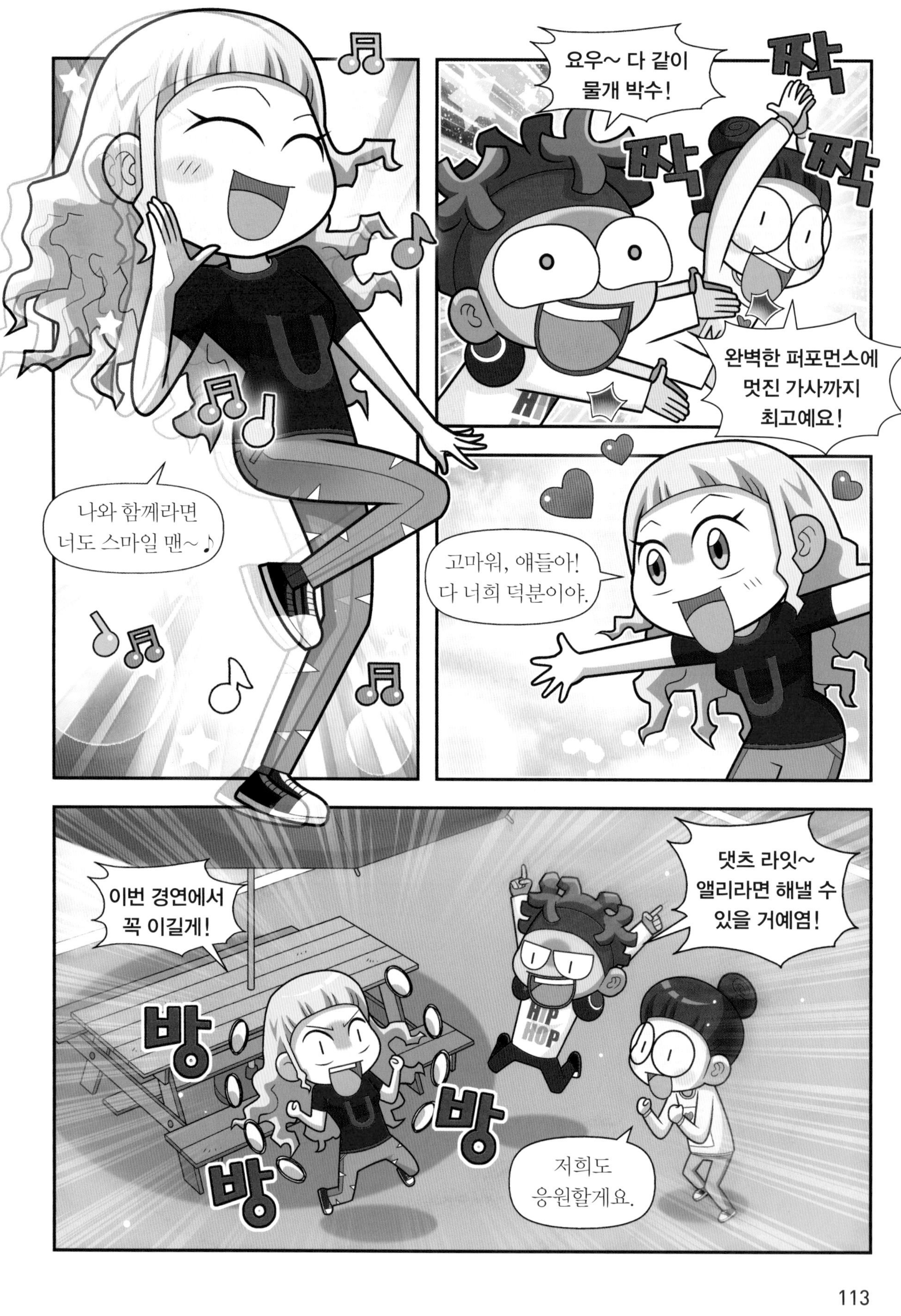
나와 함께라면
너도 스마일 맨~♪
요우~ 다 같이
물개 박수!
짝
짝
짝
완벽한 퍼포먼스에
멋진 가사까지
최고예요!
고마워, 애들아!
다 너희 덕분이야.
이번 경연에서
꼭 이길게!
방
방
방
댓츠 라잇~
앨리라면 해낼 수
있을 거예염!
HIP HOP
저희도
응원할게요.

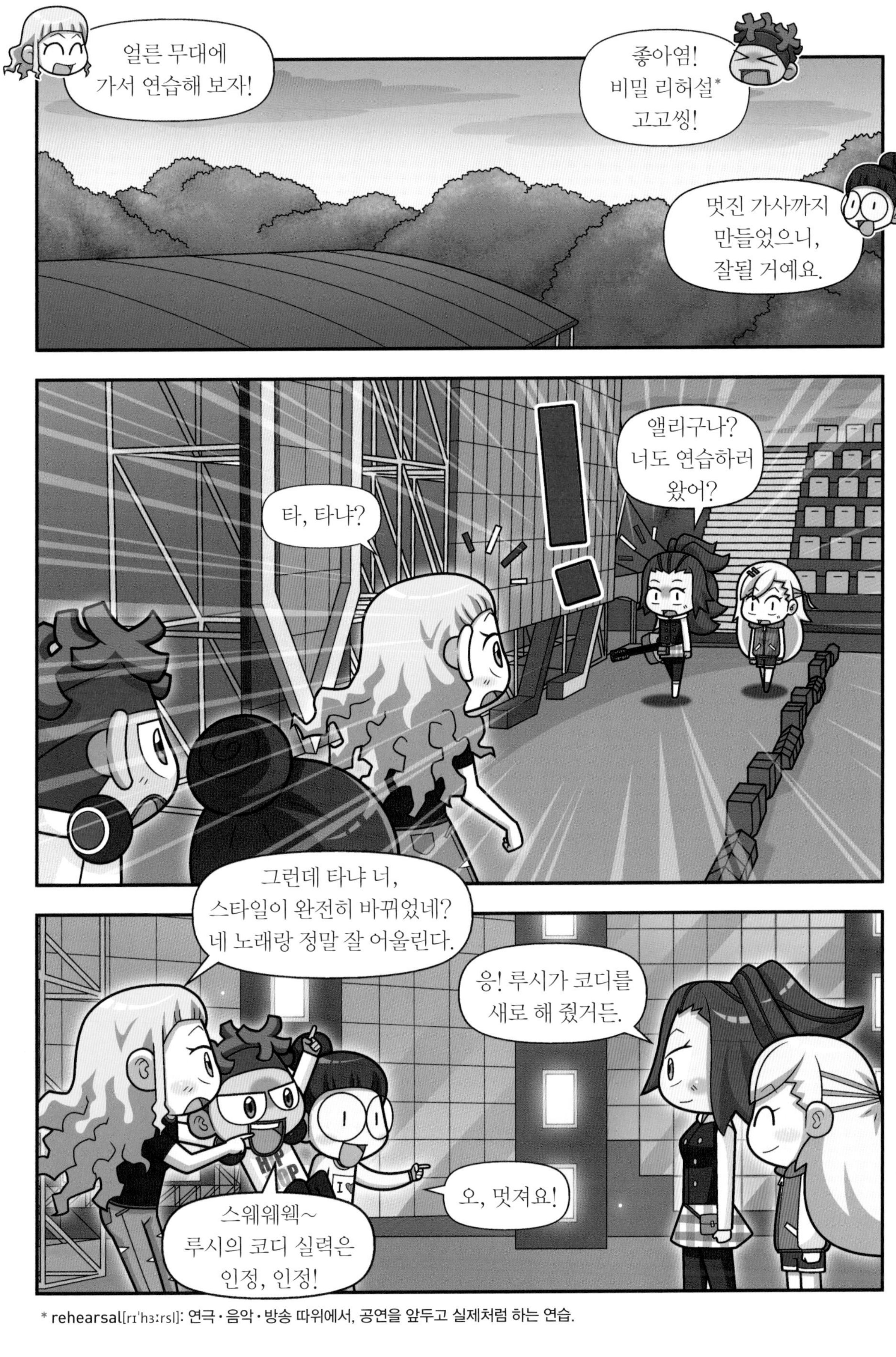
얼른 무대에 가서 연습해 보자!
좋아염! 비밀 리허설* 고고씽!
멋진 가사까지 만들었으니, 잘될 거예요.
타, 타냐?
앨리구나? 너도 연습하러 왔어?
그런데 타냐 너, 스타일이 완전히 바뀌었네? 네 노래랑 정말 잘 어울린다.
응! 루시가 코디를 새로 해 줬거든.
스웨웨웩~ 루시의 코디 실력은 인정, 인정!
오, 멋져요!

* rehearsal[rɪˈhɜːrsl]: 연극·음악·방송 따위에서, 공연을 앞두고 실제처럼 하는 연습.

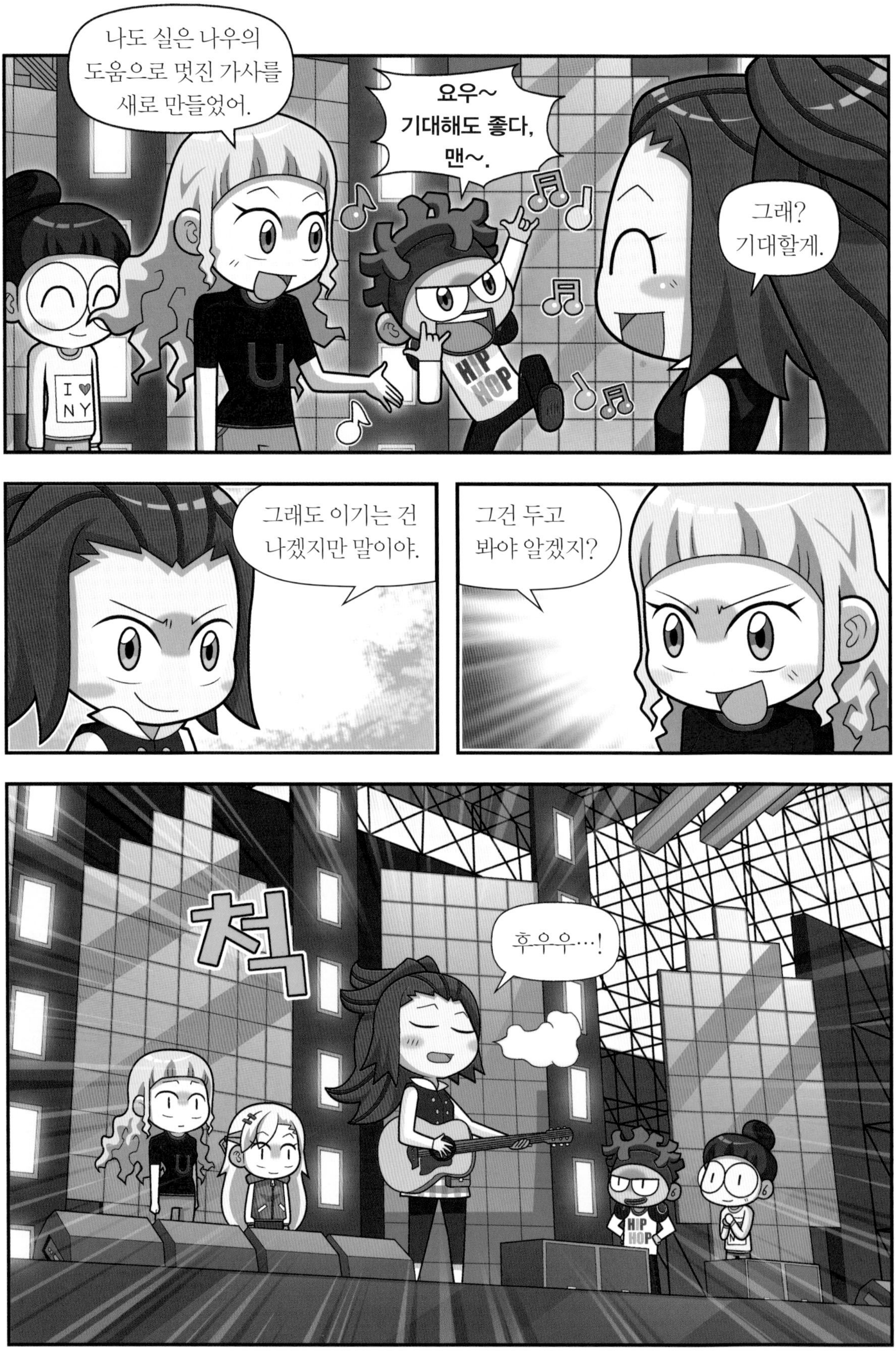

나도 실은 나우의 도움으로 멋진 가사를 새로 만들었어.
요우~ 기대해도 좋다, 맨~.
그래? 기대할게.
그래도 이기는 건 나겠지만 말이야.
그건 두고 봐야 알겠지?
척
후우우…!

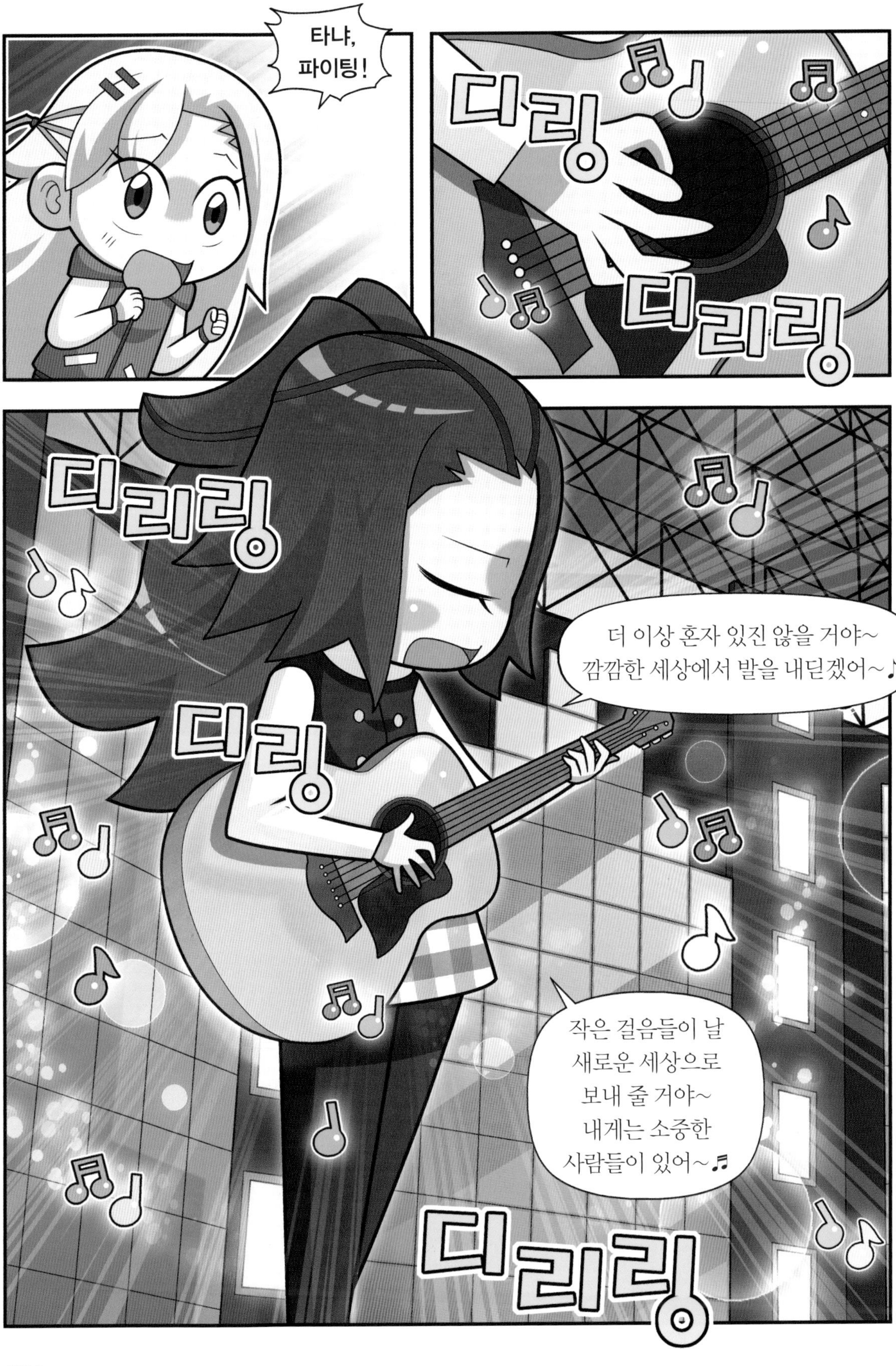
타냐,
파이팅!
디링
디리링
디리링
더 이상 혼자 있진 않을 거야~ 깜깜한 세상에서 발을 내딛겠어~♪
디링
작은 걸음들이 날 새로운 세상으로 보내 줄 거야~ 내게는 소중한 사람들이 있어~♬
디리링

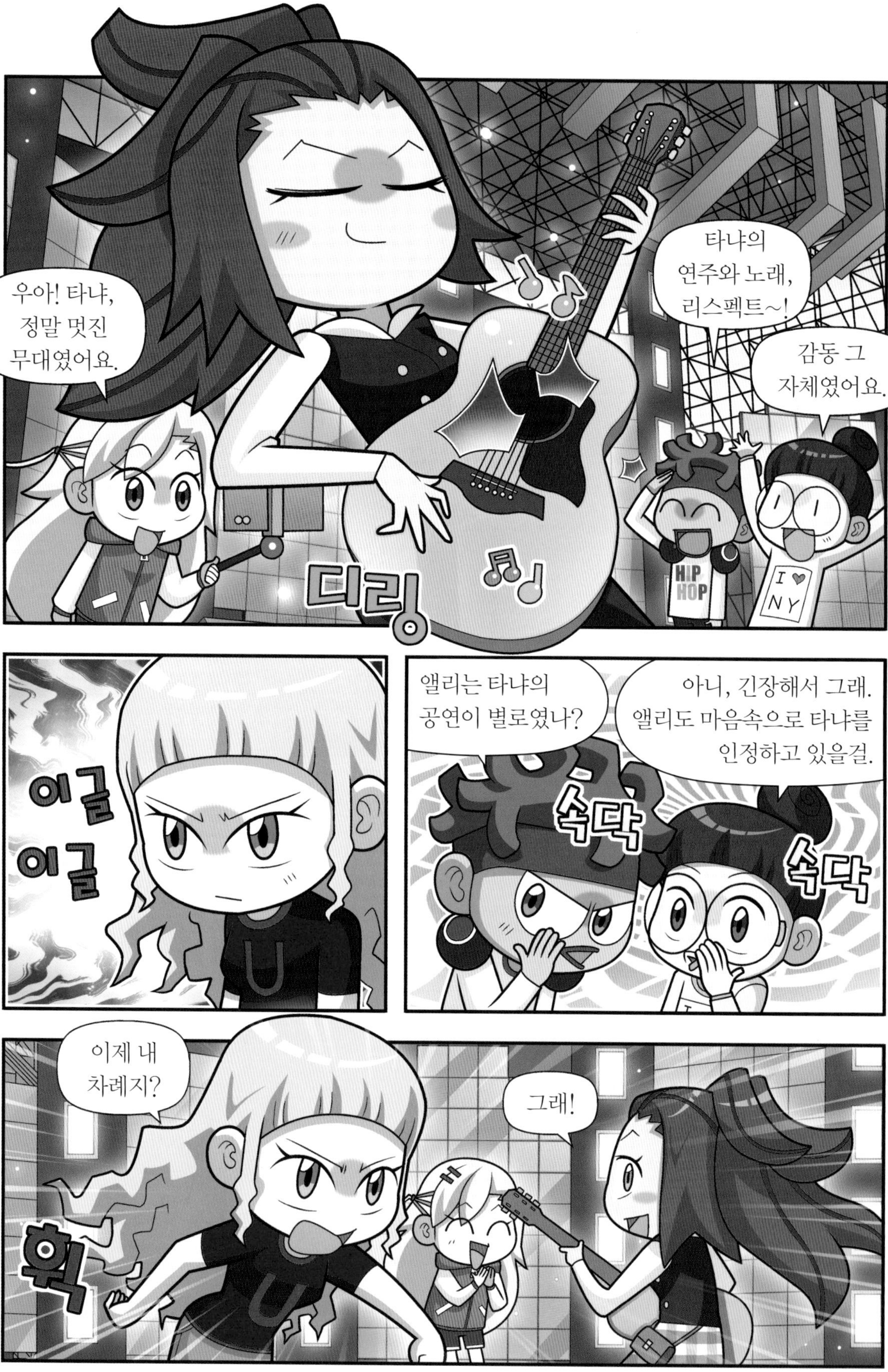

우아! 타냐,
정말 멋진
무대였어요.
타냐의
연주와 노래,
리스펙트~!
감동 그
자체였어요.
HIP HOP
I ♥ NY
디링
이글
이글
앨리는 타냐의
공연이 별로였나?
아니, 긴장해서 그래.
앨리도 마음속으로 타냐를
인정하고 있을걸.
속닥
속닥
이제 내
차례지?
그래!
휙

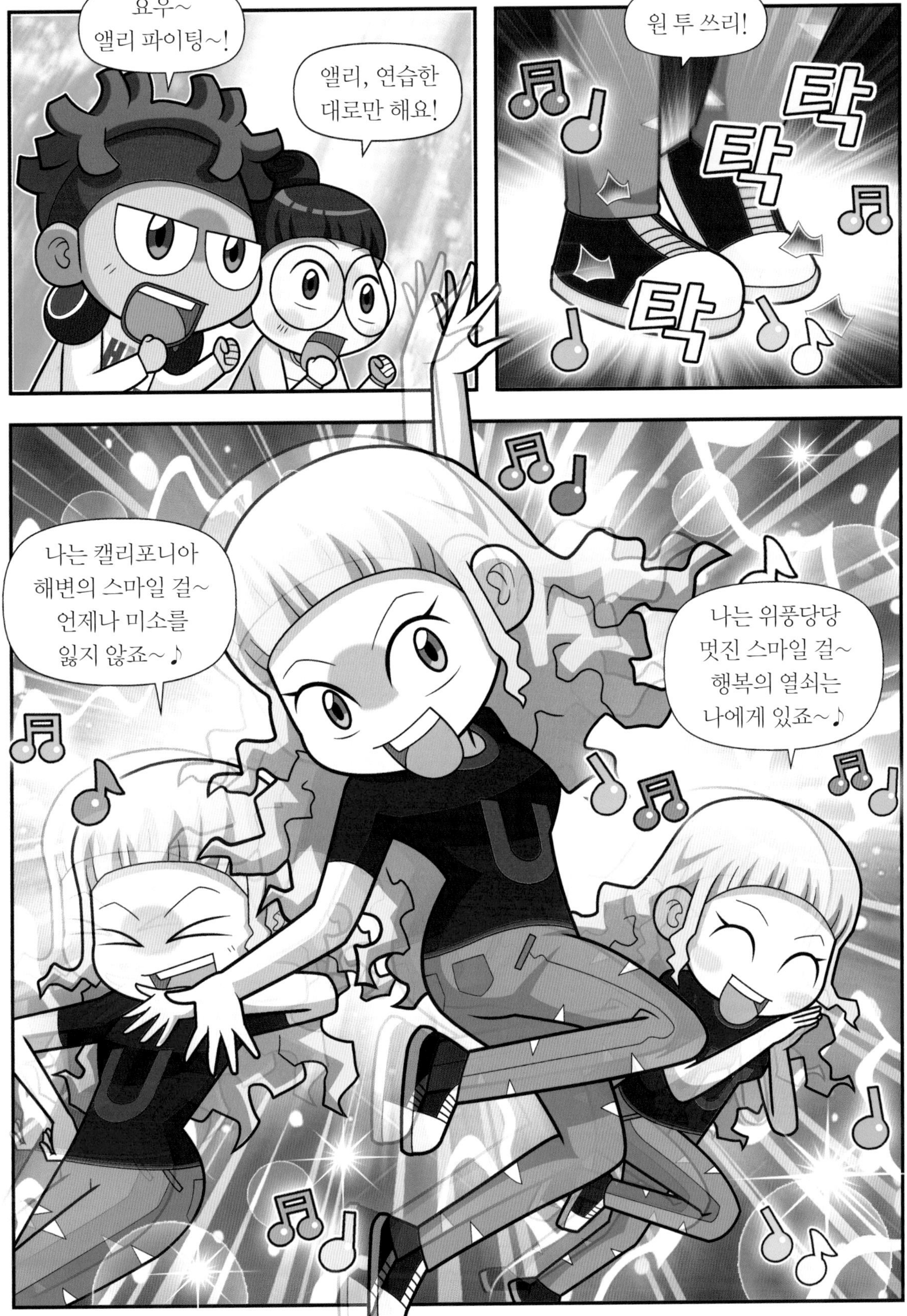
요우~ 앨리 파이팅~!
앨리, 연습한 대로만 해요!
원 투 쓰리!
탁
탁
탁
나는 캘리포니아 해변의 스마일 걸~ 언제나 미소를 잃지 않죠~♪
나는 위풍당당 멋진 스마일 걸~ 행복의 열쇠는 나에게 있죠~♪

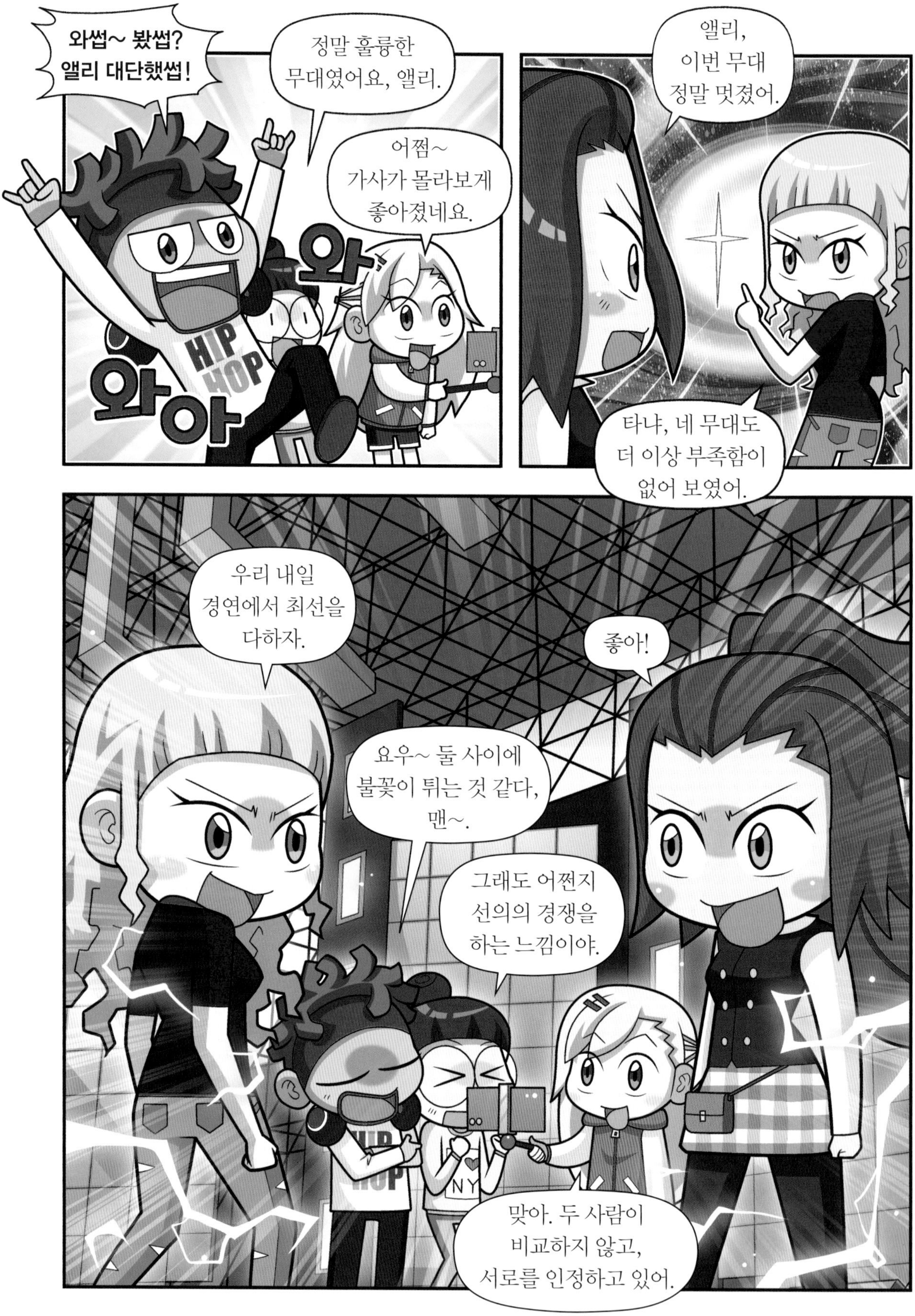
와썹~ 봤썹? 앨리 대단했썹!
정말 훌륭한 무대였어요, 앨리.
어쩜~ 가사가 몰라보게 좋아졌네요.
와
와아
HIP HOP
앨리, 이번 무대 정말 멋졌어.
타냐, 네 무대도 더 이상 부족함이 없어 보였어.
우리 내일 경연에서 최선을 다하자.
좋아!
요우~ 둘 사이에 불꽃이 튀는 것 같다, 맨~.
그래도 어쩐지 선의의 경쟁을 하는 느낌이야.
맞아. 두 사람이 비교하지 않고, 서로를 인정하고 있어.

Chapter 6

최고의 가수

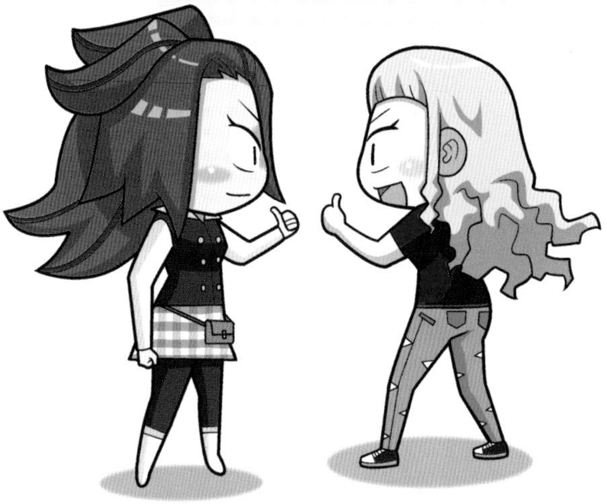

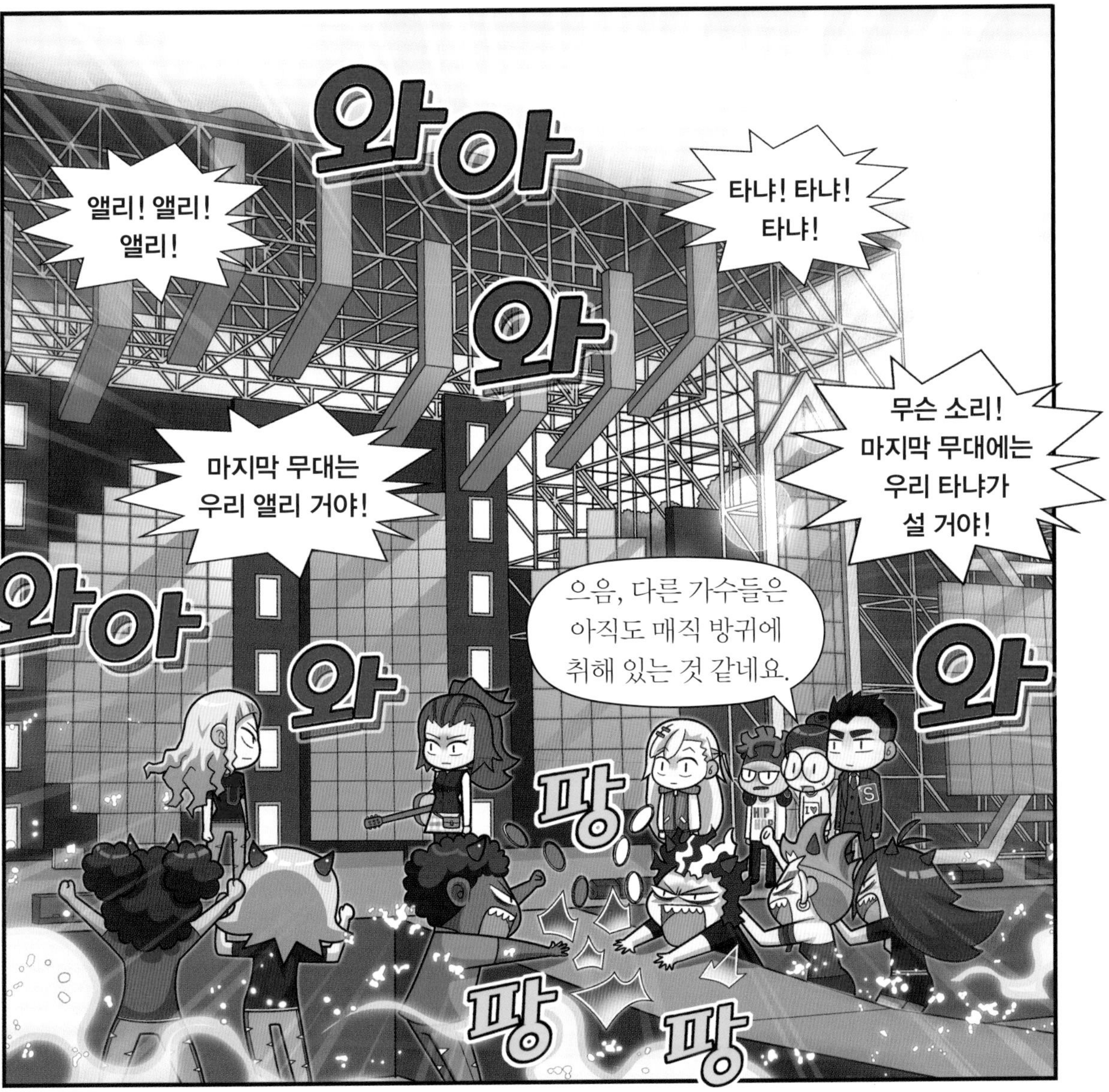

와아
앨리! 앨리! 앨리!
타냐! 타냐! 타냐!
와
마지막 무대는 우리 앨리 거야!
무슨 소리! 마지막 무대에는 우리 타냐가 설 거야!
와아
으음, 다른 가수들은 아직도 매직 방귀에 취해 있는 것 같네요.
와
와
팡
팡
팡

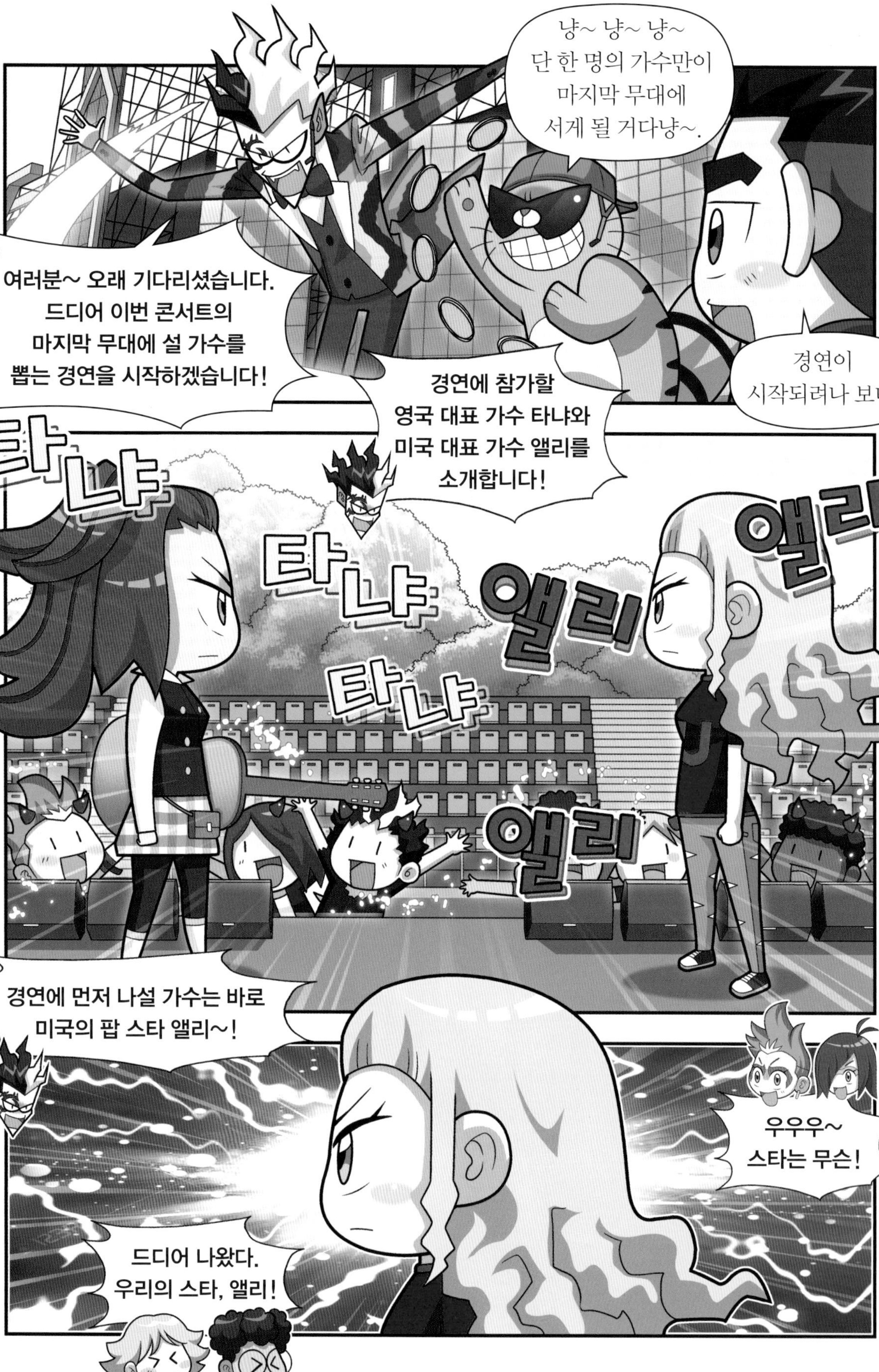

여러분~ 오래 기다리셨습니다. 드디어 이번 콘서트의 마지막 무대에 설 가수를 뽑는 경연을 시작하겠습니다!
냥~ 냥~ 냥~ 단 한 명의 가수만이 마지막 무대에 서게 될 거다냥~.
경연이 시작되려나 보다.
경연에 참가할 영국 대표 가수 타냐와 미국 대표 가수 앨리를 소개합니다!
타냐
타냐
앨리
앨리
타냐
앨리
경연에 먼저 나설 가수는 바로 미국의 팝 스타 앨리~!
우우우~ 스타는 무슨!
드디어 나왔다. 우리의 스타, 앨리!

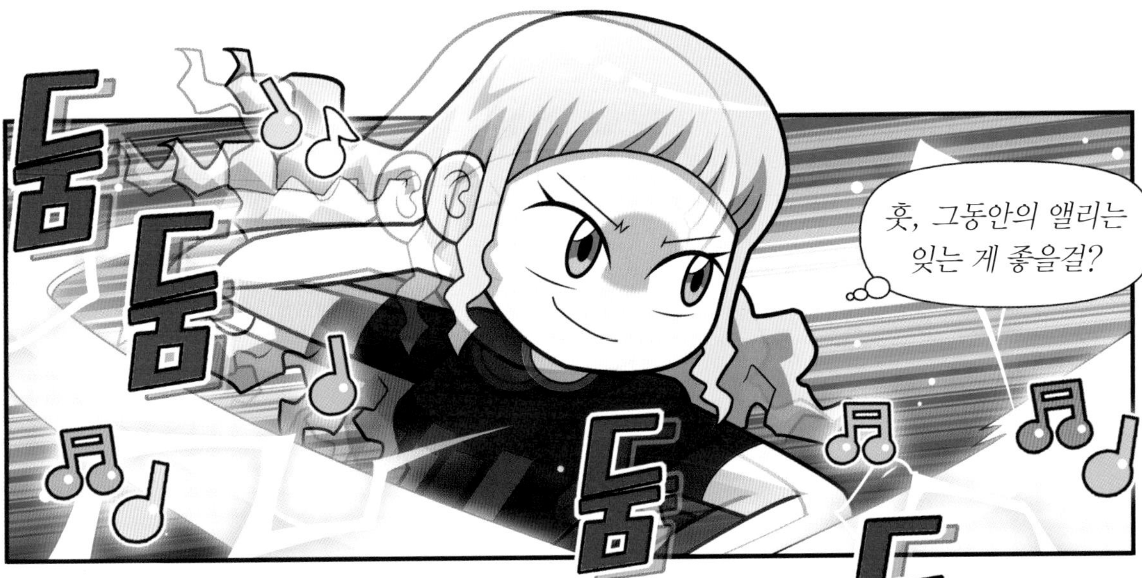
둠
둠
둠
둠
훗, 그동안의 앨리는
잊는 게 좋을걸?

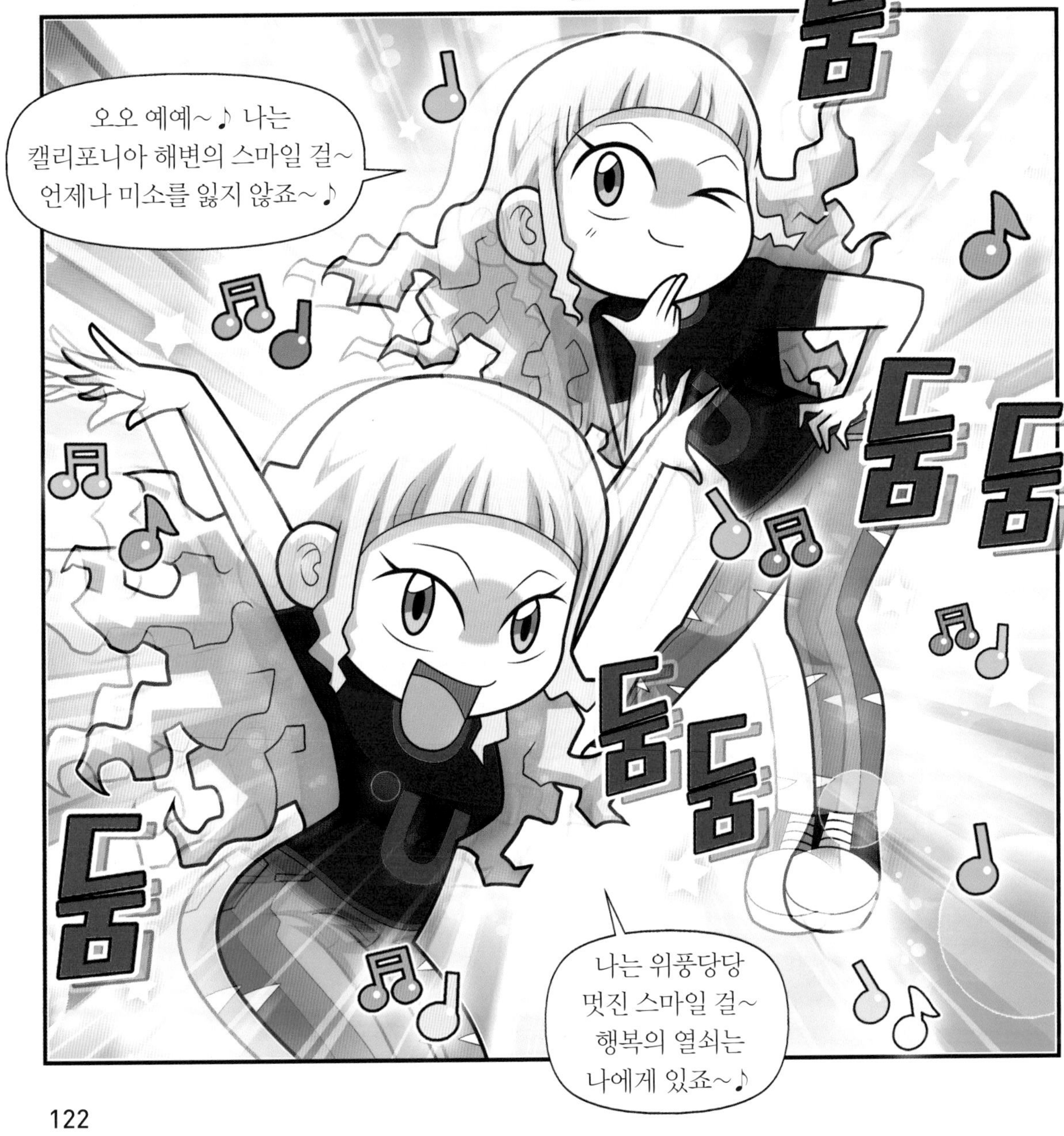
오오 예예~♪ 나는
캘리포니아 해변의 스마일 걸~
언제나 미소를 잃지 않죠~♪
둠
둠
둠
둠
둠
나는 위풍당당
멋진 스마일 걸~
행복의 열쇠는
나에게 있죠~♪

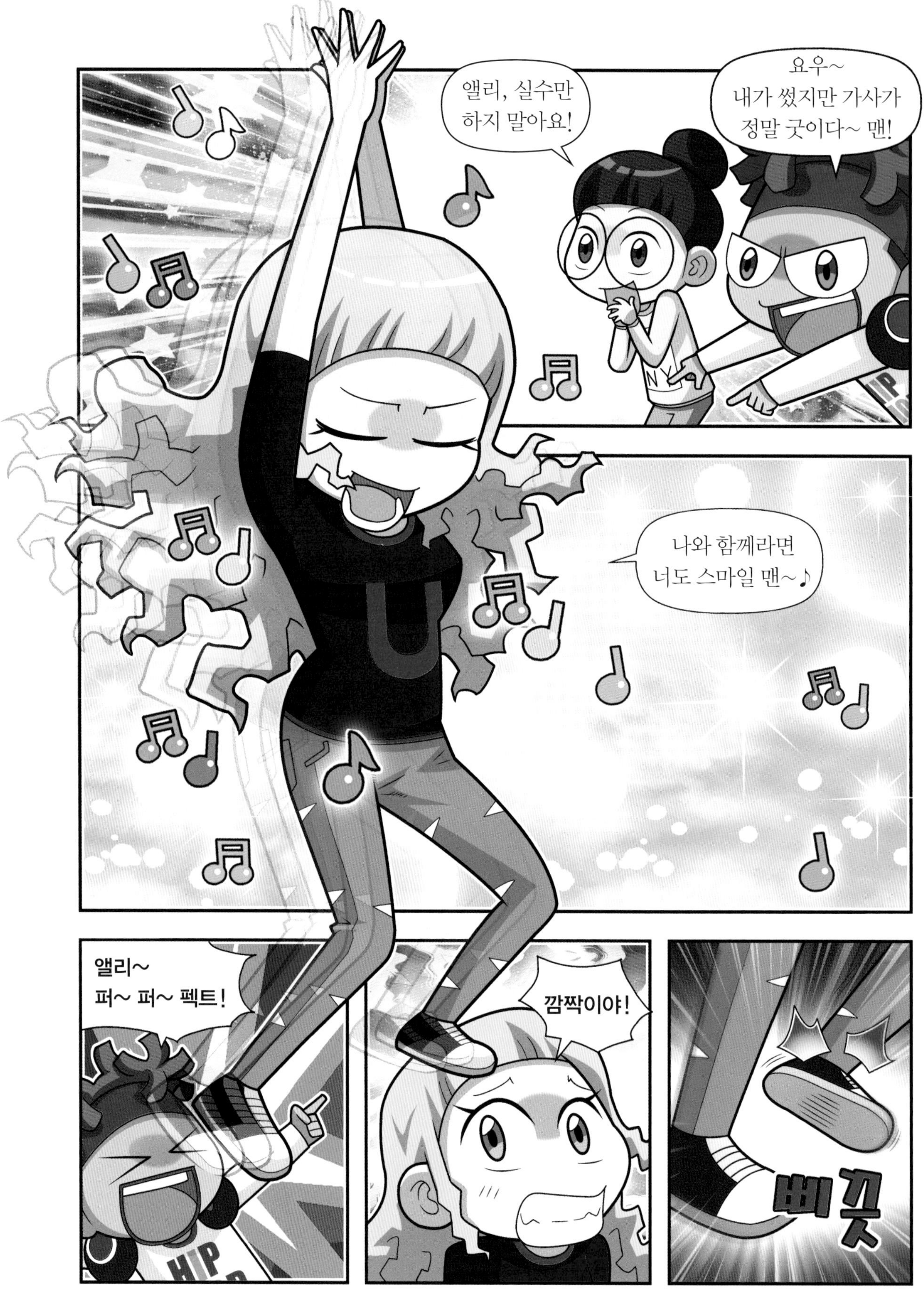
앨리, 실수만 하지 말아요!
요우~ 내가 썼지만 가사가 정말 굿이다~ 맨!
나와 함께라면 너도 스마일 맨~♪
앨리~ 퍼~ 퍼~ 펙트!
깜짝이야!
삐끗

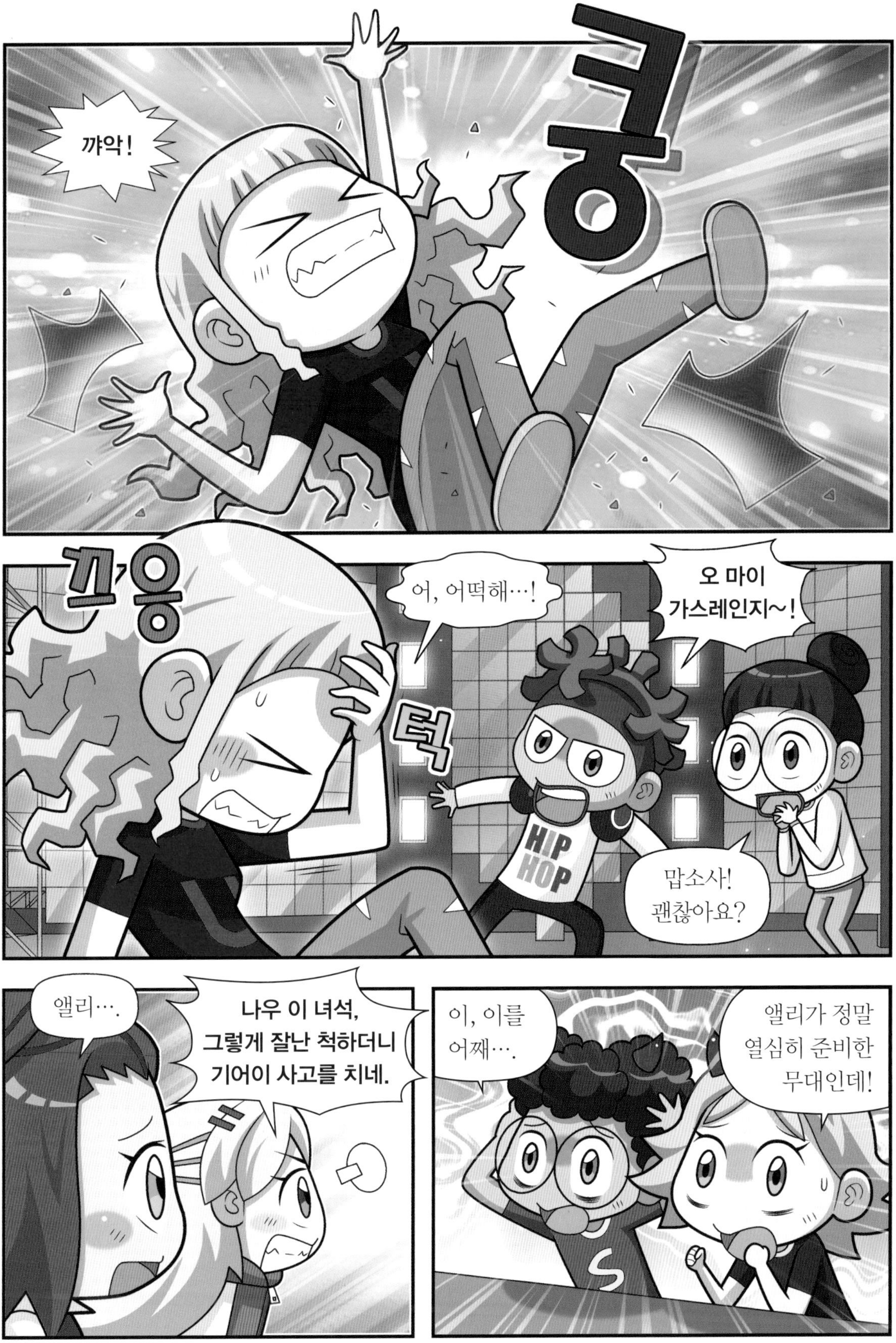
꺄악!
쿵
끄응
어, 어떡해…!
오 마이 가스레인지~!
턱
HIP HOP
맙소사! 괜찮아요?
앨리….
나우 이 녀석, 그렇게 잘난 척하더니 기어이 사고를 치네.
이, 이를 어째….
앨리가 정말 열심히 준비한 무대인데!

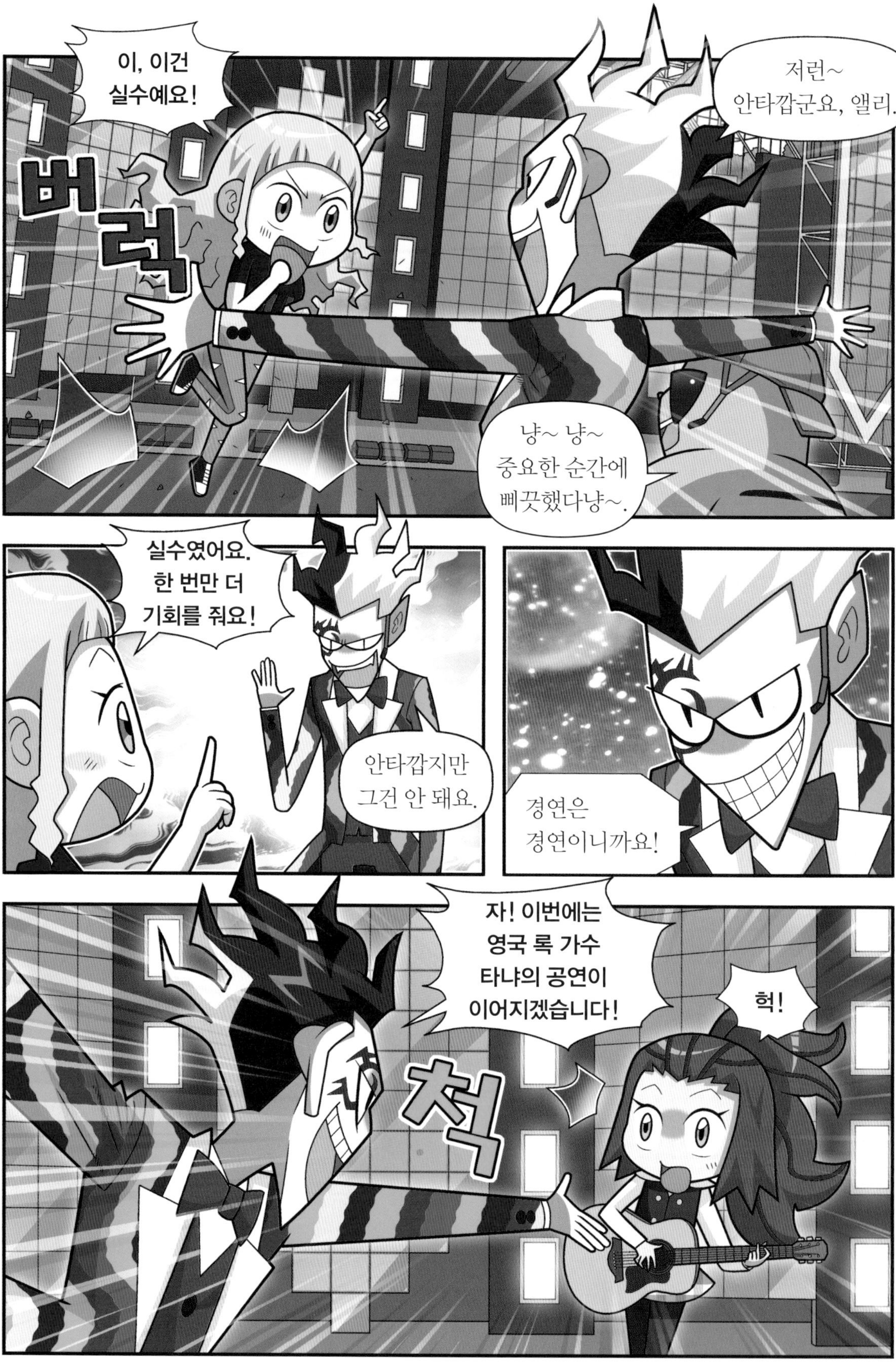
이, 이건 실수예요!
버럭
저런~ 안타깝군요, 앨리.
냥~ 냥~ 중요한 순간에 삐끗했다냥~.
실수였어요. 한 번만 더 기회를 줘요!
안타깝지만 그건 안 돼요.
경연은 경연이니까요!
자! 이번에는 영국 록 가수 타냐의 공연이 이어지겠습니다!
척
헉!

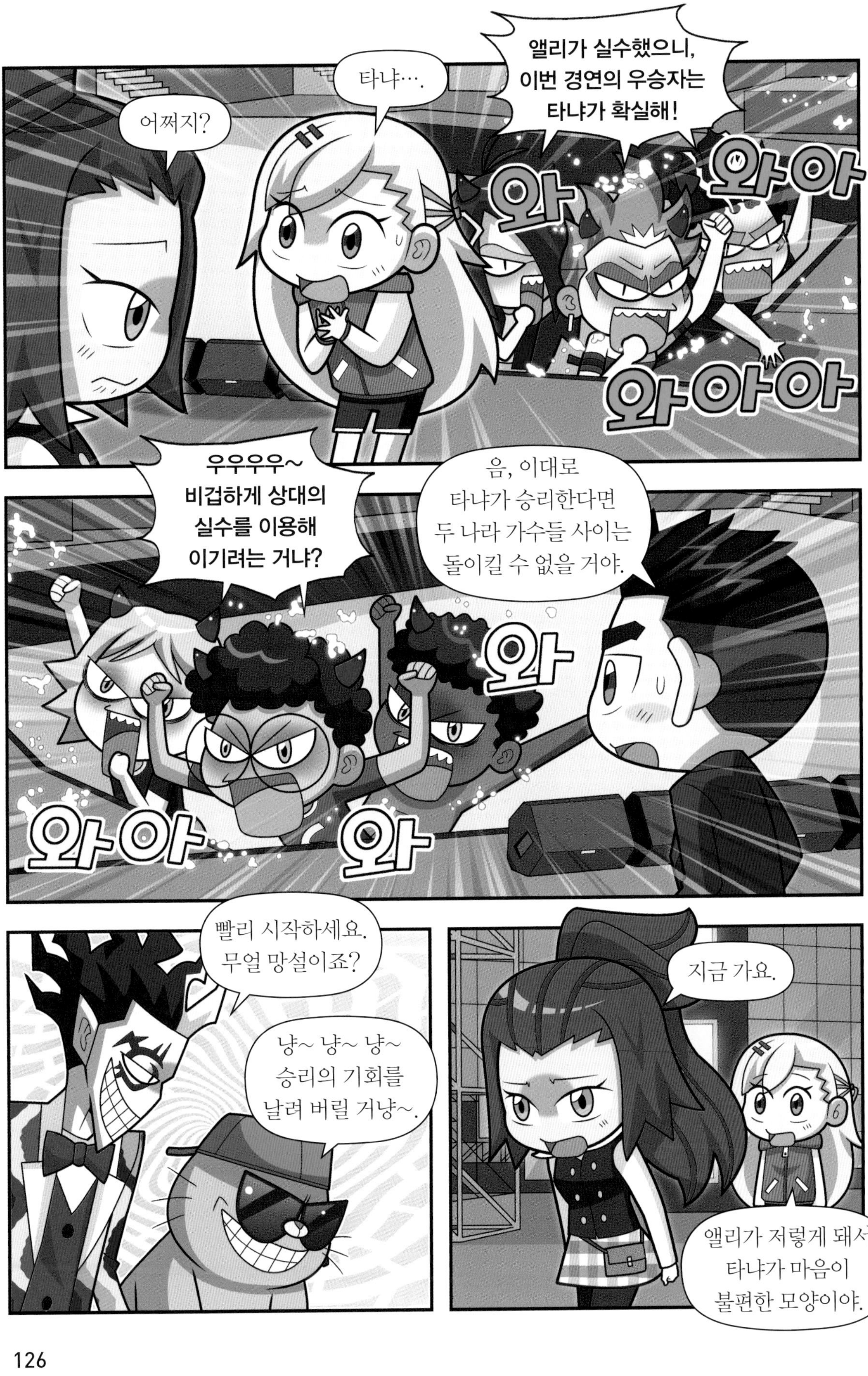
어쩌지?
타냐….
앨리가 실수했으니, 이번 경연의 우승자는 타냐가 확실해!
와
와아
와아아
우우우우~ 비겁하게 상대의 실수를 이용해 이기려는 거냐?
음, 이대로 타냐가 승리한다면 두 나라 가수들 사이는 돌이킬 수 없을 거야.
와
와아
와
빨리 시작하세요. 무얼 망설이죠?
냥~ 냥~ 냥~ 승리의 기회를 날려 버릴 거냥~.
지금 가요.
앨리가 저렇게 돼서 타냐가 마음이 불편한 모양이야.

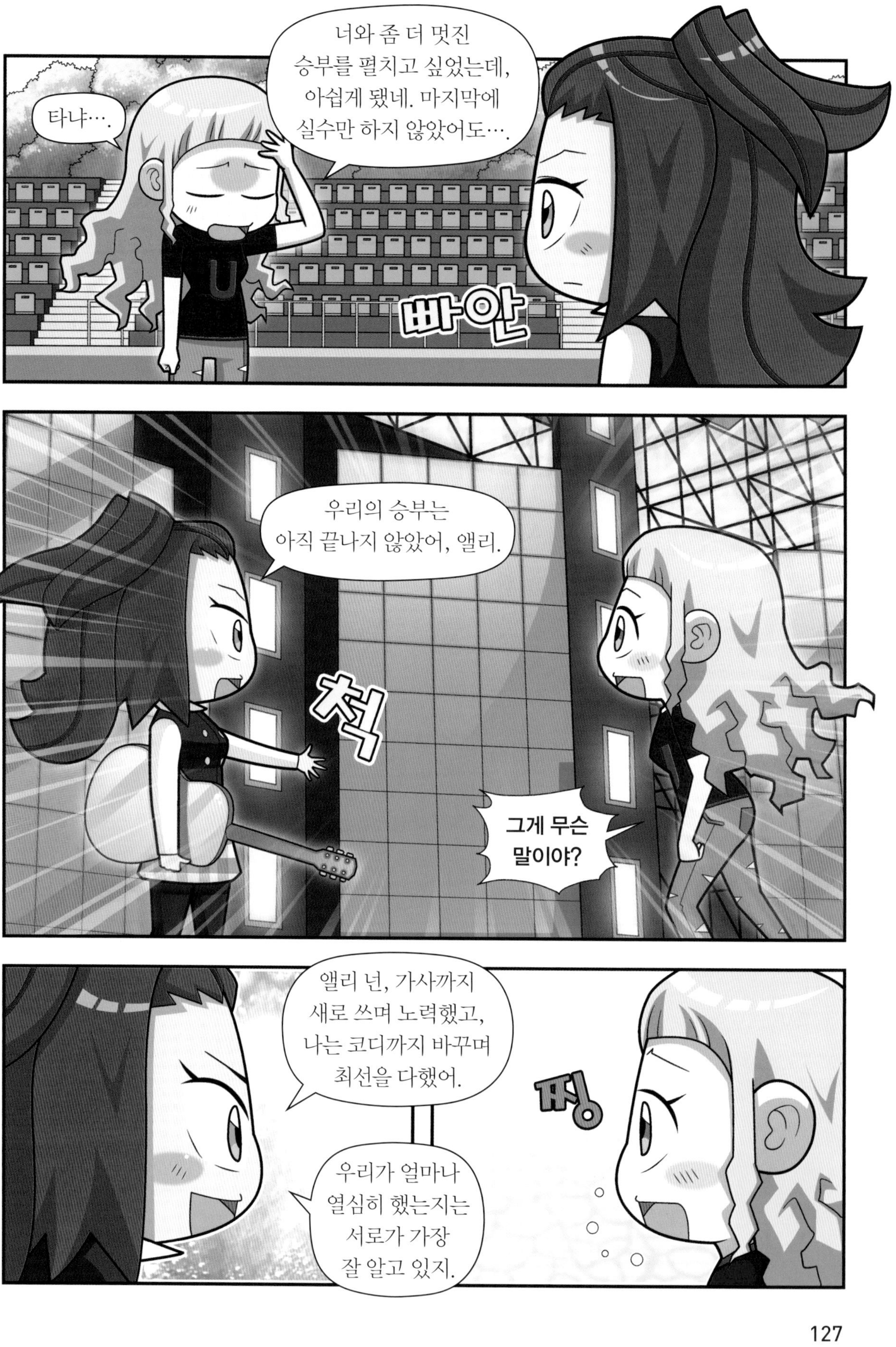
타나….
너와 좀 더 멋진 승부를 펼치고 싶었는데, 아쉽게 됐네. 마지막에 실수만 하지 않았어도….
빠안
우리의 승부는 아직 끝나지 않았어, 앨리.
척
그게 무슨 말이야?
앨리 넌, 가사까지 새로 쓰며 노력했고, 나는 코디까지 바꾸며 최선을 다했어.
찡
우리가 얼마나 열심히 했는지는 서로가 가장 잘 알고 있지.

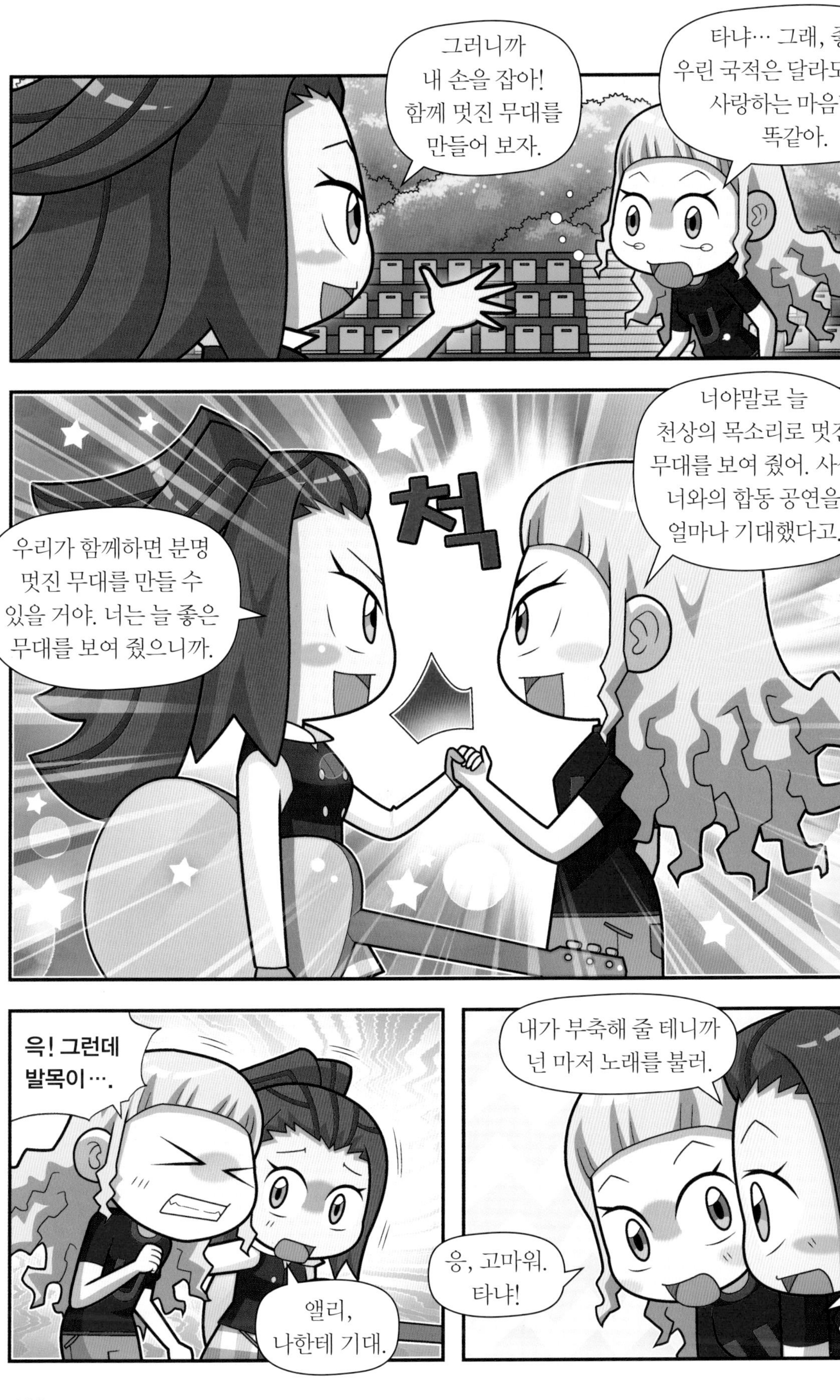
그러니까 내 손을 잡아! 함께 멋진 무대를 만들어 보자.
타냐… 그래, 좋아! 우린 국적은 달라도 음악을 사랑하는 마음만은 똑같아.
우리가 함께하면 분명 멋진 무대를 만들 수 있을 거야. 너는 늘 좋은 무대를 보여 줬으니까.
척
너야말로 늘 천상의 목소리로 멋진 무대를 보여 줬어. 사실 너와의 합동 공연을 얼마나 기대했다고.
윽! 그런데 발목이….
앨리, 나한테 기대.
내가 부축해 줄 테니까 넌 마저 노래를 불러.
응, 고마워. 타냐!

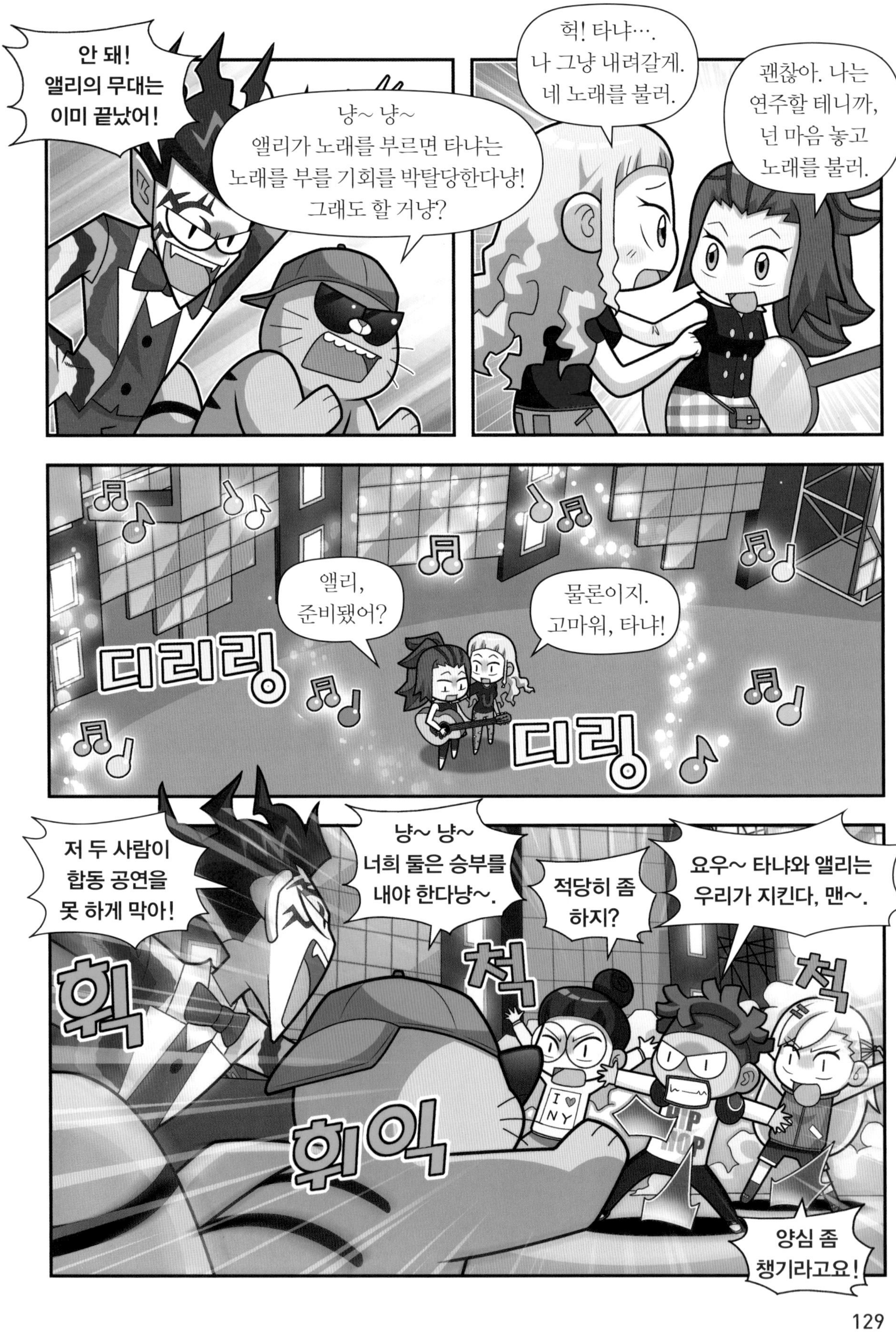
안 돼!
앨리의 무대는
이미 끝났어!
냥~ 냥~
앨리가 노래를 부르면 타냐는
노래를 부를 기회를 박탈당한다냥!
그래도 할 거냥?
헉! 타냐….
나 그냥 내려갈게.
네 노래를 불러.
괜찮아. 나는
연주할 테니까,
넌 마음 놓고
노래를 불러.
앨리,
준비됐어?
물론이지.
고마워, 타냐!
디리링
디링
저 두 사람이
합동 공연을
못 하게 막아!
냥~ 냥~
너희 둘은 승부를
내야 한다냥~.
휙
척
적당히 좀
하지?
요우~ 타냐와 앨리는
우리가 지킨다, 맨~.
척
휘익
양심 좀
챙기라고요!

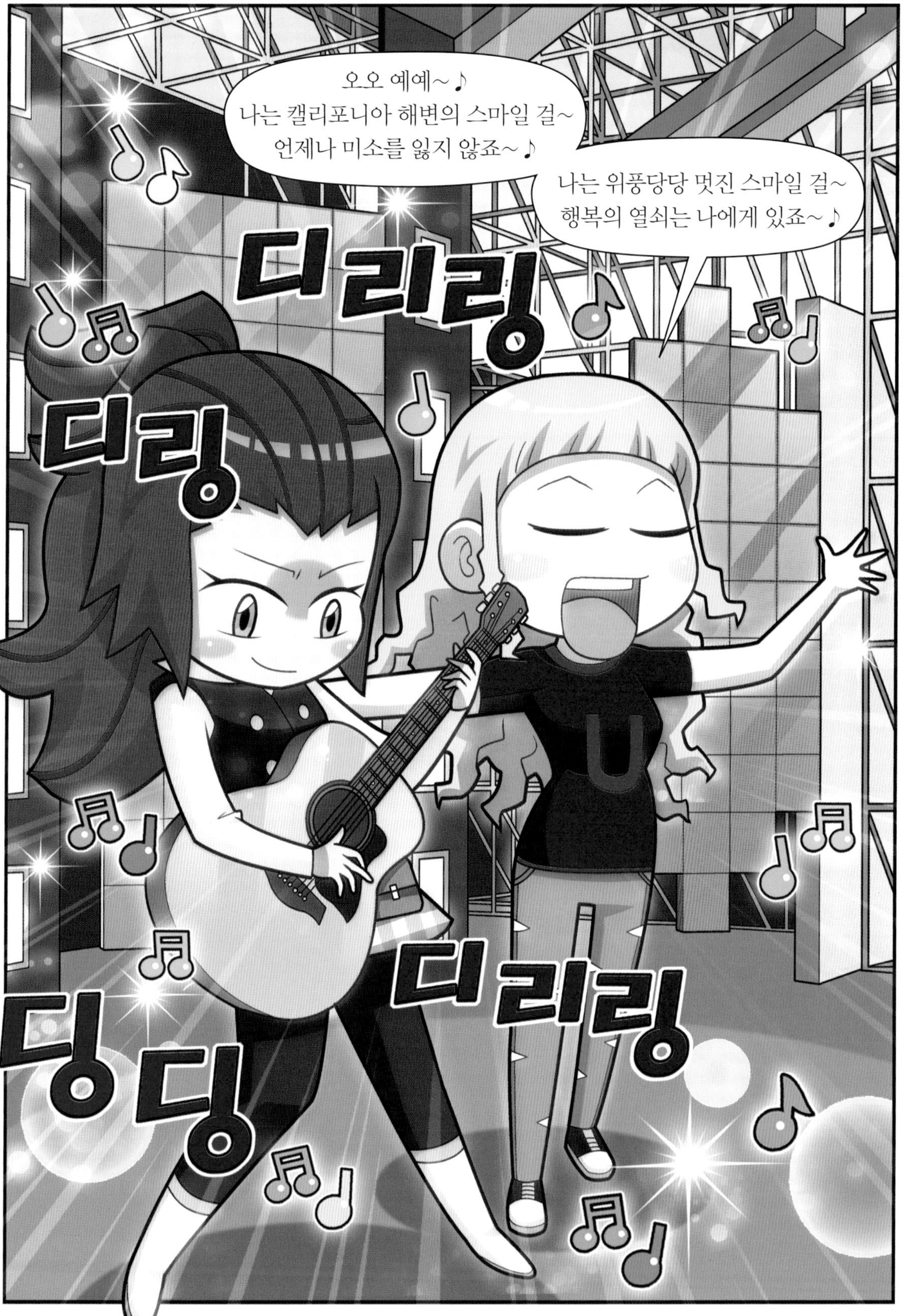
오오 예예~♪
나는 캘리포니아 해변의 스마일 걸~
언제나 미소를 잃지 않죠~♪
나는 위풍당당 멋진 스마일 걸~
행복의 열쇠는 나에게 있죠~♪
디리링
디리리링
디리리링
딩딩

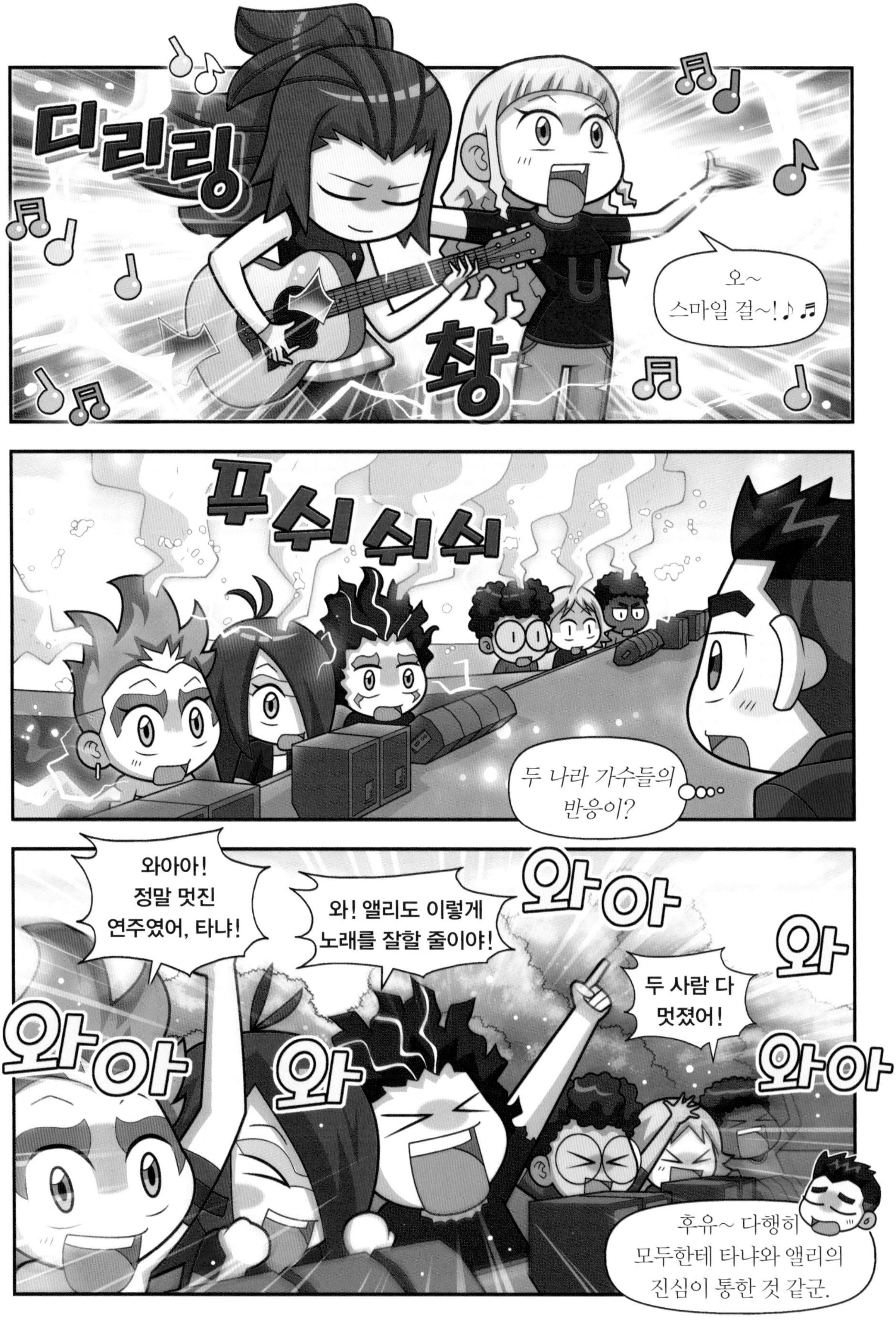
디리링
창
오~
스마일 걸~!♪♬
푸쉬쉬쉬
두 나라 가수들의
반응이?
와아아!
정말 멋진
연주였어, 타냐!
와! 앨리도 이렇게
노래를 잘할 줄이야!
와아
와
두 사람 다
멋졌어!
와아
와
와아
후유~ 다행히
모두한테 타냐와 앨리의
진심이 통한 것 같군.

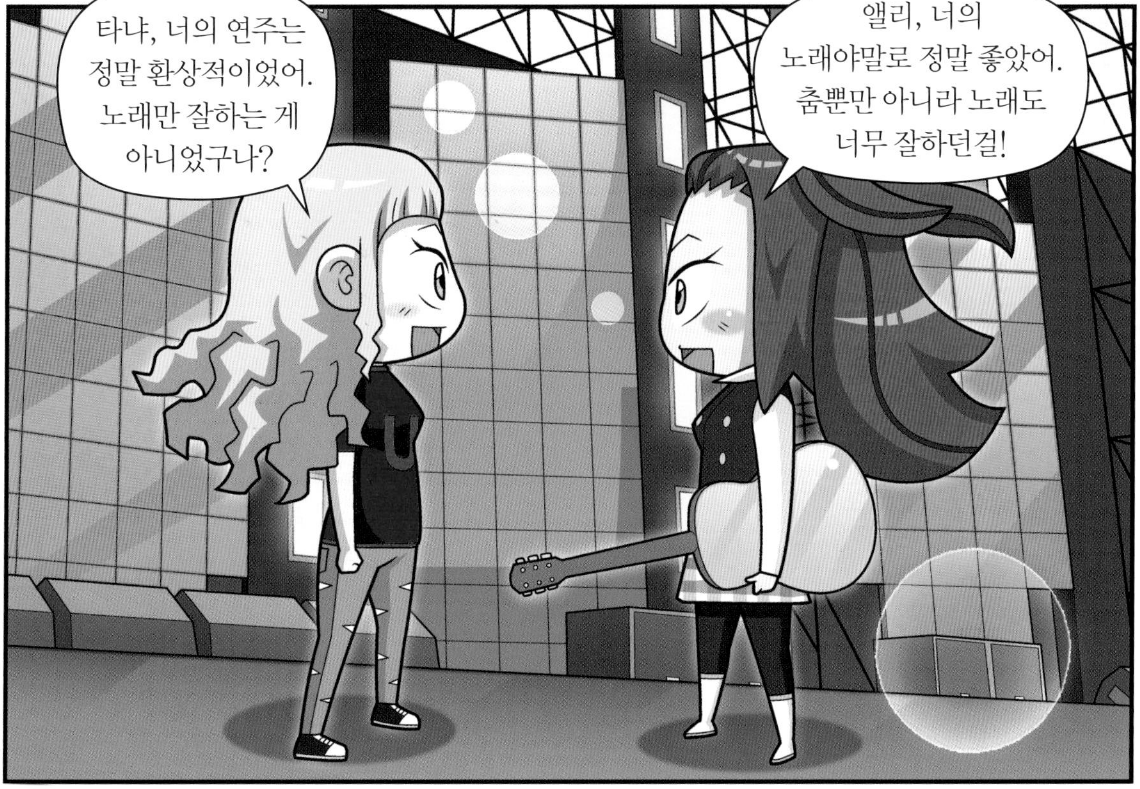
타냐, 너의 연주는 정말 환상적이었어. 노래만 잘하는 게 아니었구나?
앨리, 너의 노래야말로 정말 좋았어. 춤뿐만 아니라 노래도 너무 잘하던걸!

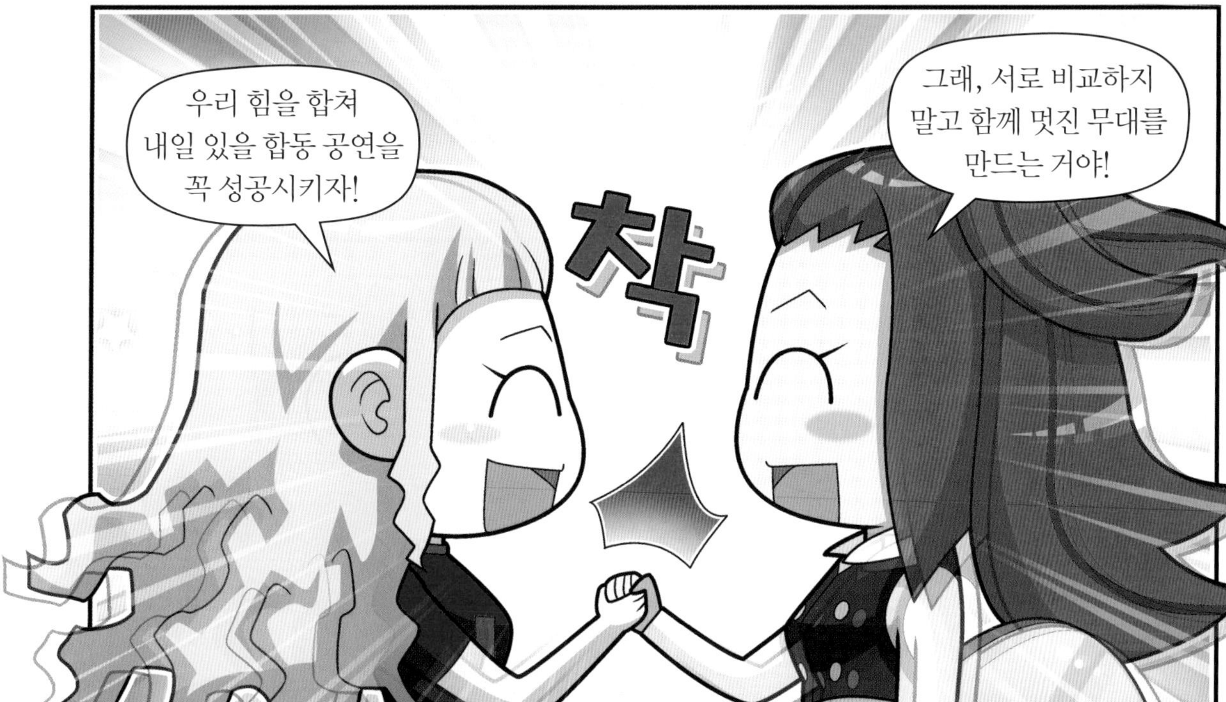
우리 힘을 합쳐 내일 있을 합동 공연을 꼭 성공시키자!
착
그래, 서로 비교하지 말고 함께 멋진 무대를 만드는 거야!

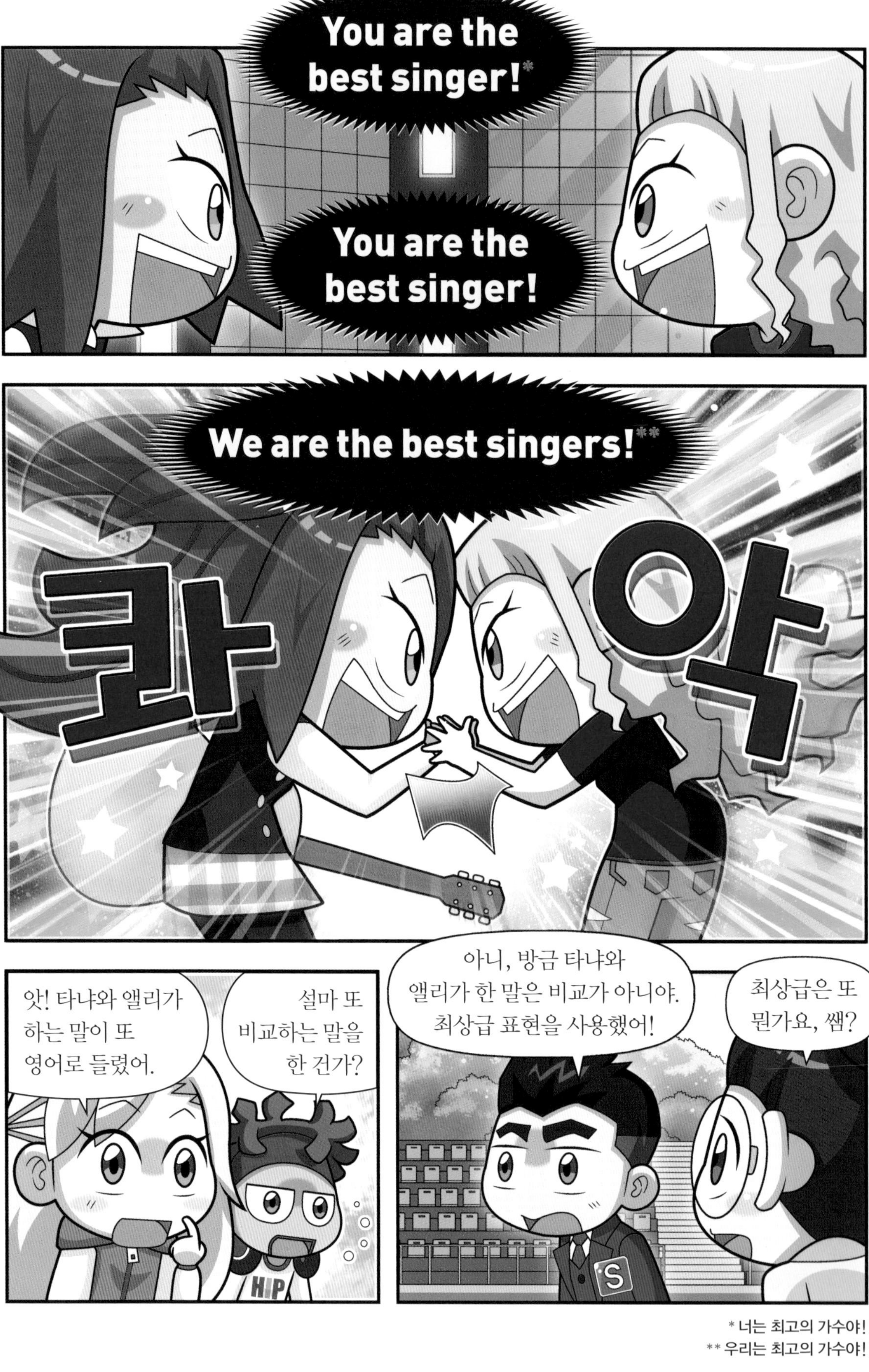
You are the best singer!*
You are the best singer!
We are the best singers!**
콰악
앗! 타냐와 앨리가 하는 말이 또 영어로 들렸어.
설마 또 비교하는 말을 한 건가?
아니, 방금 타냐와 앨리가 한 말은 비교가 아니야. 최상급 표현을 사용했어!
최상급은 또 뭔가요, 쌤?

* 너는 최고의 가수야!
** 우리는 최고의 가수야!

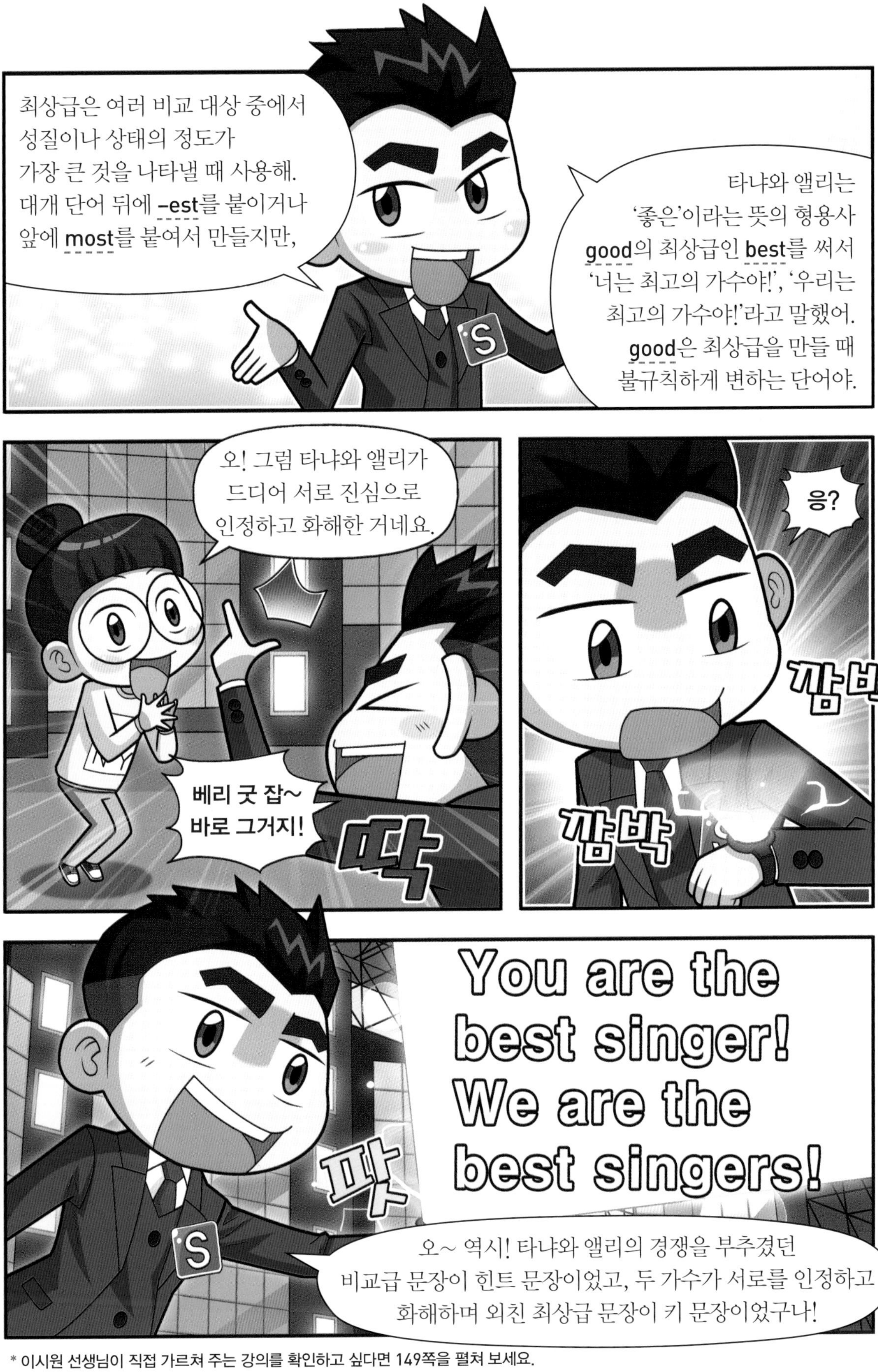
최상급은 여러 비교 대상 중에서 성질이나 상태의 정도가 가장 큰 것을 나타낼 때 사용해. 대개 단어 뒤에 -est를 붙이거나 앞에 most를 붙여서 만들지만,
타냐와 앨리는 '좋은'이라는 뜻의 형용사 good의 최상급인 best를 써서 '너는 최고의 가수야!', '우리는 최고의 가수야!'라고 말했어. good은 최상급을 만들 때 불규칙하게 변하는 단어야.
오! 그럼 타냐와 앨리가 드디어 서로 진심으로 인정하고 화해한 거네요.
베리 굿 잡~ 바로 그거지!
딱
응?
깜박
깜박
You are the best singer! We are the best singers!
팍
오~ 역시! 타냐와 앨리의 경쟁을 부추겼던 비교급 문장이 힌트 문장이었고, 두 가수가 서로를 인정하고 화해하며 외친 최상급 문장이 키 문장이었구나!

* 이시원 선생님이 직접 가르쳐 주는 강의를 확인하고 싶다면 149쪽을 펼쳐 보세요.

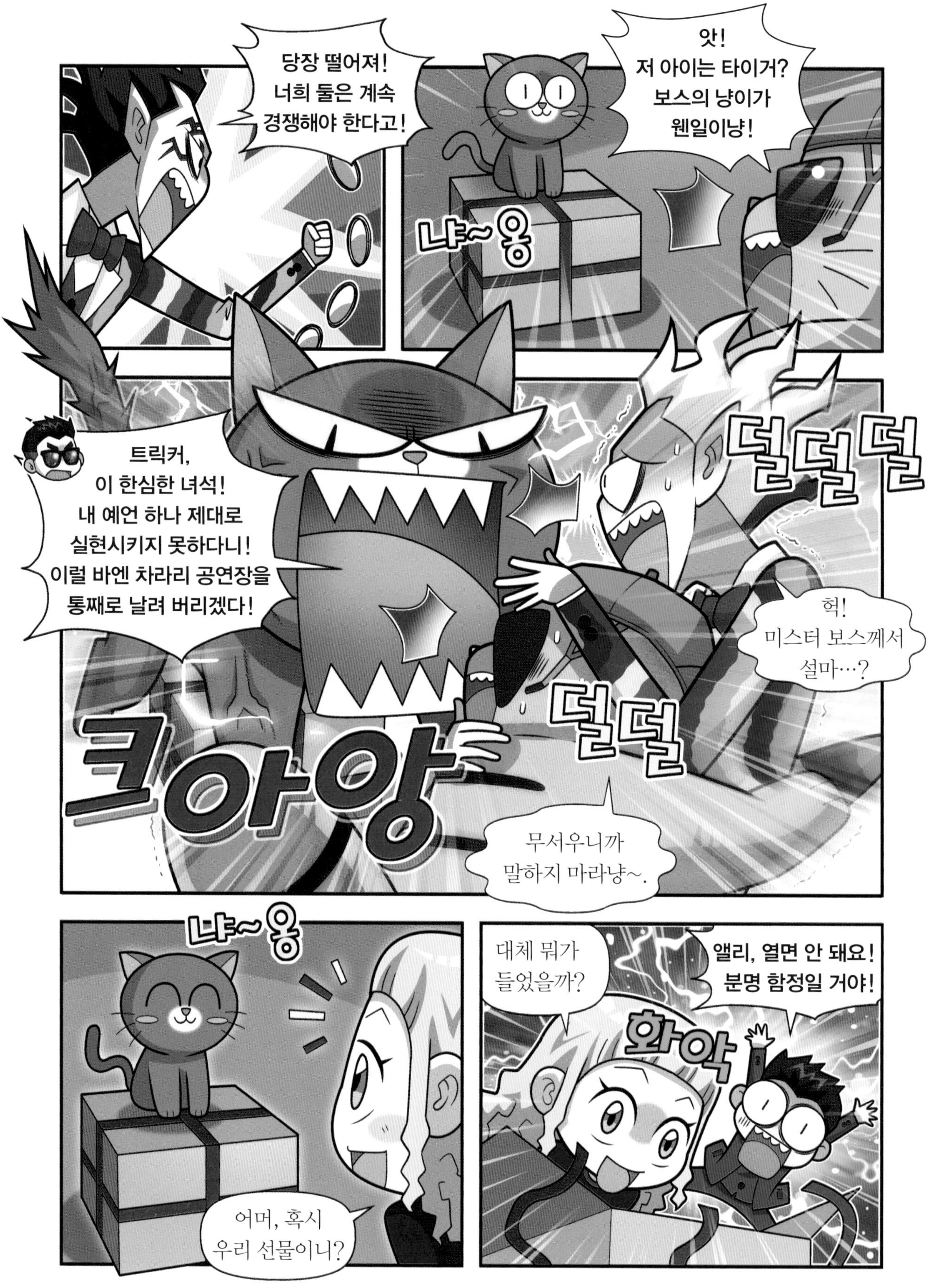

당장 떨어져! 너희 둘은 계속 경쟁해야 한다고!
앗! 저 아이는 타이거? 보스의 냥이가 웬일이냥!
냐~옹
트릭커, 이 한심한 녀석! 내 예언 하나 제대로 실현시키지 못하다니! 이럴 바엔 차라리 공연장을 통째로 날려 버리겠다!
덜덜덜
헉! 미스터 보스께서 설마…?
크아앙
덜덜
무서우니까 말하지 마라냥~.
냐~옹
어머, 혹시 우리 선물이니?
대체 뭐가 들었을까?
앨리, 열면 안 돼요! 분명 함정일 거야!
화악

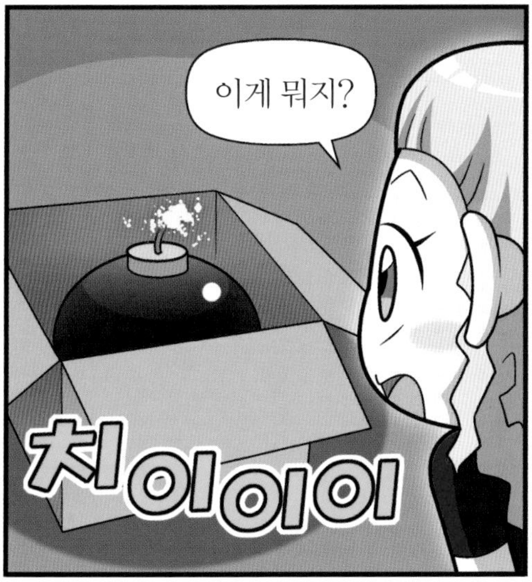
이게 뭐지?
치이이이이

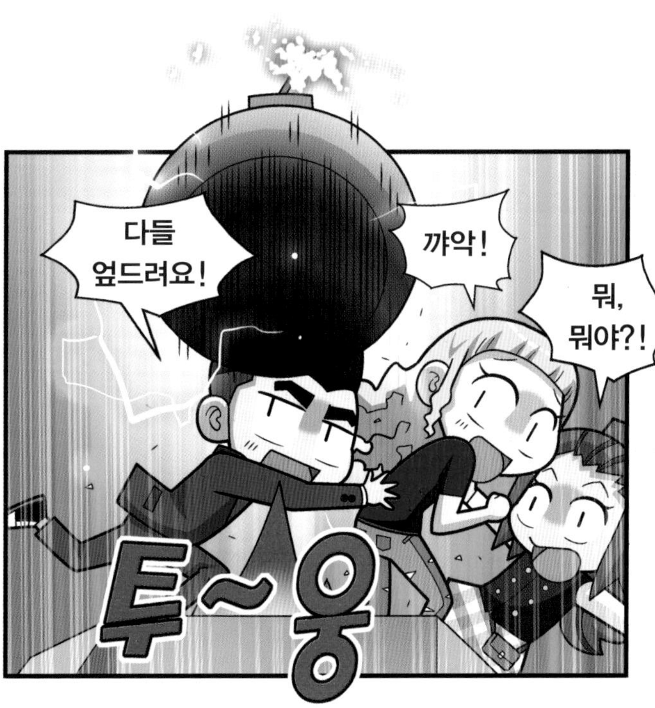
다들 엎드려요!
까악!
뭐, 뭐야?!
투~웅

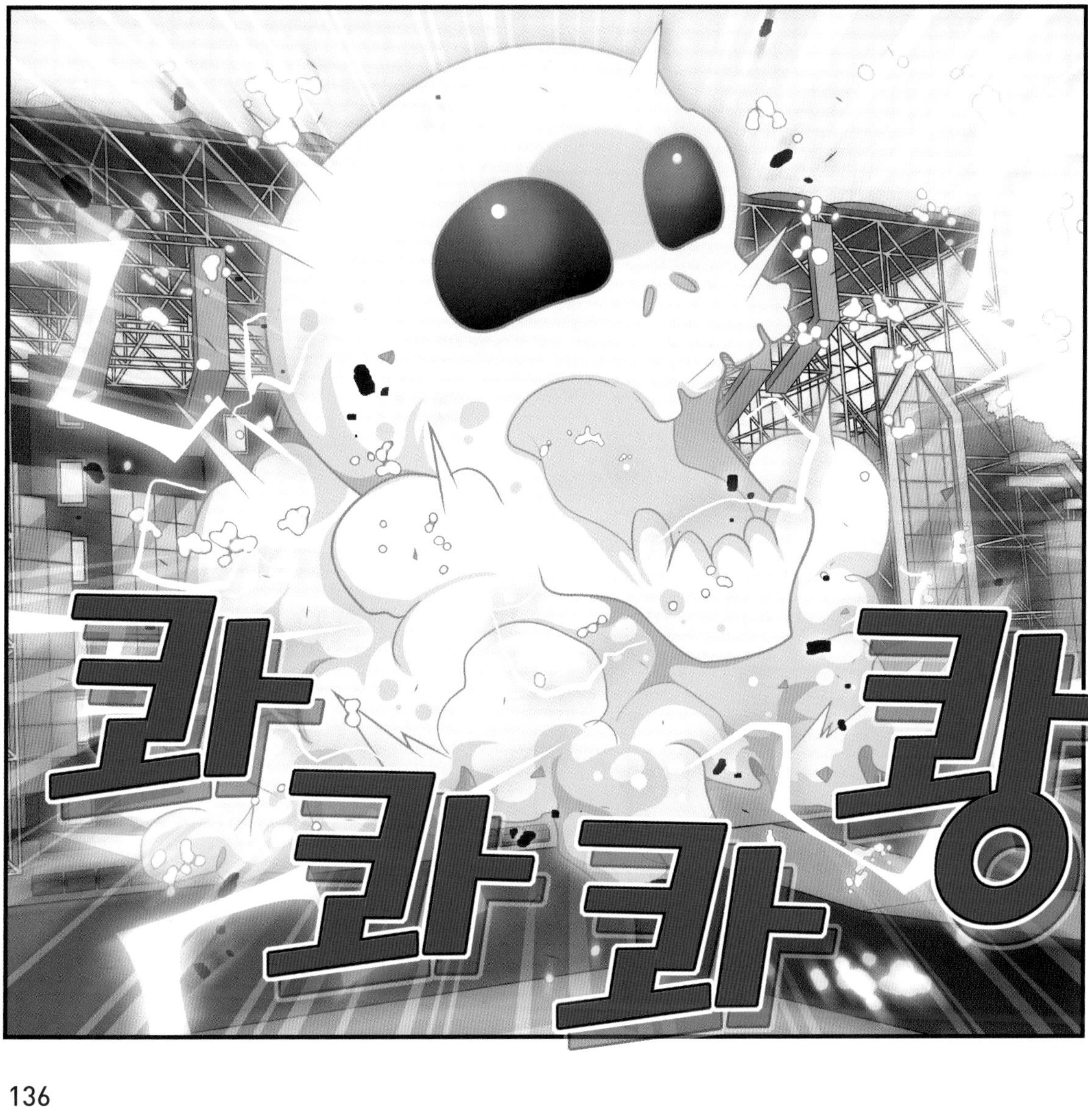
콰콰콰쾅

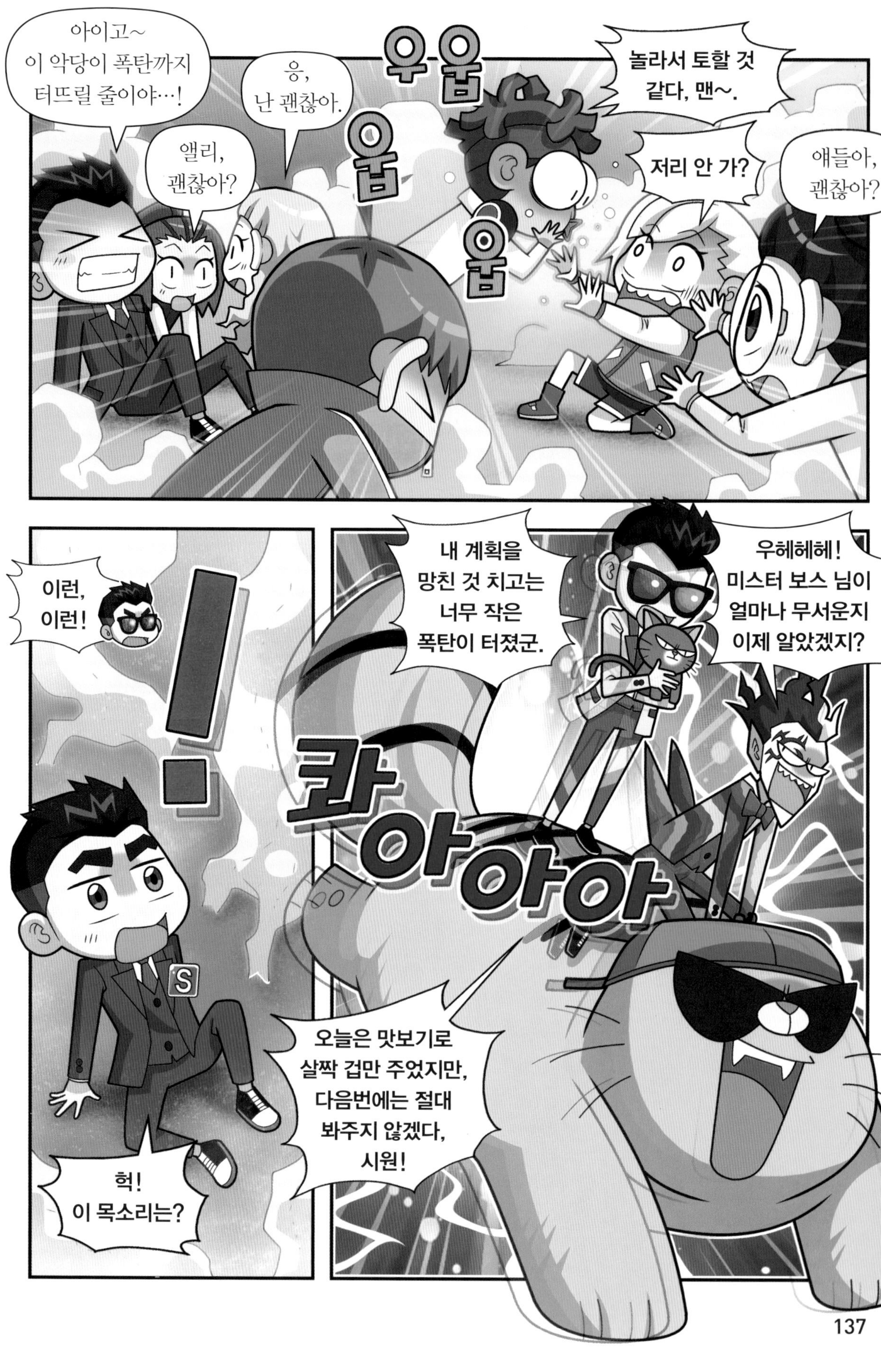
아이고~ 이 악당이 폭탄까지 터뜨릴 줄이야…!
앨리, 괜찮아?
응, 난 괜찮아.
우웁
웁
웁
놀라서 토할 것 같다, 맨~.
저리 안 가?
애들아, 괜찮아?
이런, 이런!
!
헉! 이 목소리는?
내 계획을 망친 것 치고는 너무 작은 폭탄이 터졌군.
우헤헤헤! 미스터 보스 님이 얼마나 무서운지 이제 알았겠지?
콰아아아
오늘은 맛보기로 살짝 겁만 주었지만, 다음번에는 절대 봐주지 않겠다, 시원!

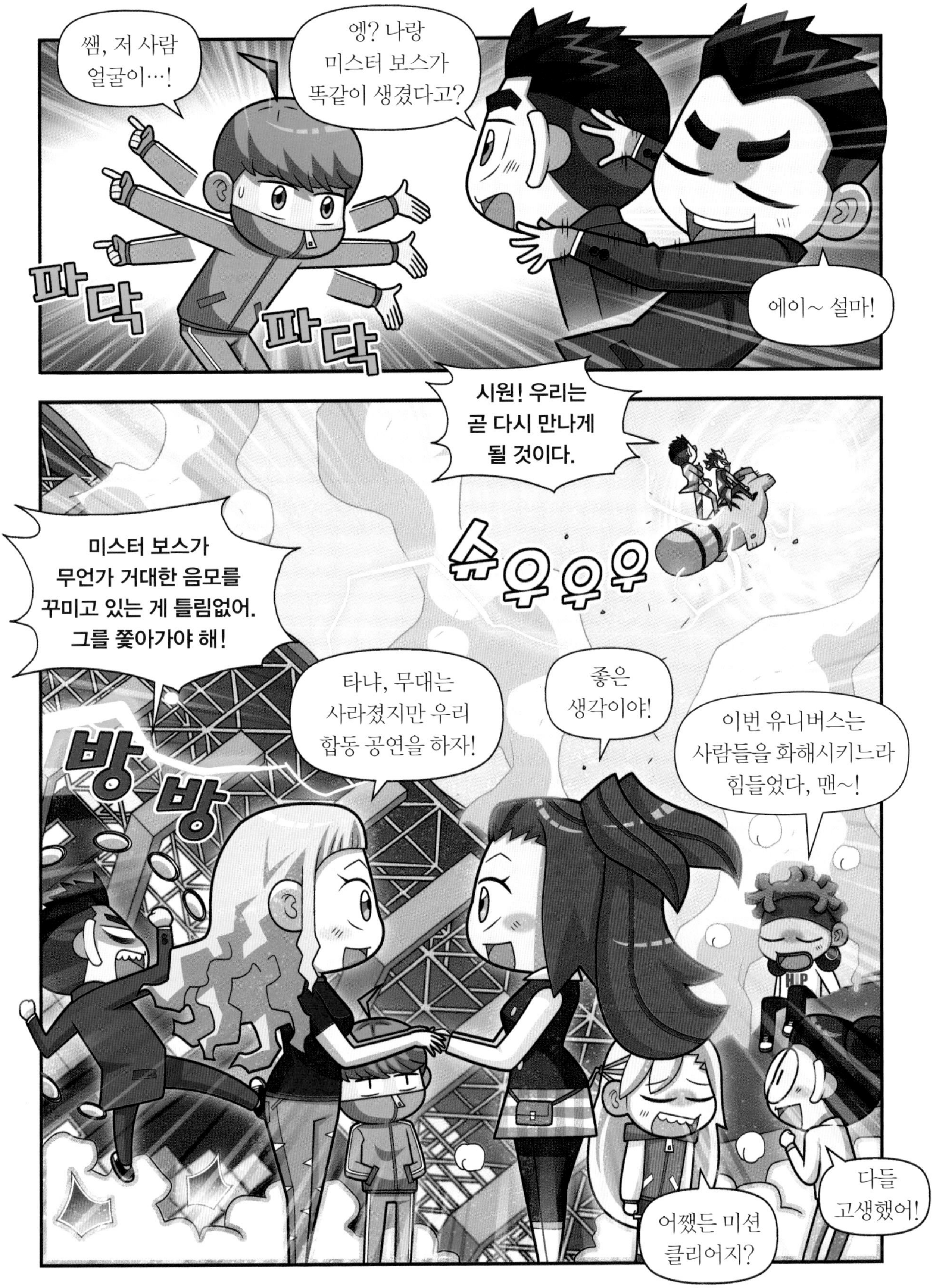
쌤, 저 사람 얼굴이…!
엥? 나랑 미스터 보스가 똑같이 생겼다고?
파닥
파닥
에이~ 설마!
시원! 우리는 곧 다시 만나게 될 것이다.
미스터 보스가 무언가 거대한 음모를 꾸미고 있는 게 틀림없어. 그를 쫓아가야 해!
슈우우우
방방
타냐, 무대는 사라졌지만 우리 합동 공연을 하자!
좋은 생각이야!
이번 유니버스는 사람들을 화해시키느라 힘들었다, 맨~!
어쨌든 미션 클리어지?
다들 고생했어!

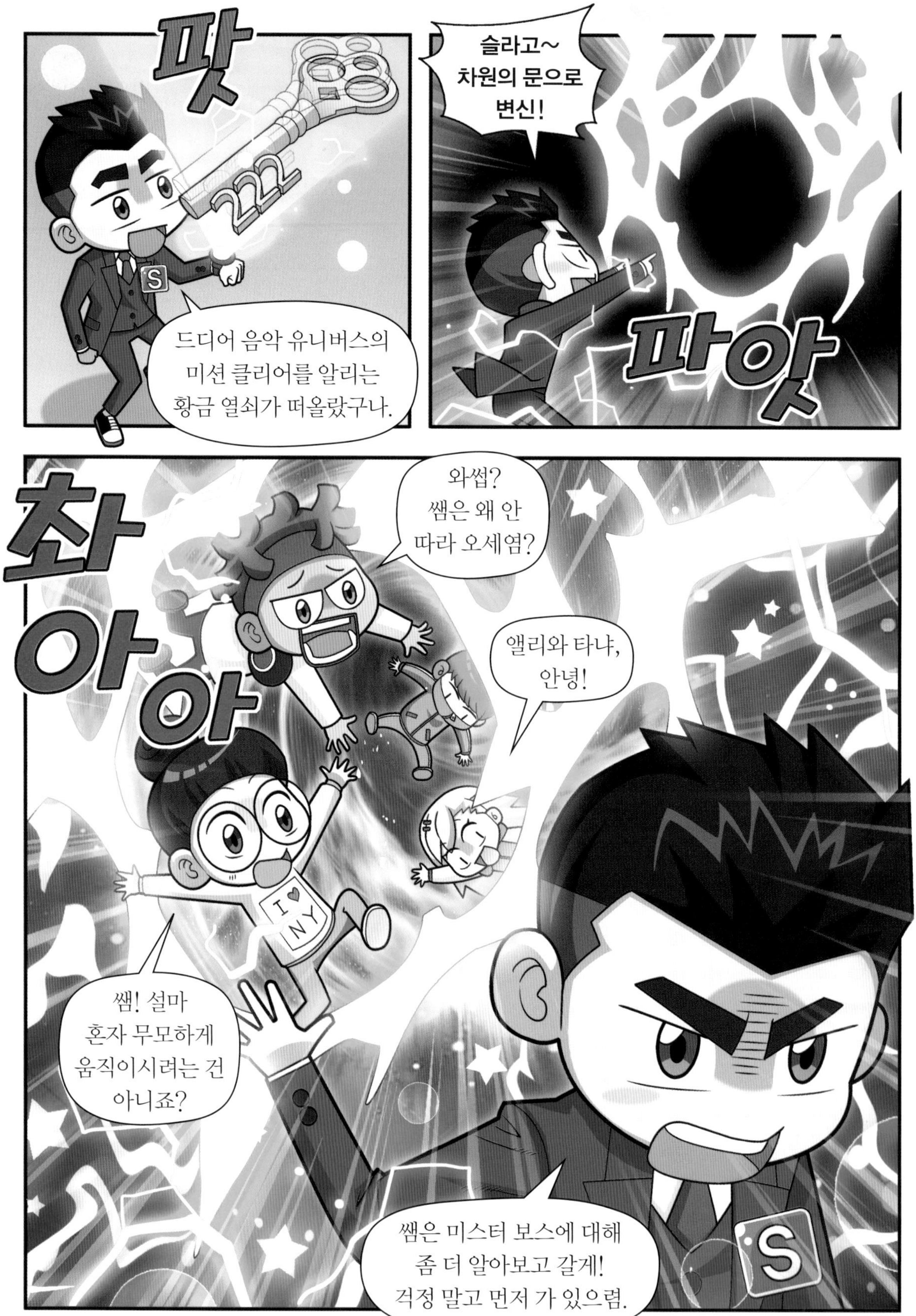
팟
222
드디어 음악 유니버스의 미션 클리어를 알리는 황금 열쇠가 떠올랐구나.
슬라고~ 차원의 문으로 변신!
파앗
촤아아
와썹? 쌤은 왜 안 따라 오세염?
앨리와 타냐, 안녕!
쌤! 설마 혼자 무모하게 움직이시려는 건 아니죠?
쌤은 미스터 보스에 대해 좀 더 알아보고 갈게! 걱정 말고 먼저 가 있으렴.

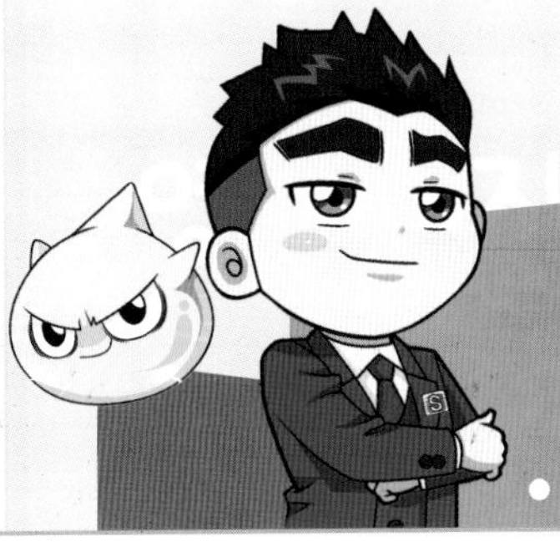

예스어학원 수업 시간

- 1교시 · **단어** Vocabulary
- 2교시 · **문법 1,2,3** Grammar 1,2,3
- 3교시 · **게임** Recess
- 4교시 · **읽고 쓰기** Reading & Writing
- 5교시 · **유니버스 이야기** Story
- 6교시 · **말하기** Speaking
- 7교시 · **쪽지 시험** Quiz

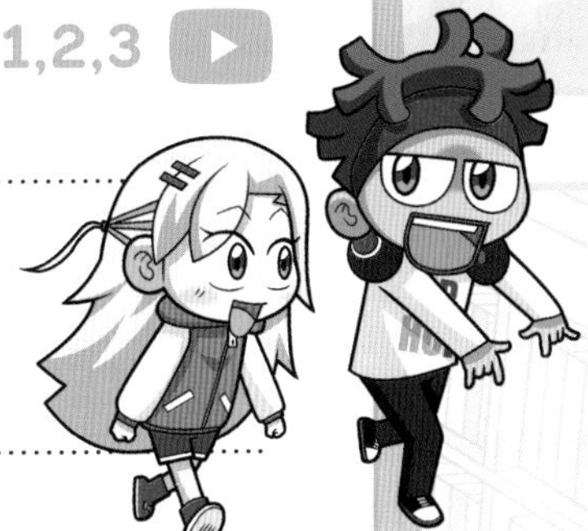

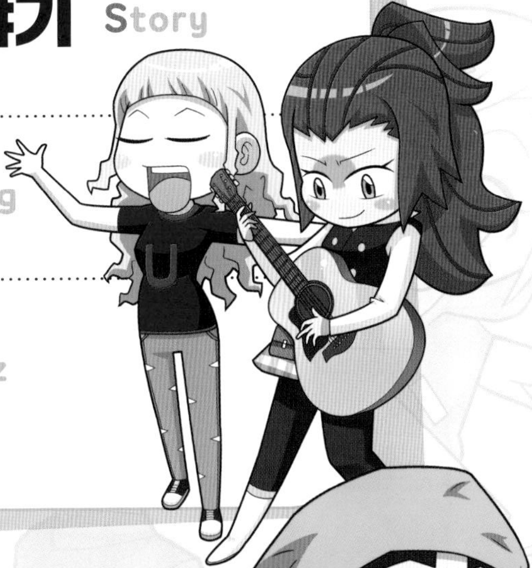

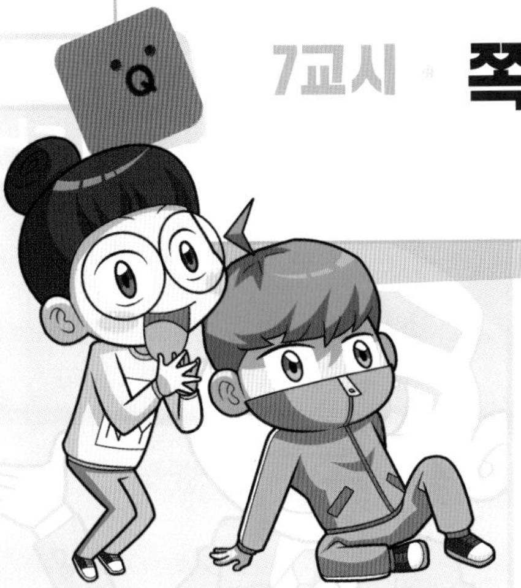

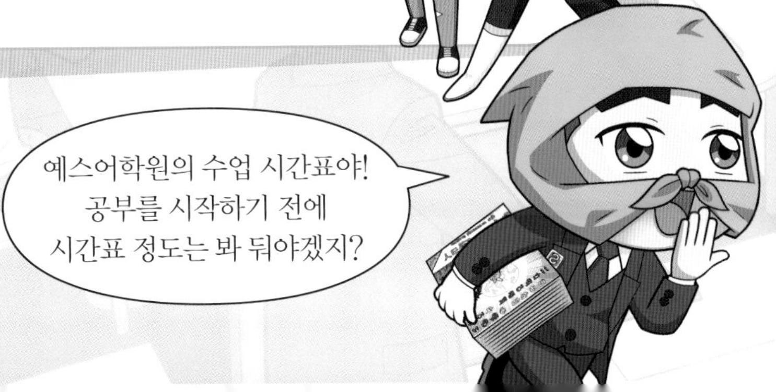
예스어학원의 수업 시간표야!
공부를 시작하기 전에
시간표 정도는 봐 둬야겠지?

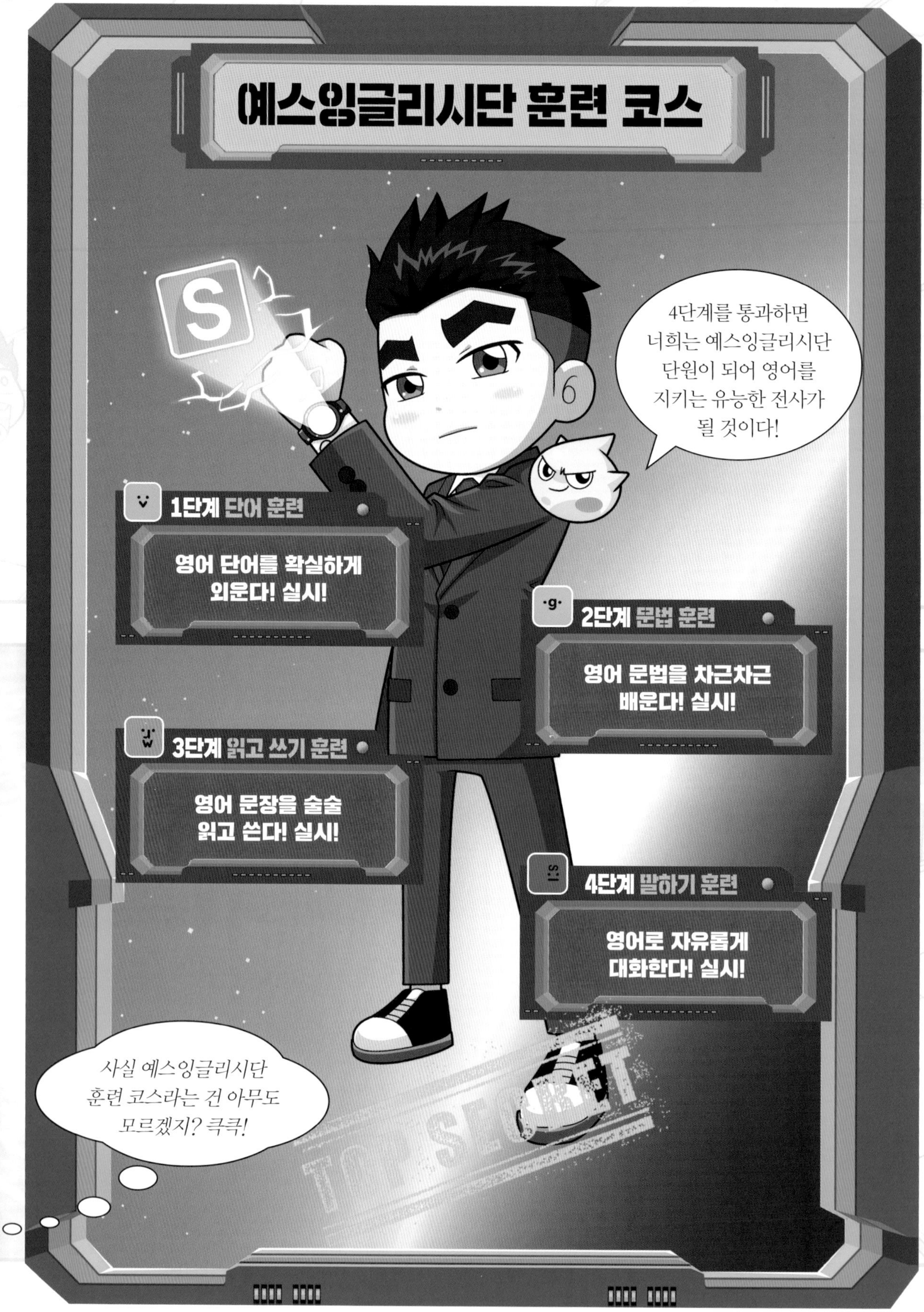
예스잉글리시단 훈련 코스
4단계를 통과하면 너희는 예스잉글리시단 단원이 되어 영어를 지키는 유능한 전사가 될 것이다!
1단계 단어 훈련
영어 단어를 확실하게 외운다! 실시!
2단계 문법 훈련
영어 문법을 차근차근 배운다! 실시!
3단계 읽고 쓰기 훈련
영어 문장을 술술 읽고 쓴다! 실시!
4단계 말하기 훈련
영어로 자유롭게 대화한다! 실시!
사실 예스잉글리시단 훈련 코스라는 건 아무도 모르겠지? 큭큭!
TOP SECRET

1교시 단어 • Vocabulary

step 1. 단어 강의

영어의 첫걸음은 단어를 외우는 것에서부터 시작된단다.
단어를 많이 알아야 영어를 잘할 수 있어. 그럼 17권의 필수 단어를 한번 외워 볼까?

No.	음악	Music
1	힙합 음악, 힙합 문화	hip-hop
2	팝 (음악)	pop
3	록 (음악)	rock
4	음악회, 연주회	concert
5	노래	song
6	목소리, 음성	voice
7	밴드, 악단	band
8	문화	culture
9	즐기다	enjoy
10	감동시키다, 만지다	touch

No.	여행	Tour
11	텐트, 천막	tent
12	캠핑, 야영	camping
13	공항	airport
14	항공사	airline
15	탑	tower
16	지도	map
17	도시	city
18	시골 지역, 전원 지대	countryside
19	국가, 국민	nation
20	길, 도로	road

요우~ 언젠가는
나도 꼭 concert에서
멋진 무대를 선보이겠어!
HIP HOP

나우는 정말
hip-hop에
진심이라니까~!

원어민 발음 듣기
QR코드를 찍어 봐!

No.	미국 대 영국	American vs British
21	(미) 엘리베이터, 승강기*	elevator
22	(미) 지하철	subway
23	(영) 지하철	underground
24	(미) 뜰, 정원	yard
25	(영) 뜰, 정원	garden

No.	탈것	Vehicle
26	비행기	plane
27	헬리콥터	helicopter
28	(자동)차, 승용차	car
29	자전거	bicycle
30	기차	train

* 영국식 영어로는 lift이며, 〈이시원의 영어 대모험〉 6권에서 '들어 올리다'라는 뜻으로 소개됨.

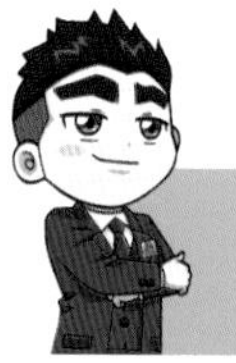

step 2. 단어 시험

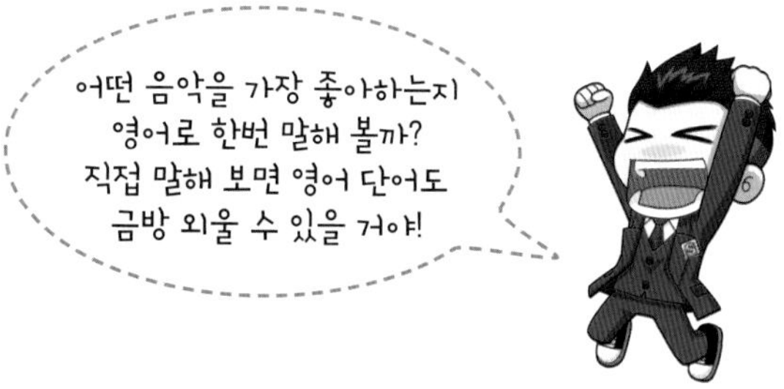
어떤 음악을 가장 좋아하는지
영어로 한번 말해 볼까?
직접 말해 보면 영어 단어도
금방 외울 수 있을 거야!

단어를 확실하게 외웠는지 한번 볼까? 빈칸을 채워 봐.

- 음악회, 연주회 ____________________
- 지도 ____________________
- 목소리, 음성 ____________________
- (미) 지하철 ____________________
- 노래 ____________________
- 비행기 ____________________
- 문화 ____________________
- 자전거 ____________________
- 공항 ____________________
- 기차 ____________________

* 정답은 162~163쪽에 있습니다.

step 1. 문법 강의

비교란 둘 이상의 사물을 견주어 서로 간의 유사점과 차이점을 알아보는 일을 말해.
영어에도 이러한 비교 표현이 있어. 형용사와 부사를 활용하면 되는데,
크게 원급과 비교급, 최상급으로 나누어 볼 수 있지.

말이 굉장히 어려워 보이지만 뜻을 알고 보면 간단해.
'~만큼 ~하다'라는 표현을 하고 싶을 때는 원급을,
'~보다 더 ~하다'라는 표현을 하고 싶을 때는 비교급을 쓸 수 있어.
'가장 ~하다'라는 표현을 하고 싶을 때는 최상급을 사용할 수 있지.

그럼 먼저 원급 비교에 대해 알아볼까?
원급 비교는 비슷한 성질을 지닌 두 대상을 비교할 때 사용해.
'as + 원급 + as' 형태로 쓸 수 있어. 이때 원급 자리에는 형용사나 부사가 들어가는데,
꼭 원형을 써야 한다는 점을 기억하자.

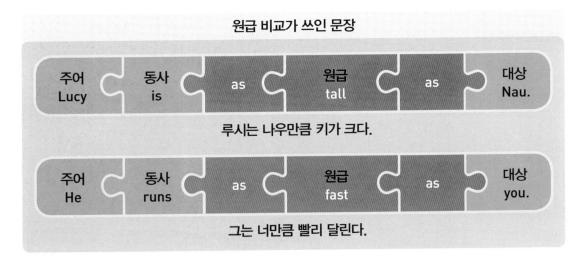

원급 비교가 쓰인 문장

| 주어 Lucy | 동사 is | as | 원급 tall | as | 대상 Nau. |

루시는 나우만큼 키가 크다.

| 주어 He | 동사 runs | as | 원급 fast | as | 대상 you. |

그는 너만큼 빨리 달린다.

동영상 강의 보기
QR코드를 찍어 봐!

step 2. 문법 정리

원급 비교가 쓰인 문장을 살펴볼까?

원급 비교가 쓰인 긍정문

나는 너만큼 열심히 공부한다.	I study as hard as you.
호랑이는 사자만큼 위험하다.	A tiger is as dangerous as a lion.
가능한 (만큼) 빨리 이메일에 응답해 주세요.	Please reply to the email as quickly as possible.

원급 비교가 쓰인 부정문

이 펜은 저 펜만큼 싸지 않다.	This pen is not as cheap as that one.

원급 비교가 쓰인 의문문

나우는 시원만큼 잘 생겼니?	Is Nau as handsome as Siwon?

step 3. 문법 대화

원급 비교가 쓰인 대화를 한번 들어 봐!

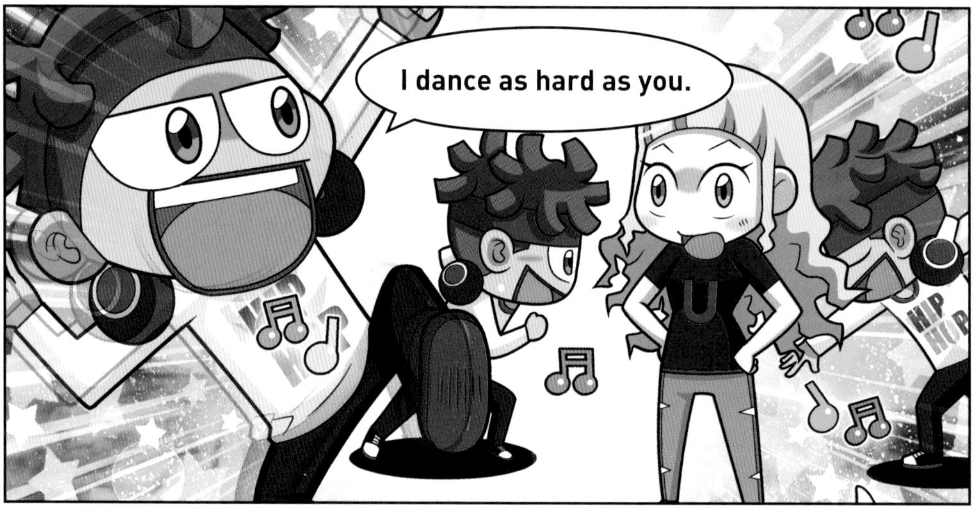
I dance as hard as you.
HIP HOP

2교시 ·g· 문법 2 • Grammar 2

step 1. 문법 강의

다음은 비교급에 대해 알아보자. 비교급은 하나의 특성을 놓고, 두 대상을 비교할 때 사용해. 'A + 동사 + 비교급 + than + B' 형태로 쓸 수 있지. 'A가 B보다 더 ~하다'로 해석하면 돼.

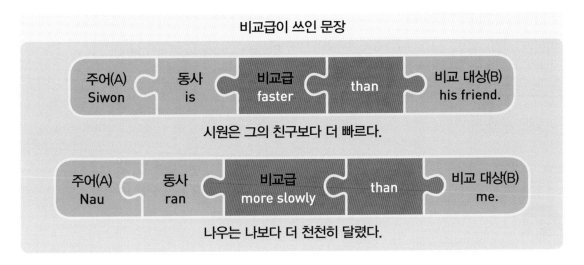

비교급이 쓰인 문장

| 주어(A) Siwon | 동사 is | 비교급 faster | than | 비교 대상(B) his friend. |

시원은 그의 친구보다 더 빠르다.

| 주어(A) Nau | 동사 ran | 비교급 more slowly | than | 비교 대상(B) me. |

나우는 나보다 더 천천히 달렸다.

그렇다면 비교급은 어떻게 만드는 걸까? 비교급을 만드는 데는 몇 가지 규칙이 있어. 단, 불규칙하게 변하는 경우도 있으니까 잘 기억해 두렴.

형용사와 부사의 비교급 – 규칙 변화			
대부분의 경우 원급 + –er	long ···› longer soon ···› sooner	자음 + –y로 끝나는 경우 y를 i로 고치고 + –er	pretty ···› prettier early ···› earlier
–e로 끝나는 경우 원급 + –r	close ···› closer cute ···› cuter	단모음 + 단자음으로 끝나는 경우 끝자음 한 번 더 쓰고 + –er	big ···› bigger hot ···› hotter
–ful, –less, –ous, –ive, –ing로 끝나는 경우 명사/형용사 + –ly로 끝나는 경우 3음절 이상인 경우 more + 원급		beautiful ···› more beautiful slowly ···› more slowly interesting ···› more interesting	

형용사와 부사의 비교급 – 불규칙 변화
good/well ···› better, bad ···› worse, many/much ···› more, little ···› less

동영상 강의 보기
QR코드를 찍어 봐!

step 2. 문법 정리

비교급이 쓰인 문장을 살펴볼까?

비교급이 쓰인 긍정문	
이 차는 저 차보다 더 크다.	This car is bigger than that one.
지구는 달보다 더 크다.	The Earth is larger than the Moon.
바위는 지붕보다 더 높이 날아갔다.	The rock flew higher than the roof.
비교급이 쓰인 부정문	
루시는 줄리보다 더 나이가 많지 않다.	Lucy isn't older than Julie.
비교급이 쓰인 의문문	
네 가방이 내 것보다 더 무겁니?	Is your bag heavier than mine?

step 3. 문법 대화

비교급이 나온 대화를 한번 들어 봐!

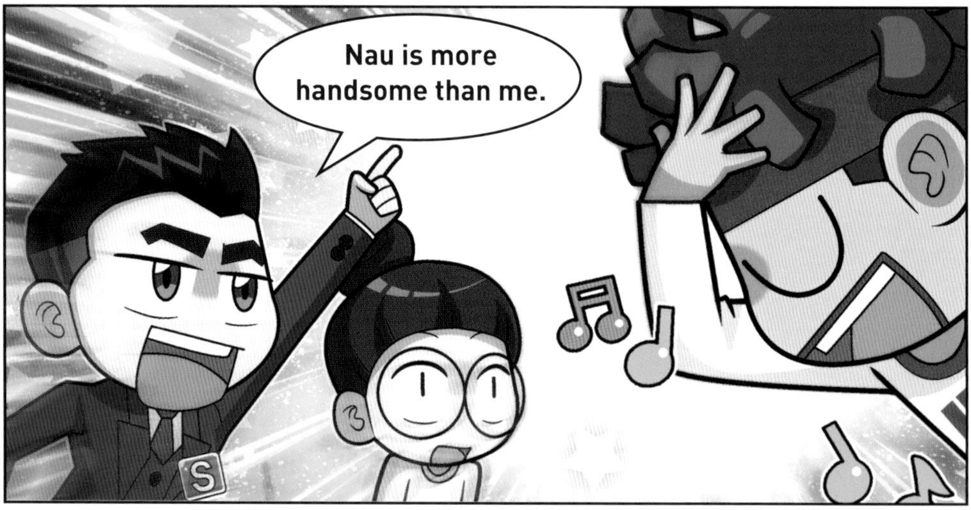
Nau is more handsome than me.

step 1. 문법 강의

마지막으로 **최상급**에 대해 알아보자. 최상급은 여러 비교 대상 중에서
성질이나 상태의 정도가 가장 큰 것을 나타낼 때 사용해. '가장 ~하다'로 해석하면 돼.

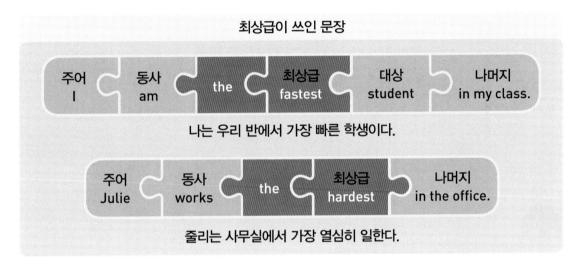

최상급이 쓰인 문장

| 주어 I | 동사 am | the | 최상급 fastest | 대상 student | 나머지 in my class. |

나는 우리 반에서 가장 빠른 학생이다.

| 주어 Julie | 동사 works | the | 최상급 hardest | 나머지 in the office. |

줄리는 사무실에서 가장 열심히 일한다.

최상급을 만드는 데에도 몇 가지 규칙이 있어.
참! 일부 경우를 제외하곤 최상급 앞에 정관사 the가 붙는다는 점도 꼭 기억하렴.

형용사와 부사의 최상급 – 규칙 변화			
대부분의 경우 원급 + –est	high ⋯→ highest soon ⋯→ soonest	자음 + –y로 끝나는 경우 y를 i로 고치고 + –est	early ⋯→ earliest healthy ⋯→ healthiest
–e로 끝나는 경우 원급 + –st	close ⋯→ closest late ⋯→ latest	단모음 + 단자음으로 끝나는 경우 끝자음 한 번 더 쓰고 + –est	hot ⋯→ hottest big ⋯→ biggest
–ly로 끝나는 경우 3음절 이상인 경우 most + 원급		quickly ⋯→ most quickly expensive ⋯→ most expensive	

형용사와 부사의 최상급 – 불규칙 변화
good/well ⋯→ best, **bad/badly** ⋯→ worst, **many/much** ⋯→ most, **little** ⋯→ least

step 2. 문법 정리

최상급이 쓰인 문장을 살펴볼까?

최상급이 쓰인 긍정문

이것은 한국에서 가장 긴 다리이다.	This is **the longest** bridge in Korea.
리아가 가장 행복하게 웃는다.	Lia smiles **the most happily**.
그 시험은 가장 어려웠다.	The exam was **the most difficult**.

최상급이 쓰인 부정문

그녀는 그녀의 반에서 키가 가장 작지 않았다.	She **wasn't the shortest** in her class.

최상급이 쓰인 의문문

이것이 모든 책들 중 가장 흥미롭니?	Is **this the most interesting** of all books?

step 3. 문법 대화

최상급이 나온 대화를 한번 들어 봐!

They are the worst villains.

3교시 게임 • Recess

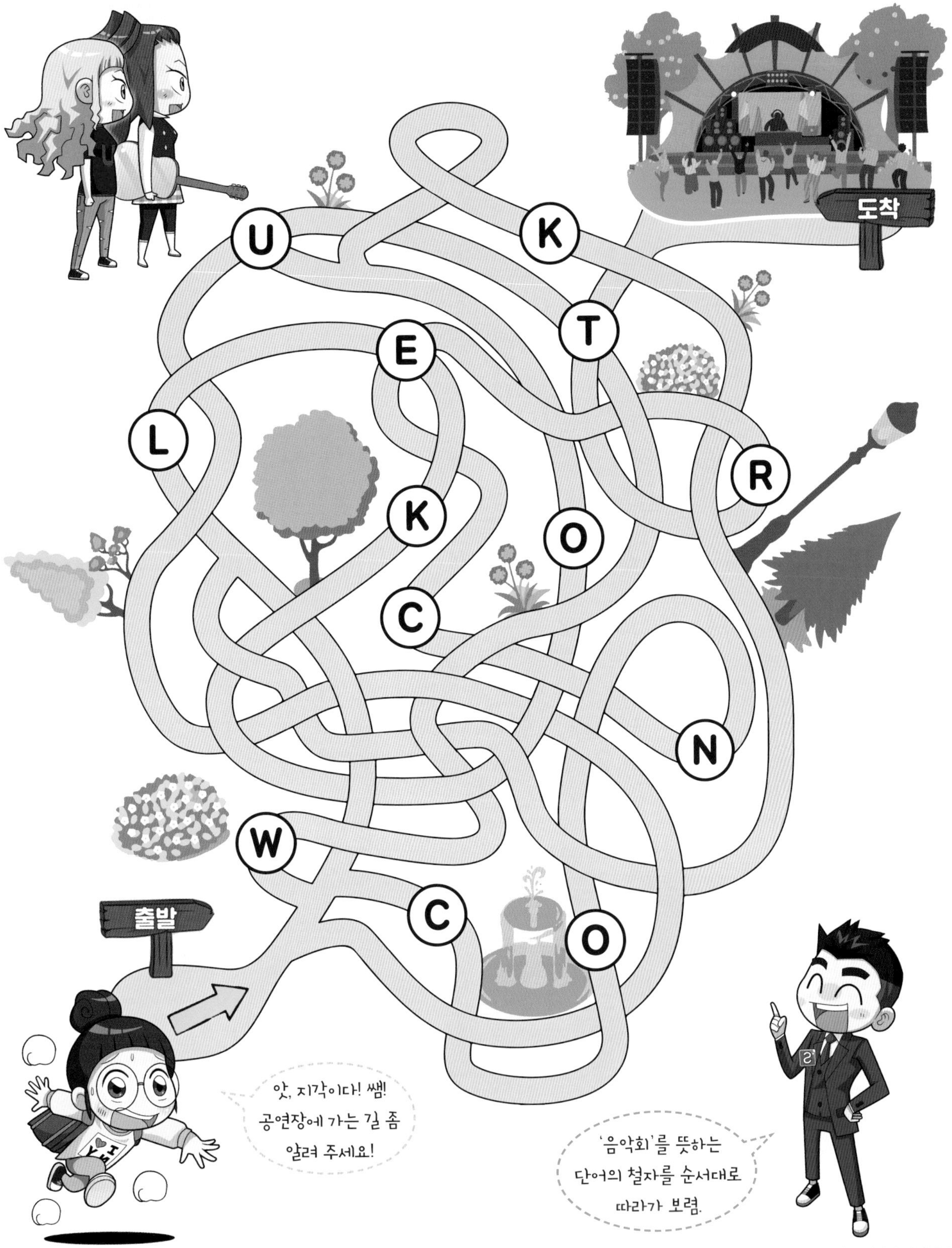

도착
U
K
T
E
L
R
K
O
C
N
W
C
O
출발
앗, 지각이다! 쌤! 공연장에 가는 길 좀 알려 주세요!
'음악회'를 뜻하는 단어의 철자를 순서대로 따라가 보렴.

아래 표를 보고
루시가 이용한 교통수단이
무엇인지 찾아 알맞은 그림에
동그라미를 쳐 보자!

나는
♣■◇♥◇★☆을 타고
공원에 갔어.

GUESS THE WORD

a	c	e	h	i	l	r	b	s	u	y
●	◇	☆	◆	■	★	□	♣	▲	○	♥

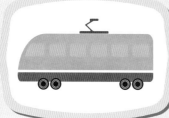

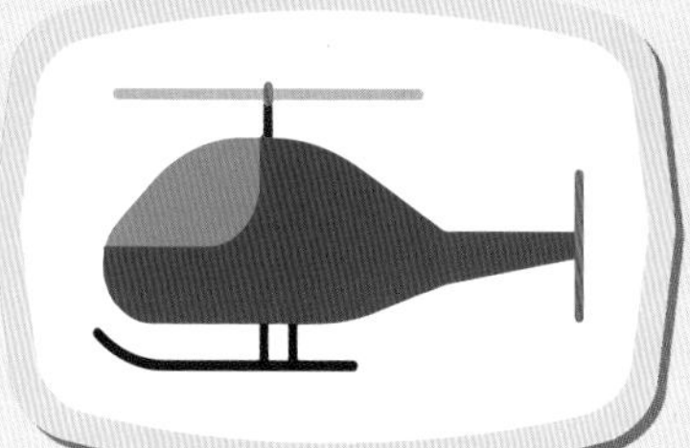

* 정답은 162~163쪽에 있습니다.

4교시   📝 읽고 쓰기 • Reading & Writing

step 1. 읽기

자유자재로 영어를 읽고, 쓰고, 말하고 싶다면 문장 만들기 연습을 반복해야 하지.
먼저 다음 문장들이 익숙해질 때까지 읽어 볼까?

- 나는 너만큼 열심히 공부한다.

  I study as hard as **you.**

- 호랑이는 사자만큼 위험하다.

  A tiger is as dangerous as **a lion.**

- 건강은 돈만큼 중요하다.

  Health is as important as **money.**

- 가능한 (만큼) 빨리 이메일에 응답해 주세요.

  Please reply to the email as quickly as **possible.**

- 나는 영어를 역사만큼 많이 좋아했다.

  I liked English as much as **history.**

- 그의 상자는 내 것만큼 무거웠다.

  His box was as heavy as **mine.**

- 내일은 오늘만큼 더울 것이다.

  Tomorrow will be as hot as **today.**

- 이 펜은 저 펜만큼 싸지 않다.

  This pen is not as cheap as **that one.**

- 나우는 시원만큼 잘 생겼니?

  Is **Nau** as handsome as **Siwon**?

- 케빈은 너만큼 불어를 유창하게 하니?

  Does **Kevin speak French** as fluently as **you**?

- 이 차는 저 차보다 더 크다.

  This car is bigger than **that one.**

- 지구는 달보다 더 크다.

  The Earth is larger than **the Moon.**

- 바위는 지붕보다 더 높이 날아갔다.

  The rock flew higher than **the roof.**

- 그는 우리보다 더 빨리 끝냈다.

  He finished faster than **we did.**

문장 만들기 연습

1회 ☐ 2회 ☐ 3회 ☐

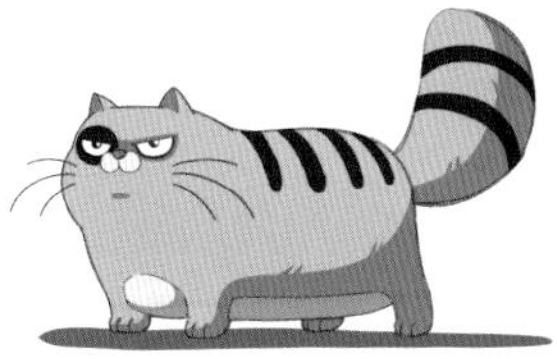

• 우리 집 개가 나보다 더 행복하다.	My dog is happier than me.
• 벤은 그의 친구보다 더 시끄럽게 말했다.	Ben talked more loudly than his friend.
• 루시는 줄리보다 더 나이가 많지 않다.	Lucy isn't older than Julie.
• 그녀는 나보다 쿠키를 더 잘 굽지는 못한다.	She doesn't bake cookies better than me.
• 네 가방이 내 것보다 더 무겁니?	Is your bag heavier than mine?
• 내가 전보다 더 날씬해 보이니?	Do I look thinner than before?
• 그는 올해 가장 가치 있는 선수이다.	He is the most valuable player this year.
• 이것은 한국에서 가장 긴 다리이다.	This is the longest bridge in Korea.
• 리아가 가장 행복하게 웃는다.	Lia smiles the most happily.
• 그 시험은 가장 어려웠다.	The exam was the most difficult.
• 이 영화가 작년에 최고였다.	This movie was the best last year.
• 영어는 너에게 가장 중요한 과목이 될 것이다.	English will be the most important subject to you.
• 그녀는 그녀의 반에서 키가 가장 작지 않았다.	She wasn't the shortest in her class.
• 이것이 모든 책들 중 가장 흥미롭니?	Is this the most interesting of all books?
• 네가 너의 가족 중 가장 먼저 일어났니?	Did you get up the earliest of your family?
• 세계에서 가장 큰 대륙이 무엇이니?	What is the largest continent in the world?

4교시 읽고 쓰기 • Reading & Writing

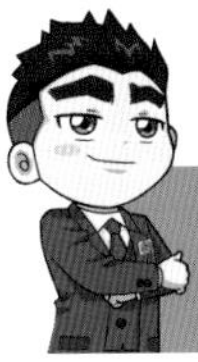

step 2. 쓰기

익숙해진 문장들을 이제 한번 써 볼까? 괄호 안의 단어를 보고, 순서에 맞게 문장을 만들어 보자.

❶ 호랑이는 사자만큼 위험하다. **(tiger, a, dangerous, as, lion, is, A, as)**

.

❷ 내일은 오늘만큼 더울 것이다. **(will, as, Tomorrow, hot, today, as, be)**

.

❸ 지구는 달보다 더 크다. **(than, the, The, larger, Earth, is, Moon)**

.

❹ 그녀는 나보다 쿠키를 더 잘 굽지는 못한다. **(doesn't, me, She, better, bake, cookies, than)**

.

❺ 내가 전보다 더 날씬해 보이니? **(than, look, Do, I, before, thinner)**

?

❻ 이것은 한국에서 가장 긴 다리이다. **(Korea, in, the, longest, This, bridge, is)**

.

❼ 영어는 너에게 가장 중요한 과목이 될 것이다. **(important, subject, be, the, most, English, will, to, you)**

.

❽ 네가 너의 가족 중 가장 먼저 일어났니? **(you, earliest, up, get, Did, family, your, of, the)**

?

이제 비교 표현이 쓰인 문장을 영어로 써 볼까? 영작을 하다 보면 실력이 훨씬 늘 거야.
잘 모르겠으면, 아래에 있는 WORD BOX를 참고해!

❶ 나는 너만큼 열심히 공부한다. _____ .

❷ 건강은 돈만큼 중요하다. _____ .

❸ 나는 영어를 역사만큼 많이 좋아했다. _____ .

❹ 그는 우리보다 더 빨리 끝냈다. _____ .

❺ 루시는 줄리보다 더 나이가 많지 않다. _____ .

❻ 그 시험은 가장 어려웠다. _____ .

❼ 그는 올해 가장 가치 있는 선수이다. _____ .

❽ 이것이 모든 책들 중 가장 흥미롭니? _____ ?

WORD BOX

• I	• English	• of	• isn't	• all	• finished
• He	• this	• exam	• much	• Julie	• money
• liked	• player	• year	• interesting	• hard	• faster
• did	• you	• we	• than	• study	• Health
• as	• Lucy	• older	• The	• was	• difficult
• valuable	• books	• is	• important	• history	• most

* 정답은 162~163쪽에 있습니다.

5교시 유니버스 이야기 • Story

우리가 열일곱 번째로 다녀온 곳은 바로 222 유니버스란다. 미국 가수와 영국 가수가 모여 합동 공연을 준비하고 있는 곳이지. 이곳이 어떤 곳인지 좀 더 자세히 알아볼까?

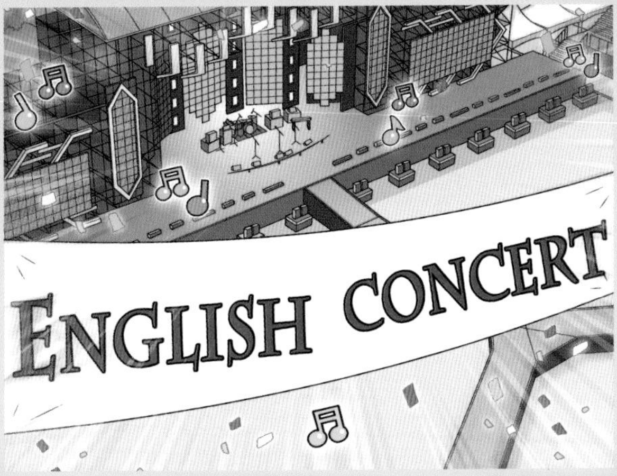
ENGLISH CONCERT

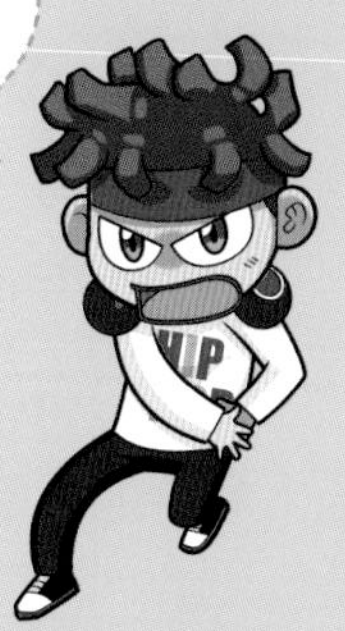
미국과 영국 가수들의 불화로 합동 공연이 실패했다면 222 유니버스는 어떻게 되었을까요?

◀222 유니버스

위치 248 유니버스와 가까운 곳

상황 미국과 영국 가수들의 합동 공연장에서 트릭커와 빅캣이 양국 사이를 이간질해 공연을 방해하고 있음.

키 문장 "You are the best singer!", "We are the best singers!"

222 유니버스 이야기: 비교급과 최상급

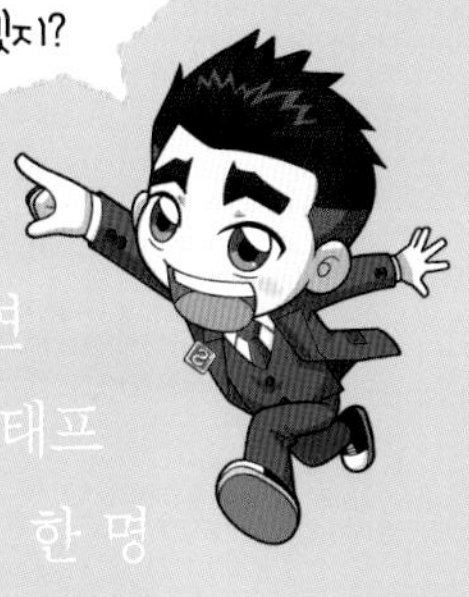
음악 유니버스인 222 유니버스가 흔들리고, 지구에선 음악과 관련된 영어가 사라졌겠지?

222 유니버스는 영국 가수와 미국 가수가 모여 'English Concert'를 준비하고 있는 음악 유니버스예요. 대중음악의 역사에 대해 배우던 예스잉글리시단은 음악 유니버스의 에러를 감지하고, 이곳에 오게 되지요. 이곳에서 영국 대표 록 가수 '타냐'와 미국 대표 팝 가수 '앨리'를 만나게 돼요. 영국 가수들과 미국 가수들은 서로 성향이나 문화는 다르지만, 각자 공연 준비를 하며 평화롭게 지내고 있었어요. 그런데 트릭커와 빅캣이 공연 스태프로 변장해 두 나라 가수들 사이를 이간질하기 시작했지요. 마지막 무대에 한 명의 가수만 선다는 타이틀을 걸고, 서로 경쟁하고 싸우게 만들었어요. 이에 예스잉글리시단은 타냐와 앨리를 도와 경연 준비를 하면서, 두 가수가 서로를 진심으로 인정하고 응원할 수 있도록 도와주어요. 결국 타냐와 앨리는 음악에 대한 서로의 열정을 알게 되고, 진심으로 서로를 응원하며 합동 무대를 선보이지요. "You are the best singer!", "We are the best singers!"는 222 유니버스의 키 문장이자, 타냐와 앨리가 서로를 최고의 가수로 인정하게 해 준 멋진 명대사예요.

우리 지구의 실제 이야기: 팝(pop)의 역사

현대 대중음악의 기본을 이루는 음악 장르인 팝(pop)은 '인기 있는' 또는 '대중적인'을 뜻하는 'popular'에서 유래한 이름이에요. 이름을 통해 짐작할 수 있듯이, 팝 음악(pop music)은 일반 대중들이 쉽게 접근할 수 있는 쉬운 멜로디와 리듬을 가진 음악을 말해요. 누구나 따라 부르기 쉬운 후렴구를 포함하여 약 4분 이내의 짧은 재생 시간으로 이루어진 경우가 많지요. 팝 음악은 재즈(jazz), 블루스(blues), 로큰롤(rock'n'roll), 포크(folk), 레게(reggae), 록(rock), 힙합(hip-hop), 알 앤 비(R&B), 일렉트로닉(electronic) 등 여러 음악 장르와 뒤섞이며 발전해 왔어요. 이처럼 팝 음악은 한 가지로 규정할 수 없는, 다양한 음악적 색깔을 지니고 있답니다. 음악적 소양을 갖추어야 즐길 수 있는 클래식(classic)과는 달리, 많은 사람이 즐길 수 있는 음악이라는 점이 가장 큰 특징이지요. 대중에게 많은 사랑을 받는 음악 장르인 만큼, 팝 음악은 단지 노래로만 그치는 것이 아니라 광고나 패션, 엔터테인먼트 등 대중 문화 전반에 커다란 영향을 미쳐 왔어요. 비틀즈(The Beatles)나 마돈나(Madonna), 마이클 잭슨(Michael Jackson), 레이디 가가(Lady Gaga)와 같은 팝 스타들이 각 시대의 대중 문화를 선도한 아이콘(Icon)으로 자리매김한 것을 통해서도 알 수 있지요.

▲ 비틀즈의 청동 조각상

비틀즈(The Beatles)

발표한 곡마다 엄청난 흥행을 일으키며 전 세계의 팝 음악을 평정한 대표적 팝 스타예요. 네 명의 영국 리버풀 출신 청년인 존 레논, 폴 매카트니, 조지 해리슨, 링고 스타가 모여 결성한 그룹이지요. 대표곡으로는 〈Yesterday〉, 〈Hey Jude〉, 〈Yellow Submarine〉 등이 있지요. 1960년대 중반, 비틀즈를 필두로 한 영국 아티스트들이 미국에서 큰 인기를 끌었는데요. 이들은 미국 팝 음반 시장에 어마어마한 영향력을 미쳤어요. 이러한 현상을 '브리티시 인베이전(British Invasion)'이라고 부른답니다.

6교시 말하기 • Speaking

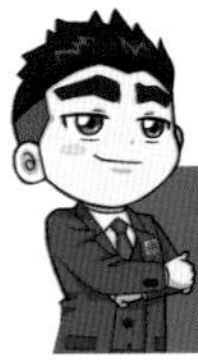

step 1. 대화 보기

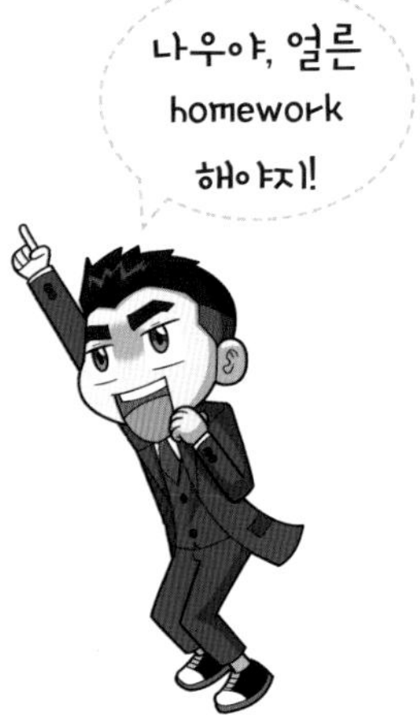
나우야, 얼른 homework 해야지!

만화에서 나오는 대사, '아이 돈 언더스탠드(I don't understand).'는 어떨 때 쓰는 말일까?

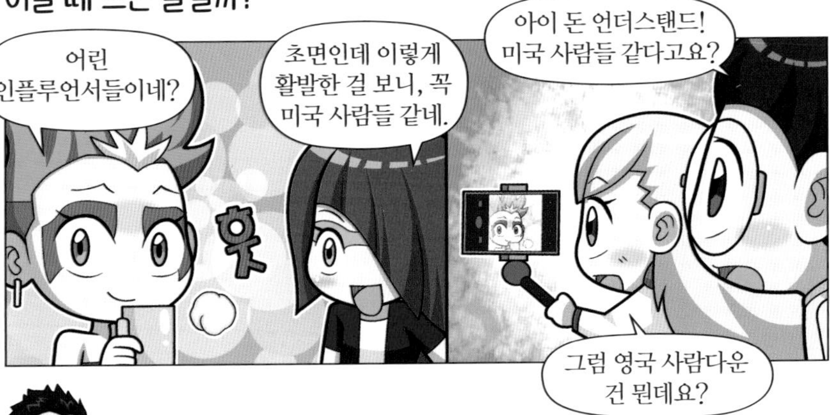
어린 인플루언서들이네?
초면인데 이렇게 활발한 걸 보니, 꼭 미국 사람들 같네.
훗
아이 돈 언더스탠드! 미국 사람들 같다고요?
그럼 영국 사람다운 건 뭔데요?

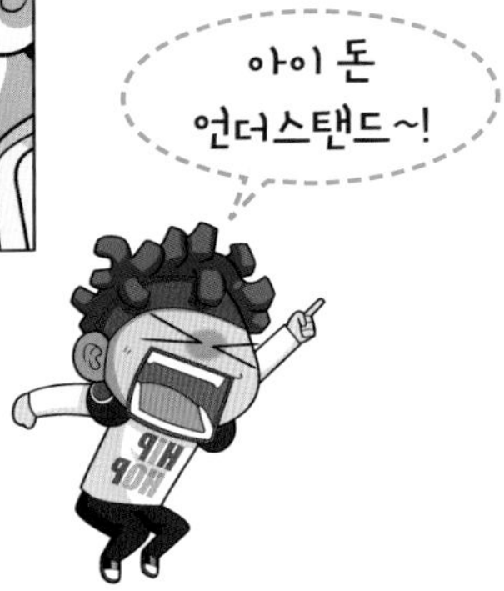
아이 돈 언더스탠드~!

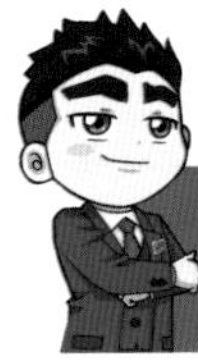

step 2. 대화 더하기

'아이 돈 언더스탠드(I don't understand).'는 '이해가 안 돼요.'라는 뜻이야.
어떤 말을 듣고 이해하지 못했을 때 쓸 수 있는 표현이지.
그렇다면 이와 비슷한 상황에서 쓸 수 있는 다른 영어 표현들은 뭐가 있을까?
친구들이 하는 말을 듣고 따라 해 보렴.

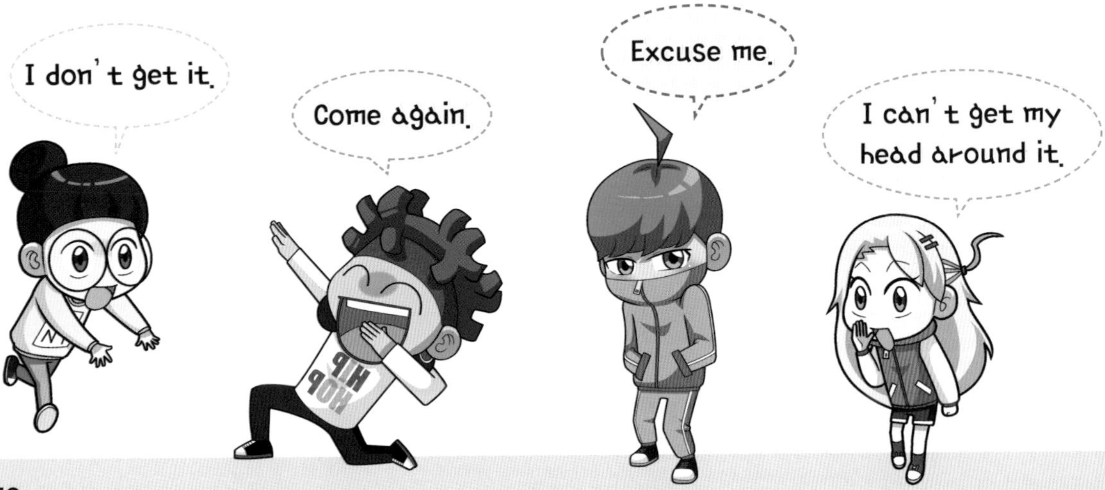
I don't get it.
Come again.
Excuse me.
I can't get my head around it.

한눈에 보는 이번 수업 핵심 정리

여기까지 열심히 공부한 여러분 모두 굿 잡!
어떤 걸 배웠는지 떠올려 볼까?

1. 원급에 대해 배웠어.

원급 비교는 비슷한 성질을 지닌 두 대상을 비교할 때 사용해.
'as + 원급 + as' 형태로 표현하지. '~만큼 ~하다'로 해석하면 돼.

2. 비교급에 대해 배웠어.

비교급은 하나의 특성을 놓고, 두 대상을 비교할 때 사용해.
'A + 동사 + 비교급 + than + B' 형태로 쓸 수 있지.
'A가 B보다 더 ~하다'로 해석하면 돼.

3. 최상급에 대해 배웠어.

최상급은 여러 비교 대상 중에서 성질이나 상태의 정도가 가장
큰 것을 나타낼 때 사용해. 'the + 최상급' 형태로 쓸 수 있지.
'가장 ~하다'로 해석하면 돼.

어때, 쉽지? 다음 시간에 또 보자!

6

7교시   Q   쪽지 시험 • Quiz

수업 시간에 잘 들었는지 쪽지 시험을 한번 볼까?

---

1. 다음 중 음악과 가장 관련 없는 단어는 무엇일까요?

 band    concert    voice    helicopter

---

2. 다음 중 탈것이 아닌 단어는 무엇일까요?

 plane    culture    car    train

---

3. 다음 중 미국에서 지하철을 가리키는 단어는 무엇일까요?

 bicycle    yard    subway    underground

---

4. 다음 중 틀린 말은 어느 것일까요?

① 원급은 '~만큼 ~하다'로 해석하면 된다.

② bad의 비교급은 worse다.

③ '-ly'로 끝나는 부사의 최상급은 부사 앞에 most를 붙여서 만들 수 있다.

④ 모든 형용사의 최상급은 단어 뒤에 -est만 붙이면 만들 수 있다.

5. 다음 중 올바른 문장은 무엇일까요?

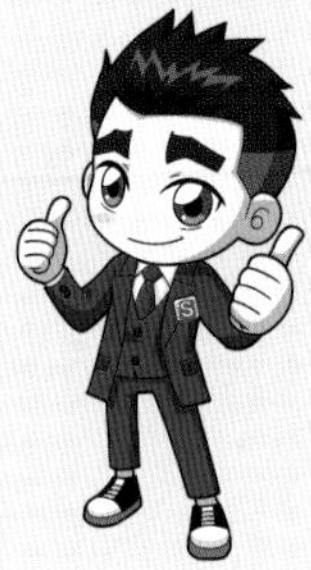

① **Is Nau as handsome than Siwon?**

② **Is your bag heavier than mine?**

③ **The Earth is largest than the Moon.**

④ **The exam was most the difficult.**

6. 다음 중 틀린 문장은 무엇일까요?

① **His box was as heavy as mine.**

② **The rock flew higher than the roof.**

③ **She wasn't the shortest in her class.**

④ **Lia smiles the more happily.**

7. 문장의 빈칸을 완성해 보세요.

① 이 펜은 저 펜만큼 싸지 않다. **This pen is not (　　) cheap (　　) that one.**

② 이 차는 저 차보다 더 크다. **This car is (　　) than that one.**

③ 이 영화가 작년에 최고였다. **This movie was (　　) best last year.**

④ 세계에서 가장 큰 대륙이 무엇이니? **What is the (　　) continent in the world?**

8. 다음 문장을 완성해 보세요.

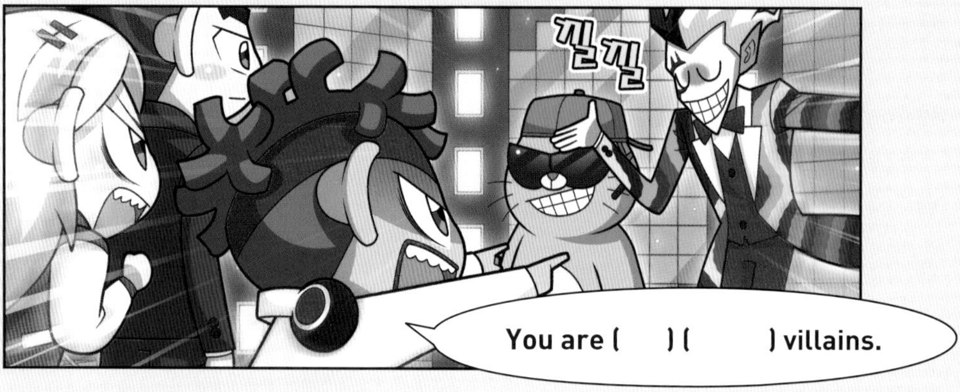
낄낄
You are (　　) (　　) villains.

* 정답은 162~163쪽에 있습니다.

수업 끝! 정답 • Answer

P 143

• 음악회, 연주회	concert	• 지도	map
• 목소리, 음성	voice	• (미) 지하철	subway
• 노래	song	• 비행기	plane
• 문화	culture	• 자전거	bicycle
• 공항	airport	• 기차	train

P 150~151

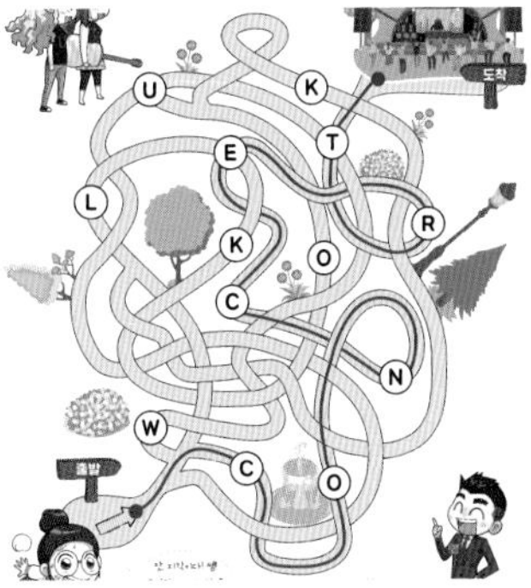

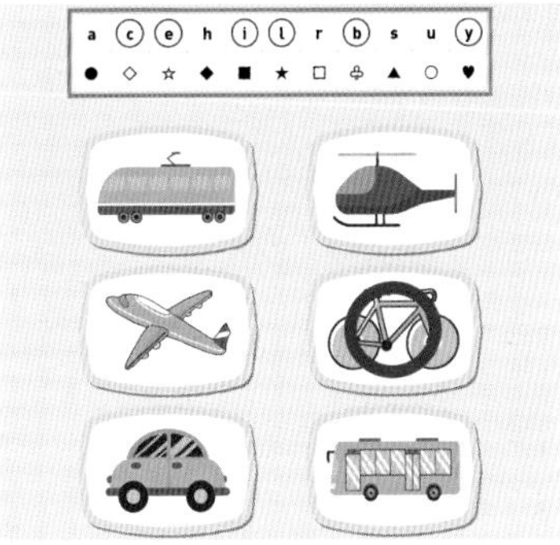

P 154

❶ A tiger is as dangerous as a lion

❷ Tomorrow will be as hot as today

❸ The Earth is larger than the Moon

❹ She doesn't bake cookies better than me

❺ Do I look thinner than before

❻ This is the longest bridge in Korea

❼ English will be the most important subject to you

❽ Did you get up the earliest of your family

P 155

❶ <u>I study as hard as you</u>   ✓

❷ <u>Health is as important as money</u>   ✓

❸ <u>I liked English as much as history</u>   ✓

❹ <u>He finished faster than we did</u>   ✓

❺ <u>Lucy isn't older than Julie</u>   ✓

❻ <u>The exam was the most difficult</u>   ✓

❼ <u>He is the most valuable player this year</u>   ✓

❽ <u>Is this the most interesting of all books</u>   ✓

P 160

1. helicopter

2. culture

3. subway

4. ④

P 161

5. ②   6. ④   7. ① (as) (as)
                    ② (bigger)
                    ③ (the)
                    ④ (largest)

8. (the) (worst)

다음 권 미리 보기

지령서

노잉글리시단의 중간 보스 트릭커!
지금 당장 704 유니버스로 가서
우리의 비밀 작전을 수행하도록!
또 작전에 실패한다면, 그땐 노잉글리시단에서
영원히 사라질 각오를 해야 할 것이다.

목적지: 704 유니버스
위치: 갈라파고스 유니버스와 가까운 곳
특징: 트릭커와 빅캣이 미국의 대통령을 빌런으로 만들어
백악관의 질서를 무너뜨리고 있음.

보스가 주는 지령

704 유니버스는 백악관 유니버스다.
백악관은 미국 대통령의 집이자 미국 권력의 중심지라고 할 수 있지.
이곳에서 내려지는 결정은 백악관 유니버스뿐 아니라
다른 유니버스에도 큰 영향을 미친다.
어서 가서 백악관을 엉망으로 만들어 버려라! 백악관 유니버스가
혼란에 빠지면 영어 유니버스 전체가 혼란에 빠질 것이다.
그럼 지구의 영어도 큰 타격을 받겠지!
그리고 너희가 작전을 수행하는 동안
나 역시 예정대로 움직이도록 하겠다.

노잉글리시단
Mr. 보스

추신: 대통령이 지닌 책임감을 몽땅 빼앗아라!

사라진 시원 쌤.jpg

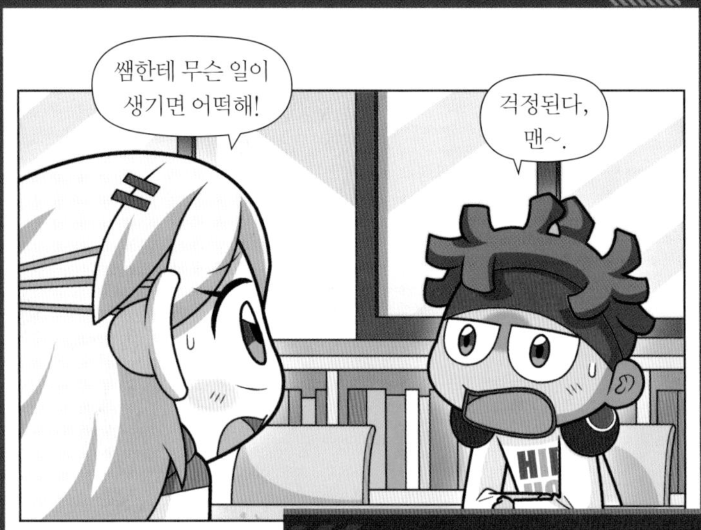
쌤한테 무슨 일이 생기면 어떡해!
걱정된다, 맨~.

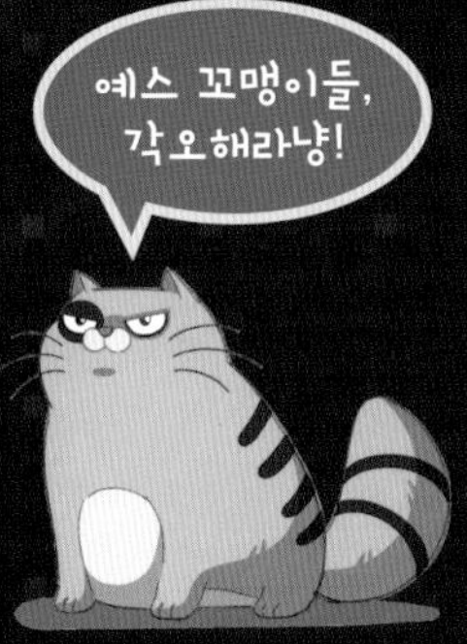
예스 꼬맹이들, 각오해라냥!

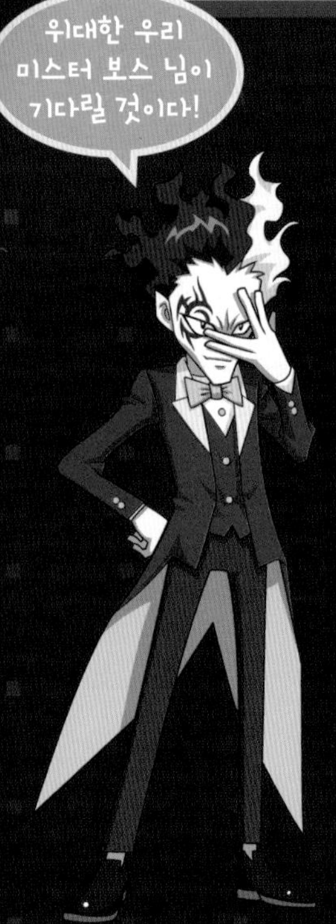
위대한 우리 미스터 보스 님이 기다릴 것이다!

백악관 유니버스로 출동.jpg

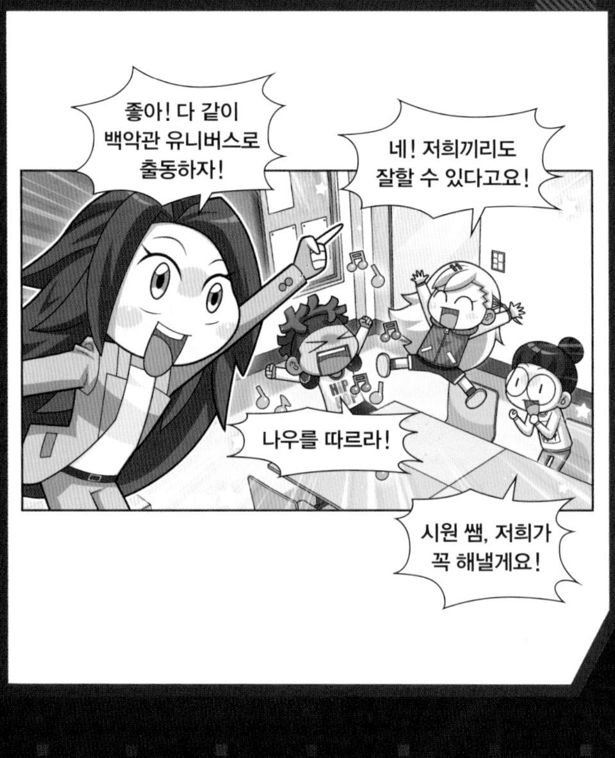
좋아! 다 같이 백악관 유니버스로 출동하자!
네! 저희끼리도 잘할 수 있다고요!
나우를 따르라!
시원 쌤, 저희가 꼭 해낼게요!

만화로 읽는 초등 인문학
그리스 로마 신화

신화는 계속 됩니다!

그리스 로마 신화 속 인물들도
나와 같은 고민을 했다고?

서양 고전 전문가 김헌 교수님이 들려주는
고민 해결 인문학 동화!

기획 김헌 | 글 서지원 | 그림 최우빈 | 값 13,000원

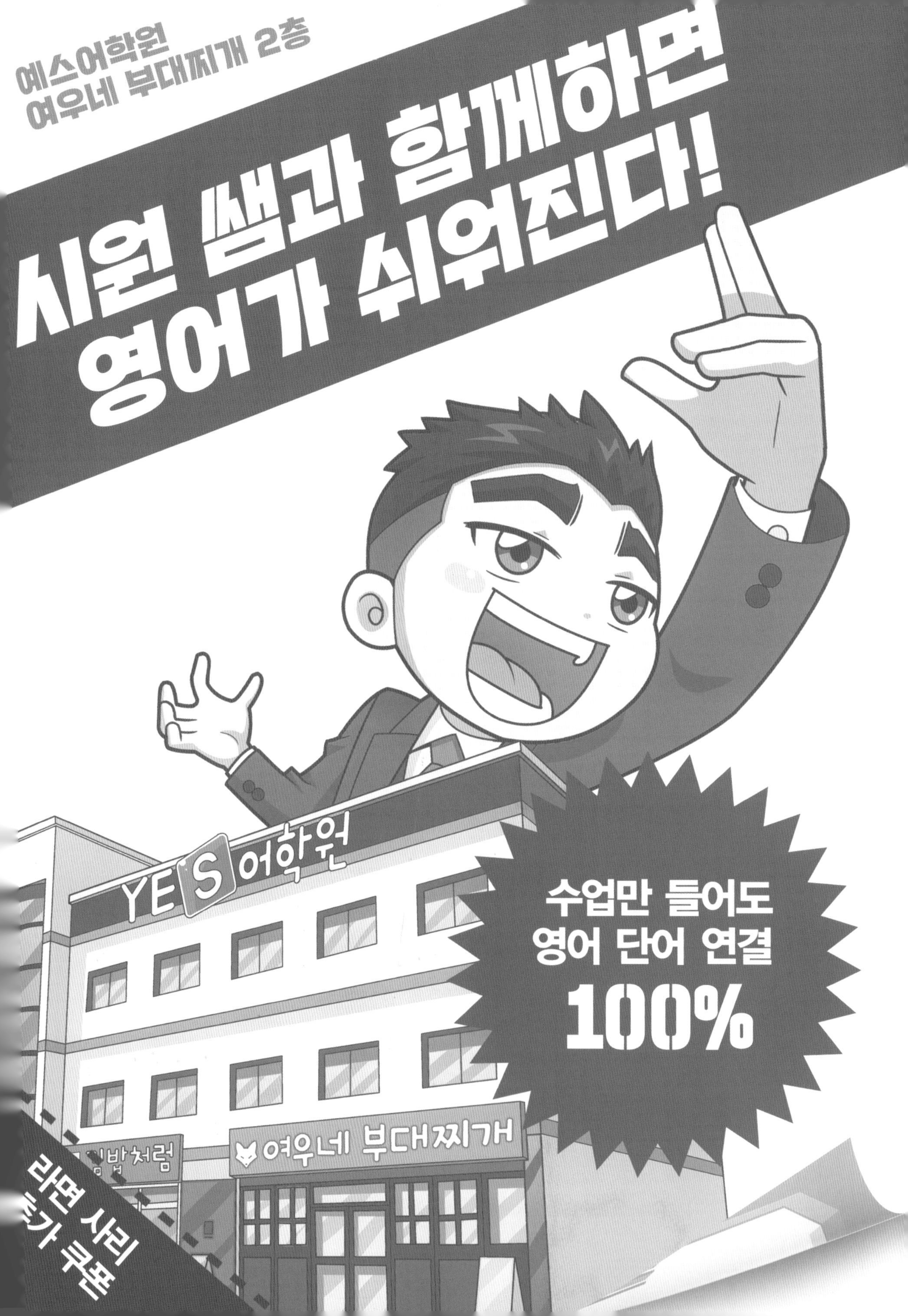
예스어학원
여우네 부대찌개 2층
시원 쌤과 함께하면
영어가 쉬워진다!
YES 어학원
수업만 들어도
영어 단어 연결
100%
밥처럼
여우네 부대찌개
라면 사리
가 쿠폰

예스잉글리시
신입 단원 모집

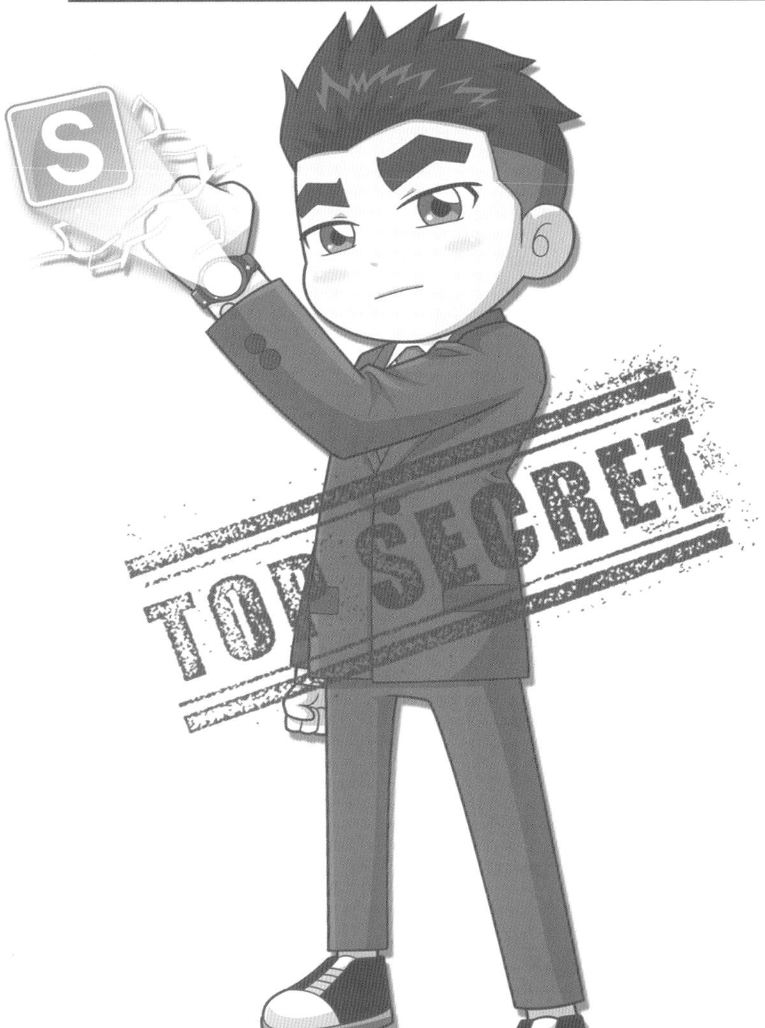
S
TOP SECRET

코드 네임 : 에스원 요원과
영어 유니버스를 구하라!

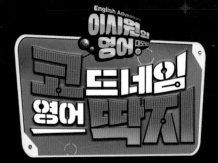

English Adventure
이시원의 영어 대모험 17

코드네임 영어 딱지

자율안전확인신고필증번호 CB061H088-9007
품목 완구
모델명 코드 네임 영어 딱지
신고기관명 한국건설생활환경시험연구원
신고일 2019년 12월 30일

품질경영 및 공산품안전관리법에 의한 표시
품명 코드 네임 영어 딱지 **제조자명** ㈜북이십일
주소 경기도 파주시 회동길 201(문발동)
전화번호 031-955-2100 **제조연월** 2022년 10월
제조국명 대한민국 **사용연령** 3세 이상
주의사항 3세 미만 영·유아는 보호자의 지도가 필요합니다.

공격력 ★ 2140
방어력 ★ 2888
concert
[ˈkɑːnsərt]
명사 음악회, 연주회

공격력 ★ 2788
방어력 ★ 1945
song
[sɔːŋ]
명사 노래

공격력 ★ 2603
방어력 ★ 2430
voice
[vɔɪs]
명사 목소리, 음성

공격력 ★ 2765
방어력 ★ 1244
band
[bænd]
명사 밴드, 악단

공격력 ★ 2045
방어력 ★ 2690
culture
[ˈkʌltʃər]
명사 문화

공격력 ★ 2966
방어력 ★ 1533
enjoy
[ɪnˈdʒɔɪ]
동사 즐기다

공격력 ★ 2424
방어력 ★ 1271
like
[laɪk]
동사 좋아하다

공격력 ★ 2696
방어력 ★ 1771
to
[tə, tu]
전치사 ~(으)로, ~까지

공격력 ★ 1752
방어력 ★ 2097
for
[fər]
전치사 ~을 위해

아울북 × S 시원스쿨닷컴

얘들아, 재미있는 딱지 놀이를 해 보자! 굿 잡!

이건 보통 딱지가 아니야. 영어 단어를 확실하게 외울 수 있는 스페셜 딱지란다. 이 딱지들을 결합하면 영어 문장까지 자유롭게 만들 수 있지. 앞으로 영어를 지키는 예스잉글리시단 단원이 되려면 이 딱지가 큰 도움이 될 테니깐 이 딱지는 무조건 다 모은다, 실시!

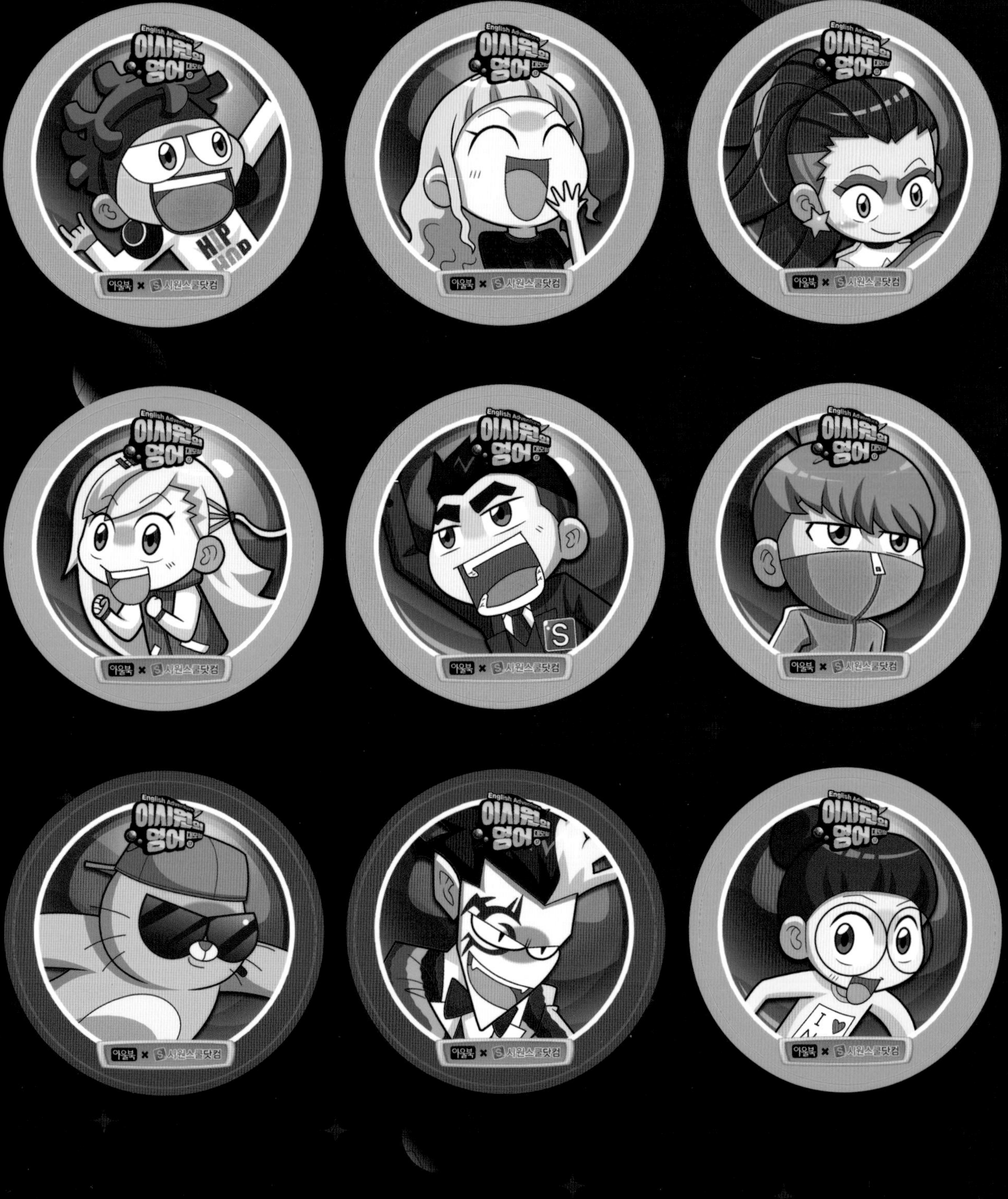